河北省社会科学基金重大项目（2019）
“河北精准扶贫典型案例研究”（项目号 HB19ZD01）研究成果

精准脱贫·乡村发展与乡村振兴

基于河北省的案例研究

段洪波　著

TARGETED POVERTY ALLEVIATION, RURAL DEVELOPMENT AND RURAL REVITALIZATION

社会科学文献出版社
SOCIAL SCIENCES ACADEMIC PRESS (CHINA)

目 录

第一部分 背景篇

第二部分 理论篇

第三部分 典型案例篇

第四部分
综合案例篇

第一部分

背景篇

第一章 导论

自新中国成立以来，解决农村贫困问题是历届中央政府的工作中心之一，农村贫困问题也是限制我国经济发展的重要因素。计划经济时期，受制于当时的特殊历史条件，虽然政府针对解决贫困问题出台了一系列的方针政策，但是这些方针政策发挥的作用有限。改革开放以来，农村贫困问题的治理关注度日益提升。同时，经济的长足发展为农村贫困问题的解决不断提供物质基础积累，这一时期的扶贫举措在规模、力度、效果方面较之前有较大的改善提升。

步入21世纪，在前期有力扶贫政策措施的作用下，我国贫困地区人民的生活水平不断提高，农村人口的基本吃穿问题已得到基本解决，这也意味着我国农村扶贫工作进入了一个新阶段。缩小贫困地区与发达地区的发展水平差距，农村人口的基本文化素养提升、农村生态环境改善等成为新阶段的重点扶贫任务，核心目的在于不断提高农村贫困地区的可持续发展能力。立足于新阶段、新形势、新任务，基于全面建成小康社会、建设社会主义现代化强国以及实现中华民族伟大复兴的战略目标，党中央提出了精准扶贫的战略性扶贫构想。在精准扶贫、精准脱贫的扶贫策略指引下，经过党、国家和人民3年的艰苦奋斗，我国在历史上首次消除了绝对贫困和区域性整体贫困现象。

当前，随着我国脱贫攻坚工作的圆满收官，以及全面建成小康社会的顺利实现，全面推进乡村振兴正在书写“三农”工作新时代发展的篇章，在这种良好的局势下，中央和地方政府仍要鼓足干劲，切实抓好农村工作，巩固脱贫攻坚成果，推进乡村振兴，为实现第二个百年目标努力奋斗。习近平总书记在党的十九届五中全会上指出，要研究巩固拓展脱贫攻坚成果的措施，编制“十四五”巩固拓展脱贫攻坚成果规划，要求全面开展脱贫攻坚总结，做好与乡村振兴有效衔接。

在我国脱贫攻坚历程中，涌现出一批基层优秀扶贫干部和脱贫攻坚工作先进典型与模式。其中，我国脱贫攻坚工作在党建扶贫、产业扶贫、教育扶贫、文化扶贫以及旅游扶贫等扶贫关键领域取得了优异的成绩，可作为典型的扶贫模式学习和推广。对优秀的扶贫案例展开研究，一方面是对我国脱贫攻坚的系统总结；另一方面，作为乡村振兴战略的前期铺垫，脱贫攻坚的部分政策举措需要“一以贯之”。通过对这些案例的研究总结经验举措，对推动我国扶贫工程的深入发展、服务“三农”、实现乡村振兴具有重要意义。

一　我国精准扶贫、脱贫攻坚成效概述

1. 党建扶贫取得成效

脱贫和攻坚明显地促进了全社会经济发展，彰显了社会主义马克思核心价值观的凝聚力和作用。基于对脱贫和攻坚的生动理论实践，本节重点从加强党的组织领导能力、改革创新能力、社会动员能力、贯彻落实能力四个方面出发，分析和总结了中国共产党卓越的基层治理能力的基本生成逻辑。

（1）组织领导能力

党对于脱贫和攻坚的组织领导和工作能力，是我们能够打赢脱贫和攻坚两大战役的重要保障。党中央建立并健全了脱贫攻坚机制和责任追究体系，层层压实了脱贫的责任。近年来，习近平总书记多次前往各地走访贫困集中地区和连片特困地区，考察当地精准扶贫工作的进展情况，听取党中央关于脱贫攻坚工作成效以及评估考核工作汇报，多次召开脱贫攻坚专题调研座谈会并做出重大的部署，提出狠抓落实的要求，使脱贫攻坚的工作始终走在正轨，前行方向正确，所有人员气势高涨，蓄势待发。

一是中央和国家有关部门党委（党组）按照其工作要求和职责，落实脱贫攻坚主体责任。省级地方党委（党组）和人民政府对本省份和地区的脱贫攻坚各项工作的开展负有领导责任，确保主体责任的层层落实。同时准确合理安排各级人民政府在推进脱贫攻坚过程中的任务和权责，形成了

任务分工合理、各司其职、有序推进的新局面。

二是通过进一步建立并健全五级党委书记一起带头抓精准扶贫的党委书记领导责任体制，进一步体现和增强了党的基层组织领导能力。进一步加强中国共产党对于脱贫攻坚工作的组织领导，有利于在推进脱贫攻坚的过程中统筹工作全局、协调各方，有利于对资源和技术、人力的有效调度与合理使用，是进一步打赢脱贫攻坚战的重要政治组织保障。各级党委书记作为推进脱贫攻坚的第一直接责任人和主体，是我们赢得脱贫攻坚战的关键。

三是通过建立并完善新时代全党全社会广泛参与的帮扶责任体制，体现党的组织领导能力。全党全社会广泛积极参与扶贫是新时代中国特色社会主义制度优势的体现。东西部的协作对口扶贫、定点对口扶贫以及中央社会各界合力脱贫攻坚，汇聚形成了新世纪中国脱贫攻坚的磅礴力量。党中央国务院出台了相关的文件，通过对东西部的扶贫对口协作、中央企事业单位定点对口帮扶等各项工作的强化和细化，带动了全社会的帮扶措施和责任的有效落实。双方募集的社会基础性帮扶专项资金、协作地区双方互派的党政挂职领导干部、互派的专业技术人才均大幅增长。全社会合力脱贫攻坚，社会帮扶机制和责任管理体制逐步健全，有力地补充和拓展了全社会脱贫攻坚的资源和总量。

（2）改革创新能力

脱贫攻坚战的胜利标志着我国特色社会主义的建设和发展进入了新的阶段，为了彻底消除绝对贫困、确保贫困人民全面融入和建成社会主义现代化小康社会，以习近平同志为核心的党中央做出重大改革战略决策和工作部署。从党中央顶层设计到各级党和政府的领导，再到基层精准扶贫攻坚工作的实践，改革创新主要体现在脱贫攻坚的全过程，特别是在贯彻推进脱贫攻坚工作的理论、脱贫攻坚工作的方略、脱贫攻坚工作的制度和管理体系、脱贫攻坚工作的长效机制等关键方面的重大改革创新。

中国同联合国、其他发展中国家等开展国际减贫合作，积极携手国际社会共同消除贫困，共建人类命运共同体，为世界减贫事业做出突出贡献。2013 年我国提出共建“一带一路”倡议，旨在为世界发展带来新的机遇，与相关国家共同打造开放、包容、均衡、普惠的区域合作机制。这一倡议的具体实施有利于相关国家经济发展和减少贫困。世界银行研究报告显示，“一带一路”倡议将使相关国家760万人摆脱极端贫困、3200万人摆脱中度贫困。

我国对扶贫方略也进行了重大创新。在我国推进精准扶贫开发的过程中提出了做到“六个精准”、实施“五个一批”、解决好“四个问题”的方针，这是精准扶贫开发和脱贫攻坚的基本指导思想和实施方略，引领我们打赢脱贫攻坚战。

脱贫攻坚工作就是对制度和保障体系的重大优化和改革创新。我国建立以精准扶贫推动脱贫攻坚的工作绩效评估制度和保障体系，确保党中央对扶贫工作投入的资金得以高效使用、落实党中央关于打赢脱贫攻坚战的工作目标和要求；充分发挥具有中国特色社会主义制度体系优势集中力量脱贫攻坚；建立扶贫攻坚工作的社会主义责任评估和总动员扶贫工作绩效的评估制度体系；建立落实党中央重大决策部署的扶贫工作督查绩效评估制度体系。

（3）社会动员能力

广泛地组织和动员社会力量，大力宣传和挖掘脱贫攻坚的典型案例、典型经验、典型人物，带动贫困人口脱贫奔小康。

大力创办群众扶贫宣传培训教育活动，创造浓厚的群众参与扶贫工作氛围。2014年10月17日国务院设立了第一个全国扶贫日，并鼓励群众积极开展庆祝国际扶贫日等一系列宣传教育活动，组织建立了扶贫攻坚工作荣誉表彰制度，设立了全国参与脱贫攻坚工作先进模范奖，表彰全国参与脱贫攻坚工作的先进模范，宣传贯彻落实中央关于群众参与脱贫攻坚工作的基本政策方略与重大决策部署，通过学习总结和推广各地典型扶贫案例、典型政策经验，推进各地扶贫经验交流和扶贫创新工作模式的推广，营造了全社会共同参与脱贫攻坚的良好社会环境。

（4）贯彻落实能力

建立与脱贫任务相适应的财政投入体系，这是确保脱贫攻坚所有项目目标能够如期实现的基础。要以实施农村脱贫攻坚工作总体规划和重大的扶贫工程建设项目为载体和平台，整合涉农扶贫专项资金，集中解决农村突出的贫困问题，同时党中央要在整个过程中起带动作用，支持贫困地区农村基础设施的建设和主导产业的发展。党中央倡导在农村扶贫开发中探索和推广政府与其他社会金融资本合作、政府直接购买金融服务等多种合作模式。同时，党中央进行科学的顶层设计，确保金融作为政府扶贫投入的资金主体和发挥其主导作用，逐步建立起运转有效、保障有力的脱贫攻坚投入体系。

制定精准产业扶贫专项政策支持保障制度。要加快制定实施城镇化扶贫的总体方略、精准农业脱贫的方针政策和具体举措，包括加快建立健全实施精准农业扶贫的具体工作长效机制、实施易地扶贫搬迁，实施农村生态环境保护扶贫、加强高校基础教育专业培训精准脱贫等。

加强对脱贫攻坚政策落实的监督。良好的脱贫攻坚政策，需要很好的落实，才可能取得脱贫攻坚预期的工作成效。脱贫攻坚工作面临面广域宽，狠抓落实，解决实际扶贫工作中存在的突出矛盾和问题，至关重要。为此，脱贫攻坚政策顶层设计需要着力于建设完备的脱贫攻坚监督检查体系，综合运用各方面力量加强对脱贫攻坚政策落实的监督。

持续大力推进基层党组织的党风和服务群众能力的建设。我党在产业扶贫攻坚重点领域的基层作风廉政建设及其总体发展状况虽然较好，但形式主义、官僚主义、消极厌战、松劲懈怠等现象仍然存在。对此，党中央提出县级以上的农村领导班子、党员干部，重点任务是提高思想认识，增强分析研究和运用产业政策措施解决产业脱贫攻坚实际工作难题的理论意识和实践能力；对县级以上农村基层干部，重点开展案例分析互动体验教学、现场讨论互动体验教学等综合培训的教学方式。同时，致力于提高扶贫干部能力建设，着力于贯彻落实中央决策部署。

2. 产业扶贫取得成效

(1) 产业扶贫推动我国脱贫工作质量全面提升

脱贫攻坚期间，我国产业扶贫取得显著成效，成为覆盖面最广、带动人口最多、可持续性最强的扶贫举措。目前，全国建成各类特色产业基地超过30万个，每个脱贫县都形成了2~3个特色鲜明、带贫面广的主导产业；通过订单生产、股份合作等方式，72%的原建档立卡贫困户与新型经营主体建立了紧密的利益联结关系；4400多个农业科技单位、超过1.5万名专家投身产业扶贫，形成了县有专家指导、村有能人带动的产业帮扶格局。

目前，中央财政专项扶贫资金已调整为衔接推进乡村振兴补助资金，资金规模扩大到1561亿元，明确重点支持培育壮大脱贫地区特色优势产业，并逐年提高资金占比。农业农村部专门组织国家产业技术体系专家，对蔬菜、茶叶、中药材、生猪等16个主导产业进行深入研究和分析，提出了“十四五”发展指引，同时，加强脱贫地区产业发展项目管理，支持全产业链发展。

推进农村特色产业扶贫，提升农村特色产业扶贫的质量，打好农村产业脱贫攻坚战，需要长久发力。在未来产业兴旺工作中要持续地推进农村特色产业转型提升，完善联贫带贫机制，加强农村特色产业扶贫风险防范，强化农村科技扶贫和政策帮扶，全面保障和提升农村特色产业发展和扶贫工作的质量，为打赢脱贫攻坚战、巩固脱贫攻坚战成果、接续推进乡村特色产业的振兴和发展提供坚实的保障。着力加强推动农村特色产业扶贫与乡村特色产业扶贫振兴有效衔接。引导各地由注重实现农村产业扶贫全覆盖向注重产业长效可持续发展转变，兼顾非特色产业贫困村和贫困户的发展需求，让更多贫困户从农村特色产业扶贫发展中通过持续稳定发展获得更多的收入。

（2）产业扶贫对全国产业链供应链稳定有正向作用

脱贫攻坚，产业支撑是根本。近年来脱贫攻坚在产业发展方面取得了许多成果，对于推进我国产业结构转型升级，维护产业链、供应链稳定安全，发挥了至关重要的作用。从收入构成来看，贫困地区群众主要通过务工和生产劳动实现脱贫，增收可持续性和自主脱贫能力稳步提高，而这些都与产业发展密不可分。

产业扶贫十分重要，但是它是一项长远事业，对于特色产业的选择、人员专业技能、资金储备、生产规模、技术服务、产品质量和品牌等都有很多的要求，要按照客观的市场规律和标准办事。产业精准扶贫已经形成一种倒逼机制，做产业、找市场、打品牌，找准了产业方向，选准了具体项目，再加上国家产业扶贫政策的支持、相关单位的帮扶，才能实现产业脱贫，最终打赢脱贫攻坚战。

产业扶贫需要市场经济驱动力量和政策支持力量的有机结合，需要市场无形之手和地方政府有形之手共同发挥作用。贫困地区发展产业要严格遵循一定的市场规律，但也一定要根据实际的情况及时出台相应的扶持优惠政策，给产业扶贫助力。许多贫困地区在开展产业扶贫的项目建设过程中已经打通资源、资金、劳动力、市场销售等环节，构建了一个支撑可持续发展的基础性产业，并与其他的地区形成有机产业链条，对于我国全局性的有机产业链、供应链的安全稳定，都具有正向的作用。

从政策导向来说，政府主张依据当地资源禀赋、产业基础、市场条件等谋划产业、发展产业。有的食品生产企业往往善于发现并充分挖掘贫困地区的环境和资源优势，运用相应的扶贫优惠政策，实现产业跨越发展。这些企业在贫困地区发展起来，既有力助推了当地脱贫攻坚，也对全国范围内的产业转型升级做出了贡献。

3. 教育扶贫取得成效

要转变思想有效应对教育脱贫攻坚，我们需要通过开展教育扶贫改变人们的理念、开阔人民群众视野、重建人民自信心。这是一个长期的发展过程，需要至少 20 年即一代贫困人的学习和成长来推动和实现。教育的影响是潜移默化的，对于解决贫困问题产生的作用主要体现在三个方面："扶智"、"扶业"与"扶志"。

(1) 教育扶贫"根"在扶智

扶贫先扶智。为什么要强调教育的重要性？是因为教育能够提升人的文化水平，能从根本上解决贫困问题，丰富贫困群众的专业知识，提升他们的素质、能力及格局，作用十分突出。同时，教育也具有社会属性，贫困地区的学生通过九年义务教育打好基础，在初中毕业后既可以选择读高中、考大学成长为研究型人才，也可以选择读职业高中、考专科成为应用型人才，通过教育获取知识和谋生的技能，进而彻底摆脱祖辈贫困的命运。因此，教育扶贫是一个长期的过程，需要一代又一代人的坚持，惠泽子孙万代。

"两不愁、三保障"的重要目标之一是义务教育教学有效保障，这也是党把阻断贫困代际传递作为强国治本之策的重要原因。各级教育行政系统通过义务教育聚焦于重点贫困地区、重点贫困人群、重点环节、重点产业等，使教学、资助保障的能力得到了不断提高和增强。教育系统持续改善贫困学校的基础办学条件，完善了对贫困学生的资助制度体系，通过进一步提高对贫困县乡村中小学教师的生活和补助标准和扩大政策覆盖面，国家多措并举，切实有效地改善了贫困地区教师数量不足、水平不高的现状：一是通过实施特岗招聘、能力培训提升等计划，不断充实贫困地区的教师队伍，提高教师的综合素质；二是在全省高校中遴选出一批师范专业水平较高的高校，让学校大三的师范类专业学生参加为期半年的支教工作，从大四的学生中择优选拔组成研究生支教团，开展为期一年的支教工作；三是在每年的高考招生中，设置一部分地方专项计划，为贫困地区培育大量优秀的师资。

（2）教育扶贫“实”在扶业

教育的发展是我们斩断农村穷根、振兴美丽乡村的根本。党的十八大闭幕不久，习近平总书记到河北阜平县考察扶贫开发工作时，专门讲道：“要把下一代的教育工作做好，特别是要注重山区贫困地区下一代的成长。”近年来，由于存在区域、城乡发展不平衡的矛盾，职业教育因经济产业不发达及理念观念原因其实力相对薄弱。因此，考虑如何以自己的使命职责推动区域产业形态变革和社会文明进步是各级各类教育部门应该关注的重点。“雨露计划”作为一项为曾经的贫困家庭量身打造的职业技能提升计划，在脱贫攻坚期间，累计惠及800多万贫困家庭新成长劳动力，带动1500多万贫困人口脱贫。国家扶贫部门通过坚持精准化的就业服务，建立人员帮扶清单和岗位需求清单，推动人岗精准匹配。坚持针对性技能培训，截至2020年底，已累计组织贫困劳动力参加政府补贴性培训838万人次，技工院校累计招收建档立卡贫困家庭子女34万人。贫困县通过持续深入地推进实施贫困县义务教育儿童脱贫保学专项精准扶贫政策和行动。为已经进入义务教育中小学阶段的农村辍学儿童和贫困学生全面建档立卡。确保让辍学的学生回归学校并“进得来、稳得住”。

（3）教育扶贫“魂”在扶志

当前一些贫困地区的发展相对比较滞后，既有地理区位、生态环境和文化历史因素，也有社会文化观念的差异。贫困问题表面上看是缺乏物质条件的问题，但从根子上讲更是一个社会文化的问题。知识本质上就是精神力量，教育助力丰富人生，文化理想浸润民风。教育是我们抵御贫困的重要武器和手段。

如今我们在教育扶贫工作中有意识地增强学校的社会教育职能，利用教师、教育智慧纾解百姓精神困惑，开启乡村文明的新境界，移风易俗，抵御陈规陋习和不良文化侵蚀，把学校建设成为乡村健康文化的辐射源。通过在普通中小学开展“五育并举”素质教育，弘扬社会主义核心价值观和精神文明，让孩子们树立远大理想，明白知识就是力量，理解未来靠知识创造财富，高扬理想信念文化；通过在职业教育中加强务实文化建设，培育一批批致富能手和共同富裕带头人，弘扬奋进文化；在高等教育中利用创新科技培植生态产业，勇当乡村振兴的领路人，培育科学文化。教育激人奋进，文化浸润乡风，我国在教育扶贫工作中切实做到了教育“扶”志，涵养了乡村文明。

4. 文化扶贫取得成效

文化扶贫是扶贫工作的重要组成部分，是扶贫长效机制的关键。扶贫要坚持物质和文化帮扶“两手抓、两手都要硬”。要从农民的精神和文化生活中找寻脱贫攻坚的动力源泉，调动和激发农民追求美好生活的积极性和主动性。当前我国已经在文化扶贫工作中取得一些阶段性成果，初步形成可持续发展的长效机制，有效提升了扶贫工作的整体质量。

(1) 贫困地区文化基础设施建设

党的十八大以来，中央和地方政府不断加大对贫困地区文化等基础设施和公共服务建设投入力度，教育、文化、卫生设施配置逐渐齐全，生产生活条件得到进一步改善，贫困地区农村面貌换新颜。截至2017年底，贫困地区建设文化活动室的行政村比重为89.2%，比2012年提高14.7个百分点。文化室、农家书屋、广播室、阅报栏和体育设施等文化设施逐渐进村，逐渐在贫困地区搭建起了“扶智、扶业、扶志”的重要平台，为破解“习惯穷、无奈穷”的思想顽疾奠定了基础。

(2) 贫困地区公共文化服务体系建设

近年来，各级地方政府积极响应中央号召，将本地贫困地区的公共文化服务体系建设纳入经济社会发展的总规划当中，纳入政府政绩考核评价体系之中，作为实现“五位一体”总体布局的重要任务和内容加以落实，初步建成公共文化服务网络；与此同时，我国贫困地区公共文化服务能力明显增强，按照公益性、基本性、均等性、便利性的要求，为了进一步扩大受益范围、消除覆盖盲区，健全农村和中西部贫困地区的公共文化服务网络建设，近年来，中央相继实施了文化信息资源共享工程、数字图书馆推广工程、流动舞台工程等一系列重大文化惠民工程，有效提升了基层公共文化服务能力，解决文化资源不平衡的问题。

（3）贫困地区文化人才队伍建设

以内部培训和外部输出为两大方向为贫困地区的公共文化服务提供有力的人才保障。一方面，积极开展“大地情深”——国家艺术院团志愿服务“走基层”和“春雨工程”——全国文化志愿者边疆行活动工程。截至2019年，经调查已经实施400多个志愿者服务项目，组织1万多名文化志愿者深入边疆民族地区城乡基层，举办了各类文艺演出、文化讲座和文物展览1400多场，受益群众达百万人次。另一方面，通过“全国基层文化队伍培训项目”对各地城乡基层文化干部，尤其是贫困地区文化干部以及各地业余文化队伍进行专业培训。切实加强了贫困地区文化队伍建设，丰富了贫困地区群众的精神世界。

5. 旅游扶贫取得成效

近年来，文化和旅游扶贫工作取得了积极成效，文化和旅游得到进一步发展，旅游推动当地经济社会发展的作用更加明显，有效发挥了文化和旅游扶贫的励民、惠民、富民、安民作用，实现了“物质”和“精神”双扶贫。近年来，我们扎实推进旅游扶贫工作，探索形成了行之有效的工作路径。一是国家旅游局专门成立了国家乡村旅游扶贫工程观测中心，设立了111个扶贫观测点，涉及25个省、区、市，建立了旅游扶贫动态跟踪观测机制，旨在提高旅游扶贫精准度和持续力。二是持续加快产业融合步伐，“旅游+”对经济的拉动、融合、催化、集成的作用越来越明显，更多产业融入旅游中，形成了新业态。三是日益加大政策支持力度，从国家层面来看，国家在交通、通信、卫生等方面的大量投入，助推贫困地区投资与消费环境的改善。全国正在施行全域旅游和“厕所革命”，有条件的旅游扶贫村已启动垃圾污水整治；从地方层面看，各地在做好向上级部门争取资金、政策的同时，积极探索解决旅游用地、乡村民宿证照办理等难题，同时探索与金融机构合作加大投入。一系列行之有效的旅游扶贫措施带来了积极的旅游扶贫成果。

据国务院扶贫办统计，2011 年以来，中国通过乡村旅游带动了 10% 以上的贫困人口脱贫，旅游脱贫人数达 1000 万以上。2017 年，中国休闲农业和乡村旅游业共接待游客超过 28 亿人次，收入超过 7400 亿元，通过乡村旅游实现脱贫的人数占脱贫总人数的 17.5%。旅游业具有很强的产业关联和就业带动作用，贵州、云南、湖北、湖南、河北等地均把旅游扶贫作为脱贫攻坚的主要抓手。乡村旅游业成为增加农民收入、壮大农村经济、调整产业结构、改善农民生活的重要途径。

二 乡村发展与乡村振兴大背景

1. 脱贫攻坚取得决定性成就

就全国来讲，党的十八大以来，农村地区的脱贫工作成为农村工作的核心，上升到战略高度。围绕扶贫工作开展，中央财政专项扶贫资金从 2014 年的 433 亿元上升到 2020 年的 1461 亿元，不计其数的扶贫工作人员参与到这项伟大工程中。在党中央、国务院的强有力领导下，各级党委和政府也积极响应，因地制宜地探索出了不少脱贫攻坚的新路子、新方法。目前，我国的脱贫攻坚战已圆满收官，长期以来困扰农村地区的绝对贫困现象已整体消除，农村贫困工作取得阶段性胜利。同时，中国共产党领导中国人民与贫困进行艰苦卓绝的斗争取得了举世瞩目的成就，为全球消除贫困做出了巨大贡献，推动全球减贫工作的历史进程。中国的扶贫成就得到了联合国、亚洲开发银行等组织以及发展中国家和地区领导人的广泛赞誉。

就河北省来讲，一方面，当前河北省的精准扶贫在各方面均取得显著的成就：产业扶贫方面，产业扶贫项目实现贫困户全覆盖；易地扶贫搬迁方面，易地扶贫任务基本完成，工作重心由工程建设转向后续扶持；健康扶贫方面，逐步探索建立了“精准施策减存量，关口前移控增量，构建机制管长远”的工作模式，形成了“群众健康有人管、大病慢病有地方治”的卫生健康服务新格局；旅游扶贫方面，全省具有旅游资源和开发条件的建档立卡贫困村旅游公共服务体系基本完善；教育扶贫方面，义务教育各项学生资助政策全面落实，建立起了“资助兜底线，强校强师资，职教广覆盖”的教育扶贫格局。

另一方面，虽然河北省脱贫攻坚成效显著，但是“脱贫攻坚”永远在路上，形势的不断变化对扶贫措施提出了新要求：产业扶贫方面，追求产业的持续发展；易地扶贫搬迁方面，后续帮扶需建立长效机制；健康扶贫方面，在保持现有政策稳定、连续的前提下，统筹做好优化延续，积极推进健康扶贫，从源头上遏制因病致贫返贫现象发生；旅游扶贫方面，要注重旅游产品质量提升，不断扩大贫困地区旅游市场规模，实现旅游综合效益快速增长；教育扶贫方面，控辍保学要由动态变常态，办学条件要由保底线变均等化，城乡均衡要由基本均衡变优质均衡，发展格局要由外延式发展变内涵式发展，资源配置要由分散变集中，投资重点要由硬件变软件。

2. 农村战略的转变与扶贫矛盾的转化

脱贫攻坚和乡村振兴作为支持中国农村地区发展的两大战略，做好其衔接工作在党中央和国务院制定和出台的多项政策文件中不断被强调，以脱贫攻坚的工作成效为基础最终推动乡村地区的全面振兴。由此可见，两大重要的国家战略在制度设计与政策实践方面存在着密不可分的内在联系。脱贫攻坚战解决了中国农村地区长期存在的贫困人口的基本生存发展难题，乡村振兴则注重对中国农村的物质和精神面貌的彻底更新，在牢牢把握脱贫攻坚“接力棒”的基础上追求中国农村全方位的脱胎换骨。要激发广大贫困地区的脱贫与振兴的内生动力，实现乡村地区的可持续发展，解决乡村地区人民的基本社会矛盾，关键在于对两大战略的关系问题构建起清晰的认知框架，需要把握好如何以扶贫效益为乡村振兴奠基和如何用乡村的进一步发展振兴来巩固扶贫成果这两个基本问题。我国农村地区的扶贫工作持续时间长，投入力度大，长期积累的扶贫实践经验尤其是新时代以来精准扶贫的实践经验启示我们：农村地区的发展必须立足实际，保持前后政策的持续衔接和更新。对于两大战略而言，只有尽快形成相互支撑、良性互动的有效衔接机制，乡村地区才能迎来最终的振兴。

作为与脱贫攻坚相承接的重大战略，也作为扶贫工作的延续，乡村振兴主要集中于相对贫困问题的解决，在贫困内涵、扶贫要求等方面的深度、广度以及难度上都有所提升。如何在解决绝对贫困的基础上构建针对相对贫困的长效政策体系和工作机制，推进两大战略的衔接转型，我们需要快速找到衔接点和突破口。

3. 农村体制机制改革需要进一步深化

近年来，中央围绕农村体制机制改革不断进行探索，设计出了一系列卓有成效的举措，农村经济社会发展的制度环境得以不断改善和提升。党的十八大以来，发挥市场在经济活动中的决定性作用不断被中央决策机构强调，在此背景下，土地要素改革步伐不断加快。随着经济体制改革步伐的不断加快，农村土地“三权分置”不断完善，土地生产要素活力得到不断释放，农村地区产业转型升级步伐不断加快。在当前高质量经济发展背景下，除去基本的粮食供应功能外，农业的更多功能被不断开发，产业融合促使农业新业态不断出现，“提质”是当前农业发展的新导向。对于广大农村地区而言，产业发展是农村发展的根本之策，而农业低附加值特性决定了农村地区只有不断进行产业融合才能实现农业产业长久发展。自 2015 年提出乡村产业融合发展策略以来，农业多功能性开发不断取得新成效。目前为止，不少地区已经探索出符合当地发展规律的农村产业融合发展新路子。受制于观念、制度等方面的障碍，农村土地要素生产活力的释放动力仍然不足，农业资源的多功能性开发仍有较大的提升空间。

同时，农村地区的供给侧结构性改革需要进一步深化。“十三五”期间，河北省在农业产业建设、农业创新、农业投入、资源利用率、耕地保护、水土流失治理等农业建设领域不断取得新突破，全省的农产品供给体系在质量、竞争力、效益、可持续性上进一步完善，现代农业发展新格局基本形成。“十四五”期间，我国农产品在需求总量和需求结构上仍会持续提升和升级，农村土地制度改革、农业领域的“去（产能）、降（成本）、补（短板）”以及粮食安全等是未来农业农村改革工作的发力点，促进不断形成创新、协调、绿色、开放、共享的农业发展新格局。

因此，有必要通过对现有的农村产业发展典型案例和样本进行研究总结，更好地从激发农村土地和人口生产要素活力、农业产业融合深度广度等角度把握乡村产业发展规律，最终在农业发展方式转变和农村发展新业态上寻找突破口。

三　研究思路与方法

1. 研究思路

本书的指导思想来源于习近平新时代中国特色社会主义思想、党的十九大精神以及“十四五”乡村建设新规划，尤其注重党和国家对于乡村振兴战略制度设计和战略举措内涵的挖掘及内容的详细解读。理论层面，本书包含的学科门类涉及管理学、经济学等大学科门类下多个子学科；实践层面，从产业、健康、教育、易地扶贫搬迁、旅游五个角度阐述典型扶贫经验，通过对实际案例的研究，客观分析这些地区脱贫攻坚的经验并总结推广，目的在于为加快各地真正摆脱贫困、实现乡村的长久发展与振兴提供决策参考。本书研究思路如图 1 所示。

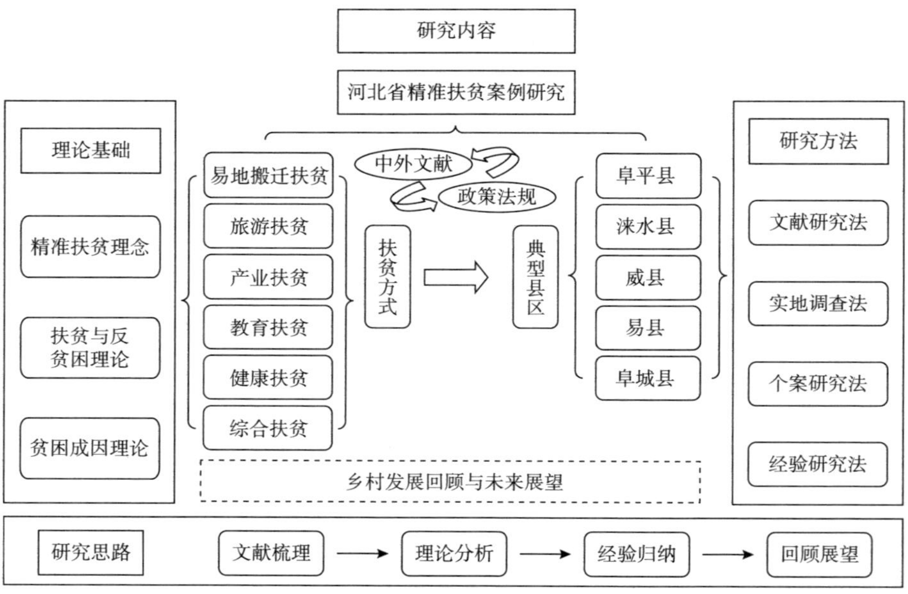

图 1　本书研究思路

2. 总体框架

如图 2 所示，本书的总体架构由五部分构成。本研究主要内容围绕“河北省精准扶贫”展开，相关理论支撑来源于经济、管理、社会学等不同学科领域。第一部分侧重于分析，主要集中于当前农村工作形势的分析，意在说明当前扶贫经验总结的必要性和重要性。第二部分是对理论的介绍，主要介绍新时代中国特色的扶贫理念以及围绕贫困问题的相关理论研究。第三、四部分则是对实际案例的介绍以及经验的总结与推广。第五部分进行乡村发展回顾与展望。

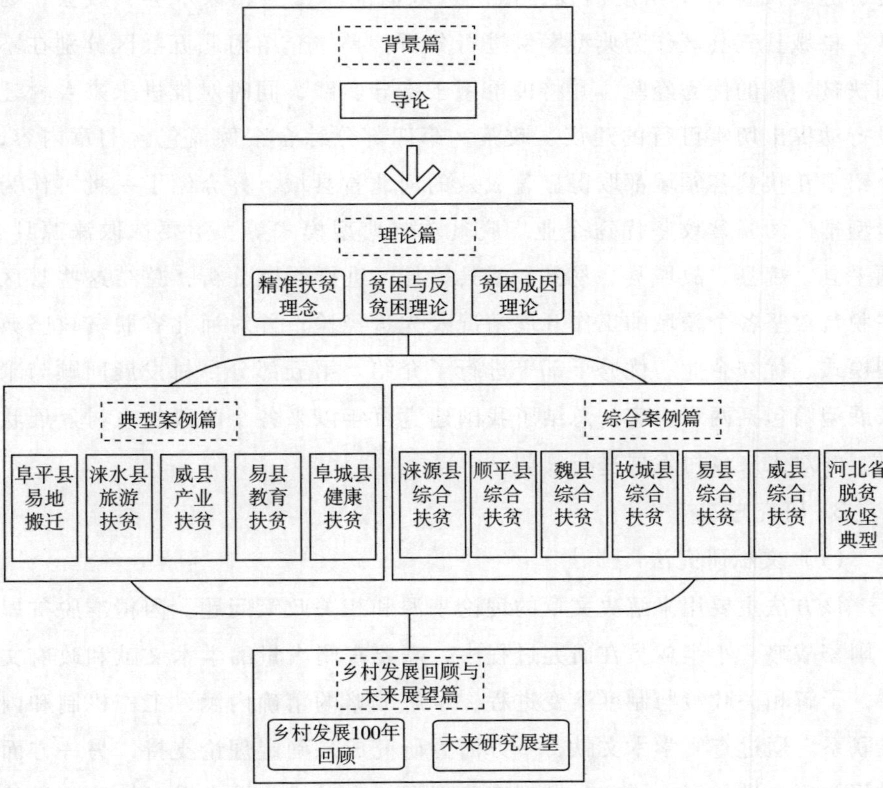

图 2　本书框架体系

全书秉持理论——实践——理论的认知路线，共分为五部分十八章，第一部分为背景篇即为第一章——导论。该章对本书写作背景、研究思路、研究方法、研究意义进行阐述，主要介绍我国脱贫攻坚取得的成效以及乡村振兴国内大背景，其中包含中国总体以及河北省脱贫攻坚实践介绍，包括对于已取得成就的介绍和未来的扶贫工作方向，说明已有扶贫实践经验在未来的适用性。第二部分理论篇包含第二、第三、第四章内容。第二章阐述了新五大发展理念与精准扶贫理念结合的相关理论；第三章主要为理论综述，介绍了理论界对于贫困以及反贫困的概念界定以及关于贫困和反贫困理论的发展历程；第四章主要为对贫困产生原因的研究综述，主要从环境、文化、体制机制三个方面展开论述。第三部分典型案例篇包含了五章的内容，主要是从易地搬迁扶贫、旅游扶贫、产业扶贫、教育扶贫、健康扶贫五个角度出发，依次选取河北阜平县、涞水县、威县、易县、阜城县五县区作为典型案例进行分析。具体介绍河北五县区分别在不同扶贫领域的优秀经验，并将理论用于指导实践，同时对推进未来乡村建设行动提出切实可行的建议、政策。第四部分综合案例篇包含七章内容，介绍了在扶贫各领域都取得显著成效的河北省县域，并介绍了一批可作为典型推广的脱贫攻坚优秀企业、脱贫攻坚典型模式等。主要选取涞源县、顺平县、魏县、故城县、易县、威县等县区进行研究分析，总结这些县区在脱贫攻坚各个领域的工作开展情况及先进经验；并对河北省脱贫攻坚典型模式、优秀企业、优秀干部等进行了介绍。第五部分乡村发展回顾与未来展望篇包括两章内容，总结了我国建党百年以来各个阶段的乡村发展状况，并对未来乡村发展进行展望。

3. 研究方法

（1）文献研究法

该方法主要用来解决文章的理论来源和相关政策问题。因精准脱贫属于国家战略，小组成员在研究过程中，需要查阅大量的学术文献和政府文件，了解相关政策与制度演变进程，了解战略的精确内涵、工作机制和内在联系。通过查阅学术文献，一方面为研究成果确定理论支持，另一方面对相关概念进行深入了解，做到准确把握，也对目前学术界对扶贫领域的研究现状进行概括总结，对于优秀成果进行借鉴学习，不完善之处将作为本次研究重点，以期通过本次研究对相关理论做出完善与创新。

（2）实地调查法

本研究需要实际案例的支持，如对于精准扶贫成效的总结与评价，精准扶贫与乡村振兴的融合现状总结与评价，精准扶贫与乡村振兴衔接措施的制定，都需要建立在一系列实际案例和数据基础上。小组成员通过前往河北五县区进行实地调研获得调研数据，以事实案例和数据为基础进行概括和总结，使发现的问题更具有真实性，提供的对策具有针对性。

(3) 个案研究法

本书部分文章由大量的个别实际案例组成研究内容，如第三部分典型案例篇。五县区的精准扶贫实践各异，大量的个案为分析问题、提出建议提供了充足的支持，通过对某地区某一案例展开深入的考察，可以提出针对性的意见，同时也可以为其他地区提供借鉴。从个体典型案例出发，最终总结出具有一般意义的经验，形成广泛意义上的认识。

(4) 经验研究法

当前，我国农村工作重心已经转向乡村振兴。习近平总书记强调，乡村振兴不是另起炉灶。精准扶贫和乡村振兴在最终目的上具有一致性，在于从根本上解决我国的“三农”问题，两者存在高度的内在联系。我国过去的反贫困实践，尤其是精准扶贫以来的扶贫实践，已经为我国的农村工作积累了大量的宝贵案例与经验。后续乡村振兴工作的开展必须依赖已有的扶贫实践开展。因此，在构建精准脱贫与乡村振兴有效衔接机制问题的研究中，我们可以通过总结前一阶段的经验方法，汲取经验教训，实现新阶段的创新性发展。

四　研究价值与意义

1. 为贫困与反贫困理论的进一步发展贡献研究思路

自精准扶贫实践开展以来，针对贫困与反贫困问题的研究已成为理论界和实务界关注的热点问题。囿于研究范围、研究目的，很少有学者针对贫困与反贫困理论研究建立起系统完整的分析框架体系。贫困问题大多隶属于经济学的研究范畴，因此，相关的理论知识散落分布于经济学的一些理论体系中，缺少对于其的系统整理，并且，大部分关于贫困问题的研究，对于贫困理论的介入程度只是单纯地借鉴，缺乏深入研究和发展。本书除了对贫困理论进行系统的分类整理外，还将其与中国特色扶贫实践相联系，将创新、协调、绿色、开放、共享理念与精准扶贫实践相结合，为扶贫理论的研究拓宽了思路和方向，实现了贫困问题研究理论基础的拓宽。

2. 挖掘精准扶贫中残留的问题

精准扶贫是一场具有深度和广度的扶贫大实践，在实践过程中，不同地区因为实际情况的不同，而出现了不同的问题。例如，形式主义做法导致的扶贫资源错配与浪费、扶志与扶智方面的志短与智乏问题、产业扶贫中出现忽视地方实际情况的“一刀切”产业扶贫现象以及追求简单化扶贫政策导致的扶贫变相、扶贫效率低下等问题。

3. 对河北省脱贫攻坚经验的系统总结

本书主要是对河北省部分县区在不同扶贫领域优秀案例的总结研究，通过对这些优秀的扶贫案例开展扶贫成效分析和扶贫经验总结，对于丰富河北省和全国扶贫开发理论和实践、凝练防贫减贫的中国经验与智慧具有重要的借鉴意义。

4. 为乡村振兴战略的实施提供经验借鉴

脱贫攻坚是乡村振兴的前提。在脱贫攻坚阶段，围绕挖掘农村内外发展动力而开展的扶贫产业建设、文化建设等一系列扶贫措施，使我们在农村产业、文化发展方面取得了巨大的成效，这些成效是做好精准脱贫与乡村振兴衔接的基础，也是乡村振兴推进工作的有效发力点。因此，做好衔接工作必须找好前后工作的契合点，例如，产业扶贫助力乡村产业振兴，教育扶贫推动乡村人才振兴，文化扶贫助推乡村文化振兴，旅游扶贫支撑乡村生态振兴等。

当前，我国全面建成小康社会的目标已如期达成，这是覆盖每一个民族、每一个家庭、每一个人的小康，我国已步入后扶贫时代。立足于精准扶贫的实地调研分析，摸清脱贫地区及人口的基本现状，掌握当前脱贫地区存在或面临的主要问题，基于对获得的信息的分析，科学精准地制定决策，为乡村振兴战略在更大范围、更宽领域、更高层次上带动脱贫成效的巩固，为后扶贫时代“相对贫困”问题的解决提供可行策略。

第二部分

理论篇

第二章 精准扶贫理念

在2020年召开的党的十九届五中全会提出的与精准扶贫有关的理论和建议为我国未来5 ~15年的发展指明了方向，与此同时也一并提出了对于未来发展的美好愿景，其中新发展理念是最重要、最主要的。五年来，习近平总书记用一系列丰富生动的比喻对新发展理念进行阐述，生动地回答了我国发展的动力、路径等一系列理论和实践问题。

第一，五大发展理念的主要发力点在于如何解决发展难题以及进一步弥补发展的短板。对于我国未来扶贫创新发展的坚持，能够有效率地、稳扎稳打地逐步实现我国经济的高质量发展；对于具体实施扶贫各项指标的协调发展的坚持，也将为未来发展带来助力，能够不断优化我国的发展结构；对于不断落实和实现绿色发展的坚持，能够不断改善我国现有生态环境，实现生态的可持续发展；对于我国在今后发展中对于开放发展的坚持，将进一步地团结全世界其他国家，形成合力，进一步实现平等互利的共同发展；对于共享理念的执着坚持，能够有效地不断提升人民生活的幸福感和满足感。因此，综合前文所提到的有关内容，我们必须坚持不懈地落实和发展五大发展理念，让“五位一体”的总体布局在现在和未来的整体大环境中有序开展。

第二，在未来的发展行动指南中，五大发展理念也是未来发展的重点项目和重点内容。具体而言，在五大发展理念中创新发展理念，在党的十九届五中全会上就突出强调了在科技创新方面一定要满足服务国家的重大战略需求，这就要求我们对一些重要的产业领域进行攻关，不断拓展思路，进一步通过思想观念、科学技术等多个方面创新，促进创新这一理念融入党和国家的所有事务。除此以外，在实际落实五大发展理念的过程中，我国始终遵循着“五位一体”的总体布局进行谋划，但是在实践和发展的进程中会出现很多与现有理论互相矛盾的情况，具体来说，主要存在地方之间的矛盾以及客观存在且不可忽视的上下级之间的矛盾。当然，在政府和市场主体之间也存在矛盾，在矛盾的解决过程中需要进一步协调和配合，我们一定要进一步在这个五个方面协调好参与者之间的有关利益和需求，进一步持续有效地推进统筹城乡一体化的进程，不断持续地加大力度来支持和发展一些新兴高科技产业，促进产业间的融合和发展，例如现在正在蓬勃发展的人工智能、数字产业和区块链等产业，进而不断增强我国的综合国力。注重满足人民群众对于精神文化的需求，在有充足的经济实力作为支撑之后要加大力度去建设我们的国防事业。

五大发展理念的提出和不断深化发展，重点体现出我党在不断提升中注重对于经济社会发展经验的积累总结，为后续进一步深化和发展巩固脱贫攻坚成果指明了方向和发展重点。结合当前的实际情况，正确体会五大新发展理念的现实意义，对于我们完成脱贫攻坚与乡村振兴衔接工作，解决当前发展所面临的相对贫困问题具有重要意义。

一 创新理念与精准扶贫

创新对于我国的发展至关重要，习近平总书记始终重视创新，推动我国深入实施创新驱动发展战略。世界知识产权组织发布的2020全球创新指数报告显示，中国现在拥有的专利技术、实用新型技术等重要指标均名列世界前茅。在党的十九届五中全会上我党也进一步地指出和点明了，要深入实施创新驱动发展战略，持续有力地推动科技、产业、市场等领域的创新和发展。要将创新的理念付诸行动，同时也要将创新行动与扶贫工作科学地联系起来，要坚持将创新发展作为指导思想，在不断深入和发展创新理念的实践过程中，着重优化劳动力、技术、土地等要素的配置方式、规模及合理性，坚持将贫困对象作为主体，如此才能够保证发挥主体作用，将创新理念与行动落实到精准扶贫工作中，具体措施如下。

1. 妥善处理脱贫与致富之间的关系

脱贫和致富，无论是从宏观层面还是从微观层面来看，都是两个不同的概念。脱贫作为民生的一项难题，是政府和有关部门的职责所在；致富是社会发展与市场影响共同作用下产生的；想要真正实现人民富裕，我们应当不断改革完善体制机制，不断推广采用普惠性制度；同时政府应当不断完善托底工作，要确保贫困人员的日常生活得到最基本的保障；脱贫必须精准，精准到户到人；我们应当意识到致富是要在大的环境中实现的，它将提供一个开放、充满生机和活力的市场环境。

2. 妥善处理集体与个体之间的关系

目前我国扶贫开发工作要处理好集体与个体之间的关系，一方面，这对我们提出了新的要求，需要我们对扶贫对象个体进行针对性帮扶；另一方面，要加强团结协作，只有牢牢把握住这一点才能合理地规避一系列外部因素所带来的风险。虽然目前我国已经在扶贫工作的有序开展下发展了100多家农民专业合作社，取得了显著成效，但是分开来看，在其他的具体方面依然存在不少问题需要解决，比如贫困地区的扶贫产业数量太少、体量过小等。

3. 着力处理好沉淀资金与活动资金之间的关系

近年来，随着经济的发展和财政国库管理体制改革的逐步深入，国库库存现金大幅增长，大量国库资金沉淀在人民银行账户上，难免造成资金闲置浪费。在精准扶贫工作推进的过程中，如何在确保日常支出需要的前提下，有效地进行国库现金管理，提高财政资金使用效益，实现国库现金闲置最小化与财政现金运用效益最大化的目标，成为当前亟待研究解决的问题。

4. 妥善处理被动帮扶与主动脱贫之间的关系

随着精准扶贫的深入推进，贫困群众的内生动力不足问题逐渐暴露，“等、靠、要”思想不同程度存在，阻碍着贫困群众脱贫致富的步伐。也正因为此，“扶志、扶智”成为扶贫领域的高频词。扶贫先扶志，扶贫必扶智。缩小贫困地区知识鸿沟，传授劳动技能和致富本领，引导贫困群众由被动脱贫变为主动脱贫，激发脱贫内生动力，是打赢脱贫攻坚战的治本之策。

扶贫工作是一项系统性工程，讲求标本兼治，脱贫不仅要在经济上脱贫，还要在精神上脱贫，打赢脱贫攻坚战必须激发贫困群众的内生动力。合理激发贫困群众的主观能动性，引导他们发挥主体作用，扶贫的成果才能得到有效巩固。因此，我国要重视文化扶贫的重要作用，通过在基层建设各种形式的文化基础设施，举办各类弘扬中华民族传统美德的文艺汇演等措施，不断启迪“民智”，引导人民群众积极主动地参加各项培训。

二　协调理念与精准扶贫

党的十九届五中全会在新农村建设和巩固拓展脱贫攻坚成果等方面都做了部署，要协调好多方相关主体的关系，既包括各个贫困地区与贫困人口之间的关系，也包括各方利益关联者之间不可分割的关系。在未来的发展中要进一步深化和坚持协调发展，重点就是要将发展的短板补齐，以达到最终实现全面、均衡的发展目标。随着相关工作在我国的进一步开展，精准扶贫工作已经取得一些成果，但是不难发现，其中仍然存在一些不协调与不均衡问题，所以，为了促进“十四五”时期经济社会的协调发展，我们必须尽快地将发展中存在的短板补齐。具体措施如下。

1. 妥善处理短期与长期之间的关系

习近平总书记在不同场合中曾屡次提到，我们必须深刻认清我国的贫困问题具有持续时间较长、面临的困难较多且情况较为复杂的现实，我们必须做好长期进行精准扶贫工作的思想准备，虽然到目前为止我国已经全面建成小康社会并取得了巨大的成功，但是由于我国的经济发展水平与世界发达国家还有一段距离，所以我国依然存在不同地域、不同程度与不同原因的贫困问题。扶贫开发工作不是一冲锋就能取得胜利的。所以作为精准扶贫的工作者，要将短期与长期的扶贫目标相结合，不过于看重短期效益并且建立长线思维，有长期攻坚战斗的理想信念与心理预期。

2. 妥善处理口袋与脑袋之间的关系

如果在思想认识没有改变的情况下，就装满了口袋，那么过不了多久口袋会再瘪下去，所以在处理口袋与脑袋的关系时要秉承着“要富口袋，先富脑袋”的理念。按照我国未来发展的需要去改变人们的思想认识，再以此为前提，保证我国贫困人口的口袋慢慢地鼓起来并且不会再瘪下去。走“先富脑袋，再富口袋”这条帮扶之路首先要在社会上形成积极接受教育、喜爱读书多读好书、参与不同形式技能培训的文化氛围，鼓励人们热爱读书、重视文化培养。其次，从制度以及体制机制层面来看，必须保证贫困地区的基础教育稳定发展，保证贫困地区人民能够有效地获取知识，并且能够充分理解、利用知识。最后，精英教育模式作为教育领域的一大领先模式，还可以创新地应用在贫困地区，比如变为生存教育模式。在一系列有力措施下，贫困地区的"脑袋"充实强大起来，源源不断的技术人才是农村振兴坚实的基础。

3. 妥善处理上级与下级之间的关系

妥善处理上级与下级之间的关系在于处理两者要求时能够兼顾彼此，精准扶贫工作需要结合中央和地方政策具体实施。一方面针对上级要求，做到在思想高度、政治立场、日常行为等多个方面都与党中央保持高度一致，将上级的要求与下级的实际情况相结合，灵活处理。另一方面对下级来说，主要是指在工作作风、行为、方式等多个方面要结合贫困地区实际的人口、需求，有针对性地进行有关工作。因此，在我国实际扶贫工作中，一方面要重视脱贫人口的数字，另一方面更要强调让更多的政策红利覆盖更广大的贫困人群。

三　绿色理念与精准扶贫

绿色理念与扶贫之间的关系在精准扶贫工作中显得尤为重要，绿色理念作为可持续发展的核心原则，同样也是保障永续发展的重要观念，为精准扶贫工作的顺利进行提供源源不断的物质支撑，不断满足相对贫困地区人民群众生产、生活的需要，提高该地区人民群众的生活水平。所以，综合上述，我们在进行精准扶贫工作的同时要处理好经济发展和环境保护之间的关系，以求在具体实施精准扶贫工作中建立起绿色循环发展的扶贫体系。具体措施如下。

1. 妥善处理温饱与环保之间的关系

现如今，粮食问题已基本解决，也就是说贫困人口的吃饭问题得到了有效保障，但是与此同时，又衍生出生态环境这一大问题。习近平总书记提出"绿水青山就是金山银山"的理念，随着社会经济的快速发展，温饱与环保需要平衡发展、互相协调。环保关乎长远的可持续发展，如果一味地只顾经济发展，将环保置之度外，那么温饱也将无法保障，所以我们需要在保证经济发展的同时多措并举地解决环保问题。首先，该堵的堵。要以严谨的态度与科学的观念选择引进项目，如果某项目会对当地生态环境造成不良影响，即使存在巨大的利益诱惑，也应当果断地拒绝。其次，该罚的罚。落实企业监管制度，真正做到企业只要危害了生态环境，不管过去了多长时间，相关部门依然会严格按照法律法规进行处罚。另外，政府也需要做好有关的监督工作，这也是促进精准脱贫的一大方向性指引。

2. 妥善处理“开发”与“开挖”之间的关系

脱离贫困生活可以通过凿山采掘矿物、地底发掘煤炭资源等途径因地制宜地开展。在经济社会发展中，有形资源的开发即开挖前期促进了经济的发展，但如果仅仅依靠“开挖”发展经济，从长远来看，反而会限制经济发展，将无形资源转化成有形资产才能实现可持续发展。“开发”包括“开挖”，但并不局限于“开挖”：在具体实施过程中，大开发可以理解为进一步对人力资源的开发，当然也可以是新兴产业的开发，还可以是再造新兴技术、继承传统技艺。现在，比较急迫的问题就是要通过开发使无形资源向有形资产转变。这就将对市场需求、绿色资源和环境产生新的更高要求。在有关的贫困地区需要不断增加开办乡镇公司、实施劳动力转移、发展村庄旅游业等进行农业的第一、二、三次产业开发。根据贫困地区的情况有针对性地具体分析不同区域的贫困人口产生贫困的根本原因，从而较为准确判断出相应区域内水土资源和生态产业发展的限制因素，以便因地制宜地发展生态产业，并且在此基础上有针对性地建立起较为有效的、完善的防治生态环境污染的体制机制。同时，也应该着重注意自然环境相对恶劣的区域和经济相对落后区域的村镇环境，要更加紧密地结合当地实际情况谋划发展。

四　开放理念与精准扶贫

在全国各地甚至全球各个地区都存在着贫困问题，那么有针对性地进行扶贫也就永远是解决这一问题的主旋律，在科学、高效地完成扶贫工作、打好脱贫攻坚战的同时，怎样保证贫困地区及贫困人口不会脱贫后返贫，在深入开展扶贫工作的过程中，我们需要以“开放理念”为指导，坚持“引进来”与“走出去”相结合，反复讨论学习、不断创新，借鉴全国甚至全球的脱贫工作经验，同时也要求我们不断地引进和利用多方的先进技术、资金，做出更多的努力来保障扶贫工作的有效开展。具体措施如下。

1. 妥善处理好“引进来”与“走出去”的关系

我国的精准扶贫工作是以开放理念作为理论指导的，摒弃了传统的以政府为主体的扶贫模式。在精准扶贫工作过程中，我国不断创新扶贫工作机制和思路，积极构建多元化的帮扶体系，吸引更多的国际社会资源。将开放理念应用到精准扶贫工作中也需要积极推动中国特色扶贫方法走向世界、服务全球。扶贫工作可以抓住“一带一路”倡议等机遇，广泛在国际社会上宣传中国在精准扶贫工作中取得的经验与优势，以开放的理念、开放的姿态来整合国际资源，构建开放的内外交流一体化的精准扶贫工作体系。总之，在精准扶贫工作中必须处理好“引进来”与“走出去”二者之间的关系，这样才能为全球减贫事业提供具有中国特色、与时俱进、开放包容的中国智慧与中国方案。

2. 职能部门和涉农部门之间的关系需要得到妥善处理

早在1986年以前，我国的扶贫主要是普惠式的。从1986年开始，各级政府才设立了相应的专门扶贫部门，扶贫工作开始变得重要、专业化、体系化，这也意味着扶贫工作在我国走上了正轨。2002年至今，我国针对扶贫工作正式实行了城乡统筹发展战略，极大地促进了各个涉农单位的发展，使其从原来的次要地位一跃成为扶贫的主要单位。

3. 进一步深化和加强政府与社会的合作

解决相对贫困问题将是我们国家接下来一段时间内的工作重心，因此政府部门要不断创新工作方式方法，重视社会力量。因为在脱贫攻坚战这场全国性的“战役”中，如果仅仅通过政府单打独斗，那么取得胜利的概率基本为零。因此，应当发动全社会的力量，动员广大的人民群众，让我国国内所有充满爱心的个体和组织能够为我国的精准扶贫事业贡献出自己的一分力量。

4. 积极鼓励公民参与扶贫事业

精准扶贫工作离不开强有力的物质支撑，政府部门的财政拨款可以说是杯水车薪，我们需要积极动员社会力量来筹措资金。针对这种情况，我国确实应该深刻思考并且找出解决方案。因此，在道德层面应该对社会公民进行激励，并出台相应的激励政策；我国目前在优秀传统文化方面，也应加强思想引领，不断提升我国先进文化的影响力；在制度方面，应完善相应的制度体系，规正社会公民的态度及行为；在法律方面，要建立合理、完善的立法来约束公民，只有建立起科学完善的体制机制与社会氛围，把"达则兼济天下"这一具有悠久历史的优良传统更加深刻地烙印在我国全体的国民心中，才能将口号转变成扶贫的实际行动。

五　共享理念与精准扶贫

共享是中国特色社会主义的本质要求，揭示了当代中国发展的根本出发点和落脚点，同时也为精准扶贫拓宽行动主体提供了理论前提。我国扶贫事业经历了由救济式扶贫到开放式扶贫、再到如今精准扶贫几个阶段，扶贫主体均以政府为主。以政府为主体的扶贫模式有着动员能力强、见效快等优点，但是面临着我国温饱性绝对贫困问题基本解决、结构性相对贫困问题日益突出的新形势，原有的扶贫模式会在某些情况下失灵，这源于扶贫主体的单一。共享理念倡导人人参与、人人共享，反映到扶贫过程中就是行动主体进一步由政府向社会扩张，行动主体逐渐多元化。因此在精准扶贫过程中，我们一定要发挥好共享理念对于拓宽扶贫主体的作用，具体措施如下。

1. 推进多元扶贫主体合作共治

在精准扶贫过程中，任何单一的扶贫主体，所掌握的资源和拥有的能力都是有限的，无法解决扶贫过程中的所有问题，只有各扶贫主体相互依靠、相互合作，才能实现效果最大化。正如前文所述，以政府为单一主体的扶贫模式会存在失灵的问题，因此需要行动主体多元化。扶贫主体可以由慈善组织、NGO 组织（不以营利为目的的非政府组织）等加以补充。同时贫困户也应是扶贫主体中强大的力量，鼓励其努力实现自发式、主动式脱贫，即共享理念中的共建共享。伴随着共享理念不断深入人心，多元扶贫主体应当参与到精准识贫、精准管理、精准扶贫全过程。这需要我们不断创新精准扶贫的帮扶措施、不断完善精准治贫的管理体制等，推进多元扶贫主体合作共治。

2. 让贫困人口参与共享经济发展成果

共享理念的内涵既包括全民共享也包括渐进共享，这要求我们在精准扶贫的过程中帮助其脱贫，使其参与共享经济发展成果。精准扶贫的主要思想说得形象一点就是为贫困人口创造自我生存的条件，授之以渔，使他们具备“造血”功能。自从我国开始有意识有体系地进行精准扶贫工作以来，全国各地都结合本地的现实情况推出了一系列创新的扶贫方式，取得了一定的成效。

就我国目前而言，在五大发展理念下深化和发展精准扶贫，需要不断地开创性地使用创新意识厘清精准扶贫的内涵逻辑，也为脱贫致富的未来发展和落实指明了新的方向，精准扶贫工作开始更多地关注乡村振兴的问题，通过增强创新帮助贫困人口提升脱贫能力。在现今的环境下，我国城乡统筹发展建设新农村与扶贫工作相互促进。在五大发展理念的正确领导和指挥下，我国目前开展精准扶贫的重点就是找到贫困地区的有力产业支撑。五大发展理念下的精准扶贫，带来观念和方法的创新，这就意味着我们更要充分利用好治理与服务之间的关系来进行科学的发展。同时也只有这样有效地开展有针对性的扶贫工作，才能够最大限度地实现可持续发展，同时真正地满足贫困人口的生存、生活需求，让贫困户满意、让党中央放心，要不断研发更新现代化的农业设施，积极利用外部因素来促进农民的发展和成长。

第三章　贫困与反贫困理论

第一节　贫困与反贫困的定义

一　贫困

1. 贫困的定义

在国外，关于贫困的定义有多种。其中，《英国的贫困：家庭财产和生活标准的衡量》这样解释贫困——贫困是指无法有效地获得食物、参加到社会活动中和保证最基本生活条件的个体、家庭和群体的生活状态；1981 年，世界银行对于贫困也有相似的定义——如果大众可以参加的社会活动、享受的物质生活以及食物，个体、家庭和群体却不能通过同样的途径获得，就能将他们定义为处于贫困状态；1990 年，世界银行更新了对于贫困的定义，认为假定个体、家庭和群体均处于贫困的生活状态，那么其一定没有足够的能力来达到最低的生活水准。

在国内，对于贫困也没有一个统一的定义。国家统计局对于贫困的定义，更贴近世界银行的观点，即贫困最主要的表现形式在于物质生活层面得不到基本的满足，个体、家庭生活的水平与社会可以接受的最低标准还有一定距离，生存处于比较艰难的境地；《我国的农村贫困标准线研究》一文将贫困描述为，个体、家庭和群体较其他人落后，主要体现在经济、社会和文化方面，由于收入水平较低，他们的物质生活显得更加单调，没有办法体会到经济、社会和文化的富足带来的一系列优越感，这也会导致他们后续发展的机会更少。

导致贫困的因素错综复杂，相互交织，而在如今的社会历史发展进程中，贫困问题无疑成为社会发展的很大阻力。对于贫困问题，联合国认为，这是一种对人们基本生产生活需求的否定。贫困的发生意味着衣食住行等方面的需求都难以满足，更不用说教育、医疗以及社会福利保障。

对于贫困的认定，目前，人们有两个标准，第一种是绝对贫困，第二种是相对贫困。

绝对贫困一般是指个体因贫困状态而产生了实质性的生存困难，它所体现出的生活状态意味着个体或家庭的收入无法满足最低的生活标准。绝对贫困包括三层含义：一是针对个体生存的需求，生存情况即便是达到了生活的满足状态，但其他的需求无法被满足；二是绝对贫困和生活必需品之间存在联系，但我们并没有发现社会收入与绝对贫困之间有关系；三是我们所理解的绝对贫困的范围是很狭窄的，它仅仅包括“自然人”的范围，而“社会人”就完全被忽略了。绝对贫困作为衡量标准具有简单、客观、便于识别等优点，但是这种衡量标准存在一定的局限性——这种绝对标准未能将贫困问题综合考察，也并未将文化、社会发展、心理建设等社会生活的方方面面规划在考察指标内。社会在不断发展，与之伴随的是人的需求水平也在不断地上升。现如今，社会风俗习惯以及认知水平也可以在一定程度上影响个体的生活需求水平。

相对贫困主要是把个体、家庭与社会的平均生活水平进行比较，二者之间有较大的收入差。相对贫困可以分为两种情况：生活收入低于平均收入；不同社会成员、地区之间的差异。通常而言，在基本生活问题被解决后相对贫困才产生。它有三个特征。第一，贫困是一个相对的概念，与社会中的其他人和处于相同背景环境的个体进行比较。第二，相对贫困的定义不是一成不变的，社会变化会带动其变动，在社会发展的过程中，随着公众收入不断增加，相对贫困的标准也会发生变化。第三，社会中的差距水平会通过相对贫困体现出来。

与绝对贫困相比较而言，相对贫困对于基本物质需求可以从多个方面进行界定，维持基本生活的必需品不再是一个不变的绝对标准，而是在数量、质量等方面持续地改变着；而且人不只是对物质方面有需求，对精神方面也有需要。所以，相对贫困可以直接联系起生活条件、环境以及生活的质量，我们可以认为，相对贫困相较于绝对贫困有了更多元化的考察指标，是界定贫困问题的重要补充。

狭义贫困是指经济意义上的贫困；而广义贫困，不仅包含经济意义上的贫困，还包括例如生活环境、文化程度等社会因素相关的贫困。

2. 贫困的测定——贫困线

贫困线是判断贫困的基准。个体或家庭的收入或支出可以体现出贫困的程度，当低于贫困线时，那么个体或家庭就是贫困的。一般来说，我们可以使用最小需求法则来决定贫困线。国际贫困线的制定标准和各国购买力水平相关，而中国制定的贫困线标准则与人均净收入相关。

针对贫困被区分为绝对贫困和相对贫困这两种情况，贫困线也被分为绝对贫困线和相对贫困线。相对贫困线更为综合，也更具社会性，最终反映出来的是贫富差距等社会问题。

3. 贫困成因

导致贫困有内、外部两种因素，大致分为下面几类。

（1）资源的开发利用率低与环境恶劣

我国的自然资源丰富，有较多的煤、天然气和铁矿等，而丰富的自然资源往往分布在我国广大的贫困地区。贫困地区虽然蕴藏丰富的资源，但是没有相应的人力、财力来对它进行开发。这些自然资源也无法发挥其作用。中央政府重视贫困地区的脱贫工作并对其进行援助，开发了部分贫困地区的自然资源，但从整个贫困地区所蕴藏的自然资源来看，还是太少。并且在资源开发中，对当地的生态环境不够重视，技术设备的缺乏加剧了生态、传统农业生产的恶性影响，这使得贫困地区的经济发展不能良性循环。此外，有一些自然资源是不可再生的，对贫困地区的贡献只限于当时，并不能为其带来长久利益。而且，开发资源势必会影响自然生态环境。因此，在开发利用自然资源时，要坚持可持续发展战略，合理利用自然资源。

（2）制度性障碍

地方政府作为行政机构，对市场起着重要的调控作用。但出于多方面的因素影响，地方政府往往会关心与地方传统经济利益相关的方面，即本地区发展状况以及发展速度等，这些指标是与地方政府的政绩直接联系的。目前，我国贫困地区政府的短视行为主要表现在这几个方面：第一，决策行为的短视化；第二，政策硬搬照抄；第三，资金分配不合理；第四，政府管控与经济发展规律不相协调；第五，行为滞后；第六，腐败现象。

（3）个体能力缺失

美国学者西奥多·舒尔茨认为，物质的缺乏并不能作为一些地区贫困的根本原因，但人力资本和相关投资被轻视确实是引发贫困的重要因素。我国贫困地区的主要特点是教育、医疗和社会福利的缺乏，在各方面社会资源缺乏就会导致贫困人口发展缓慢，甚至会导致个体能力的缺乏。人力资本投资是个体或社会在教育和培训方面进行的投资，它是一种看不见的资本，经常会被忽视，而贫困地区往往缺乏对人力资本的必要投资。人力资本的差距最终会导致人们收入的差异。

（4）文化贫困

对于贫困，人们通常考虑的是生活水平、经济能力方面的贫困。但文化贫困在贫困地区也需要被重视。文化贫困的产生主要是由于贫困地区本身的交通、信息通信设施落后，人们的思想、信息只在较小的范围相互传递，难以接触到更大的世界；并且贫困地区封建迷信盛行，阻碍了先进文化思想在此地区的普及和传播。此外，我国对贫困地区每年都会提供援助，每年都有免费的物资补助，可能使得贫困地区人们产生惰性心理。许多贫困地区的人们本地意识比较强烈，国家的移民政策、为其提供的工作机会常常被其拒之门外。而且，在农村地区由于人情交往较多，人们之间的联系紧密，这就使得婚嫁、乔迁等的人情支出过多，这也加重了人们的生活负担。我们可以通过对贫困地区实施援助等来缓解经济贫困，但文化贫困属于精神层面，所以需要更长的时间来解决这个难题。因此，我国扶贫更要重视文化贫困。

（5）权利不平等

贫困人口在经济、政治、文化等各方面都缺乏渠道来获取资源，因而难以摆脱贫困。经济生活中，贫困人口的竞争力不足；政治生活中，他们无法有效行使自身的权利；社会生活中，尤其是利益分配和收入分配的过程中，大部分贫困人口和贫困地区缺乏话语权，因此，他们没有地方去表达自己的诉求，从而无法切实解决贫困的问题。

4. 贫困的发展形态

（1）区域发展障碍型贫困

很多贫困地区的地理位置较为偏僻，并且一部分处在山区，交通与信息的传播极为不便，贫困地区相当于与外界隔离开来，无法引入外界的信息与设备也无法对外输出当地的产出，这种情况对本地经济发展不利。

（2）制度供给不足型贫困

改革开放后，制度供给不足是导致贫困的主要因素。制度问题本身是一个整体性问题，许多局部问题都与其有关，它会导致贫困人口的一部分权利无法有效行使，无法参与制度建设，更无法享受自由选择的权利，其发展权受到很大制约，导致贫困。

（3）可行能力不足型贫困

这种贫困的主要成因是贫困者自身的可行能力较差，主要体现在受教育程度低、组织能力差等方面。可行能力不足是可以通过对其进行重点帮扶来得到缓解的，比如，针对他们的学习知识的能力，进行课程的讲解与指导，同时，也可以进行思维传导，让其在内心深处有积极创造能力的想法，从而更快速、更有效地提高可行能力。

（4）先天缺乏型贫困

当贫困人口的智力或体力从出生时就有残缺、与他人有差异时，他们就容易陷入贫困，这种贫困属于先天缺乏型贫困，这些特殊的贫困人口往往丧失劳动力，并且这种劳动力的丧失是不可改变的，所以对他们的帮助只能减轻他们的生活负担，并不能使其脱离贫困。

（5）族群型贫困

这种类型的贫困普遍出现在少数民族地区。在有些少数民族地区，人们将人力、物力资源用在一些人情、习俗、服装饰品中。并且，少数民族地区如果发展采矿业或者生产，那么一般对资金、人力的需求量很大，由于少数民族将大多数资源投入其他地方，降低了其投资能力，导致这些少数民族地区的发展就会迟缓。

二 反贫困

1. 反贫困的定义

目前，国内外对于反贫困的研究有两大方面：一是贫困减缓，二是贫困消除。但在现实世界中，消除绝对贫困通过增加贫困人口的经济流入就可以达到目的，而相对贫困在社会发生不平等的情况下就容易出现，要消除相对贫困也比较难。因为世界上大多数贫困人口结构较复杂，不单单是绝对或者是相对的贫困，并且贫困地区的脱贫成果并不相同，所以脱贫对于中国乃至整个世界来说都是一项艰巨且长期的任务。减轻贫困才是世界努力的方向。扶贫不应该只为其提供物质资源，而应该将贫困人口培养成具有一定技能的、可以用双手改变自己生活的人。所以反贫困主要在于让贫困人口实现自身蜕变，让他们有机会成长，逐渐脱贫。

2. 反贫困的外延

(1) 扶贫

在扶贫中，我们时常见到或听到反贫困、减贫、扶贫这三个词语。但是探究其根本，我们还是能够发现其中的差别。扶贫是从国家和社会的角度出发，国家拥有主要的指挥权来引导反贫困活动，但是在保证脱贫人口的可持续发展后，国家的重要性就会淡化。注重从贫困地区内部来获取动力，实现减轻贫困的目标，返贫率将会控制在最小范围。

(2) 社会救助

社会救助主要针对贫困人口，国家和社会向这些人提供经济、保健和社会福利方面的援助，世界各国政府大多主动地担负了救济的责任。例如，中国的低保、五保政策使贫困人口生存的问题得到了解决，推动了社会和谐发展。中国的救济实施主体主要是政府。

(3) 慈善事业

慈善事业主要是由社会自发组织的非制度性的、非强制性的行为，是公益事业的重要组成部分。慈善事业是反贫困的一种方式，有三个主要特点：一是慈善事业本着慈爱悲悯原则建立；二是慈善事业是一种根据自身收入的实际而自发的行为，而不是强制性的捐赠；三是慈善事业更多体现在道德方面，它与法律无关。慈善事业作为社会中的重要组成部分，它不仅可以推动反贫困工作开展，还能维持社会秩序的稳定，缓解社会矛盾。

（4）社会保障制度和社会福利

一是在社会发展进程中，社会保障应运而生，然而，部分贫困地区的社会保障不能很好地服务广大贫困人口，加上城乡社会保障待遇的差别以及城市化的快速发展等，使得乡村地区改善生产生活条件的难度加大，进一步陷入贫困的恶性循环。二是社会福利项目中，救助特殊贫困人群是其主旨。美国的弗里德曼认为，社会福利是由安全、援助、补贴和医疗等方面共同构成。通过这个视角，我们可以看到，美国对于社会福利的理解是一种制度保障体系，通过一系列措施将个体、社区生活和精神生活提升到平均水平之上。新中国成立初期，中国实行了计划经济，生活在城市的居民可以享受工作单位为其发放的福利，乡村居民的福利则与城市居民的福利迥然不同，他们只能通过乡村来得到福利。国家实施了多种针对性的方法，来对特殊的贫困群体进行专项帮扶，但大多数只能解决他们的基本生活问题。我国进行改革开放以后，经济实力显著增强，国家加大了对贫困地区的重视程度，针对我国的贫困特点完善了相应的社会福利制度。

3. 世界反贫困的发展战略

（1）开拓反贫困渠道

在反贫困的历史上有相对成功的案例。例如，产业扶贫是一种积极有效的方式，贫困地区有独特的资源优势，可以通过发展当地资源产业来调动贫困人口脱贫，产业发展起来了，贫困地区的收入自然会增加，这就有效地解决了贫困问题，还能从一定程度上刺激就业；深度贫困地区也有自身的解决方式，要从重点环节进行突破，可以将解决深度贫困地区必要的基础设施问题放在首要环节；激发贫困人口的内生动力也是一种可以采取的方式，通过帮扶手段来提高贫困人口的文化素质和专业素养，直到其无需外界力量介入也能维持基本的生活标准；还可以制定穷人受益的再分配政策；增加贫困人口小额贷款。

（2）世界银行的经验总结

世界银行认为，在扶贫攻坚工程中可以利用“机会”和“能力”两个因素。一是解决贫困地区人口的就业问题。贫困地区一般拥有人口优势，当地可以根据这一特征建设劳动密集型产业，吸收劳动人口就业，最终提高其收入。二是增强贫困人口的内生动力。可以通过提高人力资本和对贫困人口进行技能培训的方式，解决贫困人口数量多且素质低下的难题。

4. 反贫困视角

研究反贫困呈现许多视角。主要体现为：制度视角、区域视角、文化视角、性别视角。除了上述视角之外，还包括生态视角、特殊群体视角和人口视角等。

（1）制度视角

从制度视角来分析反贫困的工作内容，我们可以从以下两个方面来进行探索：一是制度本身就是造成贫困现象的一个重要原因；二是将国家现行的制度进行完善，也是落实反贫困工作的重要途径。

（2）区域视角

我国的部分贫困地区呈现出集中连片的特点，22 个连片集中贫困地区普遍集中在西部地区。这些地区呈现出的特点也极其相似，偏远、气候恶劣、交通不便甚至信息交流不畅等。这些连片贫困地区中有国家级的贫困县 327 个，并且这些贫困县的分布非常不均衡，大致来看，主要是西部数量比中部数量多，而中部数量又比东部数量多。总体来说，我国贫困地区大多具有交通条件不便以及信息不畅等发展劣势，部分贫困地区不具备大力发展农业的条件，因此极大制约了贫困地区的发展。

（3）文化视角

经济发展和物质生活对于脱贫固然重要，但文化脱贫也发挥着举足轻重的作用。因此，在进行脱贫攻坚工作时，我们不但要提高贫困地区物质需求的满足度，还需要对贫困人口的思想观念进行改变，改变他们的消极态度。从精神层面改变他们，进而从根本上减少重返贫困的概率。

（4）性别视角

从当前社会结构来看，妇女仍处在劣势地位，所受的保障程度是比较低的。所以我们不难发现，在研究妇女的贫困问题时，我们要考虑它的特殊性，然而，在过去的大部分时间中，研究者并没有对妇女贫困的问题投入过多的精力，而是在最近几年当中，研究者才渐渐将注意力转移到妇女贫困问题。常红琴认为，在农村，不同性别的人对于时间的利用受约束的程度是有所不同的。在农村的男性，他们基本上日常时间不会受到任何约束，可是农村妇女不但需要照顾孩子还需要照顾老人，家里贫困的还需要通过打工来贴补家用，所以常红琴认为，农村女性承担的压力是比较大的。李敏认为，随着社会的发展，再结合我们当前的社会文化，我国性别在家庭中的地位实际上并没有太大的改善，尤其是在那些贫困的家庭里，性别地位大多数仍呈现男性地位高而女性地位低的状态。因此，如果我们将反贫困问题从性别的角度进行探索，不仅能解决一些敏感性问题，同时也能够维护社会的公平。与此同时，学者对于性别问题的关注度的提高，将促使政府以及社会加强对性别问题的关注，以不断推动文明社会的进步。

除了上述视角，我们也可以从特殊群体视角、人口视角以及生态视角等其他不同的视角出发研究反贫困问题。其中，特殊群体视角指的是对空巢老人和留守儿童这些社会弱势群体给予关注，不仅关注他们物质贫困还关注他们精神层面的贫困问题；生态视角是指从生态角度解决贫困问题，即人们在向自然索取的过程中要使用合理的方式，要避免粗暴地开采资源和环境破坏，与自然和谐相处。基于此，我们在扶贫开发中要充分结合贫困地区实际，在保护的基础上开发，做到功在当代，利在千秋。

5. 反贫困目标

实现反贫困的目标不仅要发现影响贫困的因素，还要对其进行综合考量，“辨证施治”，从而解决贫困问题。贫困成因有以下两个：一是贫困是由各个不同因素相互作用所形成的，它是一个综合性问题；二是影响贫困的因素之间存在着关联性。因此，贫困的治理方法也应该具有综合性，并以此为基准来设立反贫困目标。

（1）人力资本投资

西方经济学者认为，人力资本是包含于隐性资本之中的。提高劳动力素质是对劳动者所提出的唯一必然要求。所以，要想激发个体的内生动力，就首先从劳动者素质的提升着手。这种反贫困的方法是基于对社会生产发展以及存在大量低素质劳动力的现状的考量。

（2）减少贫困的经济增长

经济的增长能够体现出反贫困工作的效果。但其他因素导致的经济增长，而不是与贫困人口相关的因素，这种情况下推进反贫困工作就很难顺利进行，随之而来的也可能是进一步加剧贫困状态。这种原因的出现可以归结为“二八法则”，仅有小部分人拥有更多的社会价值总量。因此，在推动反贫困工作时，出台的经济政策要切实保障贫困人口的利益。

（3）人口控制、资源和环境保护

在过去的历史中，发展中国家的人口出生率处在高水平；由于资源是有限的，而随着人口数量的不断增加，人均收入降低，也会使环境承载的压力越来越大。与此同时，贫困地区的人口只增不减，在地区资源有限及收入增长缓慢的情况下，贫困地区的生活条件改善起来也更加困难。因此，在反贫困的斗争中，我们必须摒弃过去错误的观念，对人口数量进行合理的规划，并且着手提升人口素质，同时也要大力推广资源和环境保护。

（4）社会稳定与可持续发展

反贫困目标就是要实现社会的稳定与可持续发展。如果整个社会的大环境处于不稳定的状态，那么就会导致生产效率下降，更无法摆脱贫困。特别是与我国处于同一阶段的发展中国家，社会稳定是反贫困的重中之重。

第二节　贫困理论

一　马克思主义的贫困理论

贫困问题是人类社会持续存在的一个问题，是影响社会和谐的不利因素。马克思对资本主义社会进行深入的剖析，尤其揭露资本主义社会的本质，经过长时间的、艰苦的研究和调查，最终总结出了在当时乃至现今都适用的一套非常系统、非常完备的贫困理论，为无产阶级摆脱贫困指明了方向。

马克思主义无产阶级贫困理论产生具有其历史必然性，它具备了历史条件、理论条件和个体条件，在这三个条件的相互作用下，马克思创造了无产阶级贫困理论。

无产阶级贫困理论形成的历史条件有三个：一是确立了资本主义制度，二是两大阶级激烈对抗，三是大规模爆发了产能过剩导致的经济危机。无产阶级贫困理论产生于特定历史时期，早期英国爆发了资产阶级革命，专制王权被推翻，资本主义社会建立起来。早期的资本家在国内掀起了“资本积累”的热潮，他们以暴力的手段夺取农民的土地、房屋，将农民的财产洗劫一空，农民从此变得一无所有，生存环境极其恶劣。农民为了能够在这种恶劣的环境中继续生存下去被迫向资本家提供劳动，在这种形势下劳动者的地位越来越低下，享受不到任何权利和自由，任由资本家大肆剥削和压榨，生活苦不堪言。随着资本市场和资本积累的快速发展，“自由竞争”应运而生，为商品经济的繁荣发展注入新动力，以英国为首的欧洲国家快速崛起，成为国际经济的领头羊，资本主义快速发展的背后是无产阶级承受着持续性的贫困和疾苦。这是无产阶级贫困理论产生的现实依据。资产阶级和无产阶级联合推翻封建王权的统治之后，资产阶级掌握了政权，开始对无产阶级进行无情的打压，此时阶级矛盾成为社会的主要矛盾。为了在议会中获得普选权，欧洲的工人发动了三次大规模的工人革命运动，体现了无产阶级敢于斗争的勇气和不畏牺牲的精神。巴黎公社运动是无产阶级进行的早期社会主义实践，但是实践需要用科学理论来支撑，工人阶级要想改变现状、推翻资产阶级就要以科学的理论为指引，进行有规则有逻辑的实践，这就为理论的诞生提供了历史条件。1825 年英国爆发经济危机，这是产能过剩导致的，大量企业、银行相继倒闭，工人失业，使得劳动者原本困苦的生活雪上加霜。再往后几十年间，经济过剩危机也相继在其他资本主义国家发生，这种周期性危机引起了马克思的思考。

马克思开始正式涉足无产阶级贫困问题领域的研究的标志是《关于林木盗窃法的辩论》的发表，在针对《林木盗窃法》的辩说中，马克思清楚地意识到了无产阶级缺乏必要的生产和生活资料所导致的贫困现实。他对该法案进行了客观地批判，并指出贫困是存在于现实生活中具有重大意义的现实问题。1842 年，在《莱茵报》中，马克思刊登了摩泽尔记者彼得·

约瑟夫·科布的数篇报道，对该地区葡萄种植园内劳动者的悲惨境遇进行了全方面的反映，之后他在发表的《摩泽尔记者的辩护》中指出了无产阶级的穷困现状是掩盖不了的事实，劳动者始终处于一种长期贫困的状态下。一系列的事件和现实遭遇让马克思看到了事件背后的阶级对立和资本主义社会无产者贫困的现实，促使马克思对贫困问题开始关注。

1884 年，马克思在对黑格尔的贫困理论进行了详细的研究和思考后开始从国家的政治层面和法律层面出发研究贫困。在《1844 年经济哲学手稿》一书中，马克思指出，无产阶级的来源是工业革命，但是造成无产阶级一直都生活在社会的底层且存在着贫困状态、过着悲惨生活的根本原因就是私有制的产生。随着社会生产力的不断发展，资本家加剧对无产者的剥削使得无产者越来越贫困，加深了这两大阶级在根本上的对立，社会阶级分化严重。马克思提出了“异化劳动”理论，在很大程度上解释了资产阶级和无产阶级经济关系存在的对立性问题。私有财产是“异化”后的劳动催生的，工人阶级失去了人身自由，权利受到了限制，资本家通过对劳动者的压榨进行财富积累，而劳动者却一直处于贫困的状态。他批判了古典政治经济学家认为工人出卖劳动获得工资的合理性等观点，指出资本家资本积累等手段的存在造成了劳动者的一无所有，为了在艰难的环境中生存下去，他们只有为资本家献出劳动这一条出路，并且一直处于劣势地位。事实上，无产者在最终劳动成果的分配上并没有话语权，大部分成果被资本家攫取，而自己只能获得维持生存的微薄收入，劳动者不仅在物质条件上极度匮乏，在生存环境方面也苦不堪言。剩余价值理论指出，劳动是价值和剩余价值的唯一来源，这反映出了资本家为追求自身利益最大化对劳动者进行无情剥削和压榨，并想以此来掩盖和合理化其恶行和剥削的目的。

马克思主义贫困理论的内容具有先进性，它结合了实践和历史唯物主义的观点，对贫困的思考和研究有了更深层次的理解，为彻底消灭贫困指明了方向。第一，从源头着手，要想消灭贫困就必须消除导致贫困的现实因素。马克思曾经指出，资本主义社会是基于私有制的产生而被定义的，因此其基础是私有制，资本家为了追逐利益，同时为了将所获得的利益最大化，对劳动者进行无情的压榨，但为了合理化他们的行为，资本家用工资、改进生产工具等手段使无产阶级的生活永久处于贫困状态，以此来维护私有制的持续运行。因此，马克思主义认为资产阶级最终会消亡，而无产阶级应该通过科学的理论指导有计划地对抗资本主义的压榨，挣脱资本主义的牢笼。第二，要推进生产力的发展。马克思主义相关理论中有一段论述是关于生产力的。马克思强调，推动社会历史发展的强大动力是生产力，而资本主义则是发展生产力的过程中某一阶段、某一契机的偶然产物，随着历史长河不断向前流动，生产力发展过程中会遇到诸多变数，但是，最终资本主义会走向消亡。想彻底消除无产阶级的贫困问题，就需要大力发展生产力实现坚实的物质保障条件，若没有生产力作为保障，贫困问题将会继续存在。第三，建立共产主义社会。在资本主义制度下，工人和资本家在阶级地位与权利上存在着巨大的差距和不对等，这种阶级差异是资本主义本质决定的，无产阶级要想摆脱贫困，就必须克服现存的不平等关系和阶级固化问题，建立新的社会形态来适应更高形式的生产关系，提高生产发展水平。

二　收入分配不公理论

凯恩斯认为，导致贫困的诸多因素中相当重要的一点是不公平的收入分配，同时，不公平的收入分配也导致了需求不足，而如果解决了相关的问题，那么也就是实现了充分就业。对此，凯恩斯也通过深刻思考，提出了解决以上问题的应对方法：一是对富人征收富人税，由于大部分的资本掌握在富人的手中，而人追逐利润的本性又使富人并不会因为掌握的财富多就进行太多的消费，这大大放慢了资本在社会消费领域中的流转速度。而通过对富人进行征税这一措施，能够通过实施再分配的政策来有效地缓解社会的矛盾，进而有力保障社会的公平。二是消灭食利者阶层。也就是说，可以让银行或者其他金融机构降低其利率，使将钱存入银行或者其他金融机构所获得的利息追不上通货膨胀导致货币贬值的速度，从而就会促使人们更倾向于把钱投向别的更能保值或者获得利润的地方，同时也可以提高有效需求。三是完善立法、提升社会福利，从而更加有效地刺激消费，促进个体收入水平的提升，这样做一方面可以有效地使贫困现象减弱或减少，另一方面也能够遏制经济危机的出现。

三 贫困恶性循环理论

1953 年，纳克斯于美国哥伦比亚大学担任教授时曾提出，发展中国家的贫困问题与当地资源问题之间的关联并不是直接的。他认为，对于发展中国家来说，国家自身的经济体制才是导致贫困问题的关键因素，同时因为其经济体制中有诸多因素相互影响、相互作用，使得发展中国家的贫困地区无法直接地通过经济体制来解决问题，反而可能适得其反，渐渐地演变成“贫困恶性循环”。从供给的角度来看，贫困地区的人们不仅在收入上呈现低水平状态，而且他们的生活支出并不低，这就直接导致了人们能够存储的钱较少，那么在某种程度上也就意味着许多企业无法从货币存储机构获得扩大产业的资金，企业很难做大做强，这样又会反过来造成工人的工资不高。站在需求的角度来看，收入水平决定需求高度，消费水平低就不会得到企业的投资，地区的企业少又会造成当地所需的工人数量较少，从而难以直接地、有效地提升该地区的收入水平。综上所述，最终的结果都反映在人均收入水平上。由此可见，纳克斯认为，提升收入水平是解决贫困问题的关键所在。

但“贫困恶性循环”理论也存在一些局限，因而，该理论也在经济学领域备受争议。其局限性体现在两方面。第一，发展中国家储蓄率较低的主要原因是国家的各方面制度客观存在不同程度的缺陷。同时，就算这些缺陷不足以影响储蓄率，但由于经济发展不充分，在人力资本、管理和技术层面都还有欠缺，因此也就不能通过对储蓄的充分利用来获取最大程度的效益。第二，贫困恶性循环理论是建立在国家储蓄的来源仅由或者说主要由个体、家庭储蓄提供的基础上，这在某种程度上忽略了企业、政府的相关储蓄以及国际社会的捐助等因素。基于以上两个因素，“贫困恶性循环”理论在学术界仍然存在一些争议。

四 低水平均衡陷阱理论

1956 年，美国经济学家纳尔逊通过研究人均收入增长与人均资本、产出、人口等因素的关系，发现贫困本身具有独特的维持系统。贫困体系本身能够在不受外部因素干扰的情况下保持现状、一直维持。其中，贫困线是衡量一个人被归类为贫困人口的理论指标，是经过科学统计、计算所得出的理论值。如果人均收入水平低于它，同时人口增长率高于经济增长率，最终会抵消部分国民收入的增加。反之，则人均收入将继续上升，直到经济增长率约等于人口增长率。由上述我们可以得出结论，如果人口增长过快，那么经济增长将被人口增长所抵消。如果其他相关条件保持不变，那么这种现象将保持不变，继续保持当前的平衡状态。当平衡被打破时，要加大对本地区的资本投入，加强产业发展规划与其他相关规划的衔接，制定明确规划，结合本地实际，加强、创新利益耦合机制，除政策支持外，还应明确和细化融资担保条件实施方案，突破“低水平均衡陷阱”。

“低水平均衡陷阱”理论从多个角度深入分析了发展中国家贫困的成因，即资本缺乏和人口快速增长。因此，要想解决该问题需要从两个方面着手：一是控制人口增长速度；二是加大资金投入，即通过合理的政策和宣传引导人们多进行货币储蓄，最终摆脱“低水平均衡陷阱”。

“低水平均衡陷阱”理论的分析比纳克斯提出的“贫困恶性循环”理论更清晰。前者不仅表明贫困本身具有一定的稳定性，而且提出这种稳定性可以两种方式打破。同时，两种理论也有一个共同点，即如果没有外部政府因素，贫困将处于稳定状态，一旦经济发展突破低水平，经济就会保持稳步增长。

五　循环积累因果关系理论

瑞典经济学家缪尔达尔曾提出“循环积累因果关系理论”。该理论认为，如果把参与社会发展的各种因素称为因子 1、2、3 等，因子 1 的变化导致因子 2 的变化，同样，因子 2 的变化促进因子 1 的进一步变化，因此说明这些因素之间存在诸多复杂的因果关系。

贫困是政治、文化和经济等诸多因素共同作用的结果。单靠经济体制不能从根本上解决贫困问题，而必须通过一种综合性的方法。缪尔达尔认为，由于发展中国家经济发展滞后，人均收入偏低，而且在财力、医疗、卫生和教育等方面都不具备优势，导致部分地区人民整体素质不高，没有竞争优势，面临就业难的问题。同时，由于贫困地区劳动力素质不高，大多只能参与当地劳动密集型产业的工作，所以当地企业的生产效率较低，导致产量下降、工资低，形成恶性循环，使贫困地区陷入贫困并且越陷越深。综上所述，解决贫困问题必须从外部突破，即通过政府、政策、土地、教育、卫生等方面的改革，提高贫困地区的资金量和劳动力素质，从而刺激地方投资，发挥地方优势，带动地方发展，最终让贫困地区摆脱贫困。

第三节　反贫困理论

一　马克思主义反贫困理论

无产阶级贫困理论中有一种重要理论，就是反贫困理论。它不仅对于帮助无产阶级摆脱贫困贡献了强大的理论支撑，同时对于切实脱贫也具有极其重要的现实意义。马克思毕生都在为维护无产阶级利益而奔走呼号，在此过程中，他清楚地认识到了劳动者所处的悲惨境遇，透彻理解了在资产阶级统治下的无产阶级的艰辛。对于无产阶级理论的提出也是从这个时候产生的。马克思、恩格斯曾经在书中对资本主义的剥削制度和资本主义本质进行了全面而深刻的研究和分析，反贫困理论由此形成。反贫困理论的根本目的就是帮助无产阶级取代资产阶级，从而建立无产阶级政权，让脱贫的实现覆盖全世界的无产阶级大众。

马克思的反贫困理论详细分析了各种形式的贫困。马克思在《资本论》中指出，资本主义条件下的贫困表现在物质和精神两个层面，可以分为相对贫困和绝对贫困。对于无产阶级来说，贫困主要表现在物质上的贫困，最直接的表现形式就是物质匮乏。资本家利用强制手段将劳动者所创造的剩余价值据为己有，而劳动者只是从资本家那里获得仅仅能够维持基本生活开支的微薄工资。只有这样劳动力才能不断供应，当父辈随着年龄的增长其劳动的利用价值下降，劳动者的后代因为选择工作的机会少会继承父辈的工作。资本家在赚取丰厚利益之后能够充分享受物质生活和精神生活，而劳动者却只能日复一日地工作，尽管有工作还要为维持生存照顾家庭发愁。资本家的子女能够享受良好的教育，而劳动者的子女却不能，他们没有额外的钱去支付教育费用，劳动者自己也没有时间和精力去充实精神世界，提高自身文化素养，这不仅会影响其发展，更会影响下一代的培育，使得劳动者世世代代都无法翻身，只能做资本家的雇用工人，阶级层次进一步地固化、加深。根据马克思的反贫困理论，无产者的贫困包括绝对贫困和相对贫困，对于绝对贫困可以从两个方面去理解，一方面无产阶级的劳动价值是高于工资水平的，但工人通过辛勤劳动所获取的收入并无法维持正常的生活水平和物质需求，劳动者依靠劳动获取生存资料，他们的劳动能力本质上就代表着他们的生存能力；另一方面，资产阶级将无产阶级的劳动所有权占据为自己所有，劳动者的生产资料和所有权被分离开来，无产者的劳动力变为资本家手中的一种商品，马克思将其称为“必然的、绝对不可抗拒的贫困”。马克思对相对贫困的概念是这样描述的：当社会生活水平总体有所提高时，无产者获得的生活来源大大低于在资本主义社会平均的收入水平，工人阶级永远处于弱势的地位，甚至是在降低，并且在资本主义社会这种状态会一直持续下去，即无产阶级相比于资产阶级是处于贫困状态的。马克思运用形象的比喻道出了相对贫困的含义，即“一间房屋不管有多么狭小，它能基本满足社会人对住房的需求。若是在其旁边建造巨大的宫殿，居住在小屋的人会产生心理落差，开始对现状感到不满，久而久之这种不满的情绪会使他们生活在压抑之中”。这个比喻鲜明地阐释了贫苦的无产阶级在看到资产阶级富足的生活之后的心理状态。马克思认为在资产阶级统治的社会中，资本的积累造就了无产者贫困，无产阶级和资产阶级的关系甚至可以用正相关来说明，富者越富，穷者越穷，因此无产阶级和资产阶级之间的矛盾也就日益激化。

古典政治经济学家并没有从根本上揭示无产者贫困的根源，马克思和恩格斯是最先揭示其根源的伟人。资本主义的本质决定了资本家是贪得无厌、不知满足的，为了获取更多的利益，他们开始利用一切手段和方法来压榨劳动者，通过延长工时或者增加工作量来获得更多的利益，除去名义上雇用劳动力等的工资，资本家将获得的超额利润用来进行扩大再生产，以此来获得更多的利润。随着资本有机构成不断提升，机器相比人而言，劳动的效率更高，资本家开始引入自动化机器设备来替代人力劳动，从而使得大批工人失去工作岗位，如何继续生存下去成为失业工人面临的首要难题。

机器自动化时代的到来在一定程度上解放和发展了劳动力，但机器设备的生产活动又需要更多的劳动力来支撑，这导致工人受到的剥削和压榨越来越大。这种情况促使资本主义社会的贫富差距更大，无产阶级为了维护生存权利，进行各种罢工和示威游行，资产阶级为了维护统治地位会采取措施进行压制，导致了社会矛盾日益激化。

二　收入均等化理论

经济学家庇古于 1920 年在他的著作《福利经济学》中发表了测量福利标准与提升社会福利方法等观点。庇古将“国民收入”视为衡量社会和经济福利的标准，具体而言，随着国民收入总体的提高，社会经济福利水平提高；同时，如果人们的收入水平越平等，差距越小，那么社会和经济福利水平就越好。在他看来，边际效用递减规律可以适用于国民收入的第一次和第二次分配。将同样的收入或财富分配给穷人和富人所产生的边际效应是不同的。穷人分配的收入或财富的边际效应明显高于富人。而经济政策的目标是使社会总福利最大化，因此，我们可以实行累进税制，促进相对平均收入目标的实现，促进资源的合理配置和利用，整体上提升社会福利。

三　自由主义理论

1. 分配正义论

1971 年，罗尔斯提出分配正义理论，即认为收入分配的主体应该是政府，应采取公平的收入分配政策。罗尔斯认为公平并不意味着平等主义，他说人们唯一可以制定客观政策的时间是在他们出生之前，然而现实却不允许。罗尔斯更进一步说，当我们不确定自己处于什么条件或收入标准，我们通常会关注收入标准的最底部。因此，政府应采取公平的收入分配政策，让社会每一个成员，包括最弱势的贫困群体，都能从中受益。这样，政府采取的公平的收入分配政策就是对穷人的一种保障。

2. 机会平等论

诺齐克和罗尔斯持有不同的观点。他认为个体权利是不可侵犯的，不应为了他人的利益而牺牲自己的利益。他指出，即使贫富收入差距不是自然原因导致的，也是社会进化的事实。政府应将注意力转向公平性，包括权利和机会的公平。如果个体的财产是合法取得的，政府就没有理由干预。政府应该做的是为人才培养规划一个合理的、公平的框架，让个体有机会通过该框架来展示自己的才能和能力。在收入分配中，政府要尊重个体的权利，而不是重新分配个体收入。政府政策不应偏袒富人或穷人，而应尊重两者的权利，并按照政府在此过程中制定的程序行使权力。

四　临界最小努力理论

1957 年，美国经济学家哈维・莱宾斯坦提出了“临界最小努力”理论。他认为，发展中国家的“低水平均衡陷阱”和“贫困恶性循环”主要是人均收入低和社会资本不足造成的。为了打破这个循环，在经济开始增长时需要增加投资，确保国家的经济增长率超过人口增长率。同时，投资还可以增加就业机会，提高人均收入，从而跳过“低水平均衡陷阱”。此外，他认为，发展中国家贫困的根本原因是人均收入低、社会资本不足。这使得发展中国家经济发展的内在活力小、有效需求不足，导致就算投资有所增加，但仍不能相应地发挥最大作用，难以摆脱“低水平均衡陷阱”。

“临界最小努力”理论指出了发展中国家贫困的根本问题，强调社会资本和人均收入对贫困的影响。这些观点不仅为发展中国家解决贫困问题提供了借鉴，同时也对相关问题的学术研究产生了深远影响。

五　二元经济结构理论

1954 年，美国知名的经济学家阿瑟・刘易斯提出了经典的“二元经济模型”。他认为，发展中国家主要由农业、工业这两个部门组成。这两个部门的发展是以降低彼此在国民经济中所占比例为代价的。农业部门作为最早期、最基础的部门，在发展中国家中的数量一直是最多的，但其边际效益从多年的经验来看几乎为零，因此它在地区经济发展过程中能够提供的助益并不高；工业部门主要集中在人口密集的城市，因为这能够为工业部门提供充足、高质量的劳动力，也正因为如此，相比于农业部门，它能够为国家的经济快速增长提供极大的动力。然而，发展中国家没有足够的资金来发展工业。因此，发展中国家占主导地位的部门仍然是农业部门。要打破这种模式，发展中国家应该把资金集中在工业发展上，同时考虑到国内资金的短缺问题，发展中国家也必须投资一部分到农业部门，使这两个部门能够达成和谐统一的增长，只有这样才能有效地解决发展中国家的需求问题。这种投资方式对于解决社会资本与需求问题都是有益的，两者相辅相成，有助于实现发展中国家的经济增长。总的来说，这对于解决发展中国家的贫困问题是极为有利的。

第四章　贫困成因理论

第一节　环境成因

一　地理、资源环境与经济发展的关系

从地理、资源环境与经济发展的关系来看，具体可以空间贫困理论为理论基础从地理学的角度对贫困问题进行研究，这一角度不仅从贫困地区地理、资源环境对其贫困产生的影响方面进行了研究，同时也将眼光放在了两者与经济发展之间的关系上。20 世纪 50 年代很多学者将自然地理环境和农村贫困相联系来研究贫困问题，早期的空间经济学研究指出，农村贫困地区发生贫困的因素有很多，其中地理环境也是非常重要的一个方面，最具代表性的是哈里斯和缪尔达。他们认为贫困地区的地理、资源环境在该地区 GDP 及经济发展进程中起到了举足轻重的作用。随着社会不断地发展，贫困问题也日渐复杂化，后来有学者提出将自然地理环境因素与贫困地区居民的生活条件和收入水平相联系，由此产生了“空间贫困理论”。一些学者反对“空间地理因素”对贫困的决定关系，但结合现实情况我们能够发现，贫困群体往往会集中分布在偏远的乡屯或者大都市的边沿角落，任何地区的贫困群体的分布都有一定的共性。雅兰和瑞福林创造性地提出了“地理资本”这一新概念。他们设计出地理资本模型，证实了空间贫困陷阱的存在，首先他们承认了在经济社会的发展中存在着教育水平、医疗条件、社保等众多差异，再将各个差异置于空间地理因素之中，由于这些地理位置禀赋是稳定因素，则可利用空间地理位置禀赋来解释空间贫困陷阱理论。世界银行通过对我国南方四个省份 6 年的微观数据进行

分析，证实了“地理资本”对农村家庭的消费影响显著。由此得出结论：地理位置禀赋较低的地区，经济发展水平低下，导致穷人自身的生产力低下，如此相互影响，将使贫困群体一直陷于贫困当中。此后还有很多学者将贫困问题和空间的分布相联系，从总体上来看，空间贫困学家将从以下四个方面概括空间贫困的特征：一是区位劣势，二是生态劣势，三是经济劣势，四是政治劣势。由此还给出了相应的衡量指标，例如教育的可获得性、土地的可利用性等。我国对空间贫困的研究还存在着许多不足，这一现状促使国内许多学者认识到对贫困地区的研究刻不容缓，并发掘地理条件等因素以加强对贫困地区识别的精准度，目的是能够更加迅速地“对症下药”，从而提高资源的利用效率，相关管理部门能够对准问题并实施解决方案，其中最具有代表性的是，陈斐利用 GIS 技术和 Avenue 软件设计了空间统计分析模块，实现了从空间化的角度来分析区域经济，为我国学术界在区域经济分析中提供了空间上的可操作性。

从这一研究现状我们不难发现，不论是我们生活的国家还是世界上其他国家，贫困部落往往坐落于地理位置差、资源环境差的地方，这一点是毋庸置疑的。结合我国的具体情况，在我国自然环境比较差的地区，尤其是西部的一些地区，贫困人口是呈“片状”分布的，从全国各地来看分布非常分散，但是在某个地区又集中分布。随着科学技术的不断进步，GIS 技术的出现为空间贫困的研究提供了技术支持，能够获取更加详细的信息，例如范围可以从洲细化到街区等，调查的对象也非常广泛，提高调查数据的精确度，毫无疑问这会对我们国家的这项工作提供最有力的工具，从技术和精准方面提供了保障。

二 区域整体环境与经济发展的关系

结合我国当前所处的发展阶段和经济状况而言，区域经济协调发展的主要内容应当是区域与区域之间具有较强的开放性，各区域之间能够进行频繁的经济交往活动，针对区域自身不同的优势进行分工，在继续保持区域经济快速增长的同时，也要注重对差异的总体掌控，在此基础上实现地区之间的平衡快速发展。从我国发展历程来说，区域经济协调发展是指地区和地区之间在经济上能够互通互融，增加经济交往和联系的紧密度。从“状态”方面来说，各区域要相互开放而不能相互排斥。

关于区域经济的发展理论包含四个重要方面。一是生态文明。所谓生态文明是指人类要遵循自然规律，不能将自己置于自然的对立面，要同自然和睦共处。人生活在小社会中，每个小社会都处在自然环境中，因此这三者之间必须相互依赖，休戚相关。在区域经济协调理论中，为了促进人与社会的共同进步，应当将生态文明理念贯穿发展过程的始终。我国虽然是资源大国，但是人口多、人均可利用资源少。随着生产力的不断发展，我们在享受经济增长带来好处的同时，也遭遇了许多环境问题，部分地区只追求经济的高速增长而忽视了给环境带来的不利影响，使得生态环境被破坏，我们需要为自己的所作所为买单。因此我们要将生态文明理念贯穿发展的始终，保护大自然和生态环境，为国家营造良好的发展环境，促进国家的可持续发展。习近平总书记指出，我国加快推进生态文明建设是促进区域经济协调发展的必然要求，国家从实际的国情出发，着力解决环境问题，建设美丽富饶的中国。深化生态文明建设的关键点在于，国家要用制度去约束发展过程中的不良行为。此外，国家要发挥制度的激励作用以鼓励人们发展绿色经济的行为。

二是共建人类命运共同体。在经济方面，国家要合理增强开放性，促进对内对外投资的便利化，同时要大力加强区域经济治理。我国经济实力日益增强，各个地区的经济联系也日益密切，这离不开“构建人类命运共同体”的方针政策的促进作用。经济全球化将各国联系在了一起，所谓“人类命运共同体”是指国家不仅要专注于自身的发展，同时也要带动其他国家迈向繁荣，体现了“唯有合作才能双赢”的价值理念。中国从来都在贯彻实施人类命运共同体这一概念并为之付出努力。从党的发展进程我们不难看出，我国一系列经济发展政策都围绕着人类命运共同体这一理念并一以贯之，一方面各地可以因地制宜地进行发展建设，另一方面各个区域也不能忽视竞争的重要作用，要在竞争中合作，相互促进，实现各区域在经济等方面“你中有我，我中有你”的和谐状态。

三是区域治理。区域治理简单来说就是指公民、政府以及非政府组织通过采取集体行动、对公共事务进行谈判协商等手段来维护公共利益最大化。区域治理对经济协调发展有着不可或缺的作用，我们要将它的优势充分发挥出来，将发展中的困难解决。区域治理一方面强调了公民和非政府组织的参与，结合我国的具体国情，区域治理的主体是政府，而当前各种非政府组织政治立场明确，同时为了维护自身的利益，他们愿意贡献自己的力量帮助政府解决区域经济协调发展中出现的问题，来弥补政府管理中存在的缺陷；另一方面，公民的作用也不容忽视，我国公民的政治参与意识越来越强烈，由于区域治理直接关系人民生活幸福和切身利益，因此要激发人民群众的主体意识，同时帮助监督治理主体，促进区域平稳协同进步。

四是包容性发展。包容性发展是指区域经济的一体化能给国家和各个地区带来经济、政策等各方面的益处，同时也为欠发达国家和地区带来经济效益，一定程度上补齐了发展不平衡的短板。经济全球化使得世界各国的联系更加紧密，但同时也出现了与全球化不和谐的因素，即世界的非包容性，它阻碍着全球化的进程。中国作为经济全球化的一员，大力宣扬包容性发展，带动不发达国家的经济发展，让全球化经济发展成果由各个国家共享。因此，要使得世界经济呈包容性增长，必须采取措施越过“中等收入陷阱”，寻求更加平稳和公正的新方式。

第二节　文化成因

一　文化贫困的基本特征

贫困文化是一种糟粕文化，它影响着穷人群体的行为方式和三观等等。刘易斯在《五个家庭：墨西哥贫穷文化案例研究》中对其做了深入的分析，从社会和心理的角度来说，贫困文化特征包括惯用武力解决纠纷、经常酗酒、缺少隐私、用暴力手段教育子女或对待家人、过早涉及性行为、区域性拥挤、强调占领核心家庭优势地位，另外还包括确信个体无法摆脱环境，听天由命，缺乏对攻击性行动的控制力，注重现在忽略将来，对教育成就和职业成就的抱负水准也较低。贫困群体的经济特征包括长期处于为温饱而劳动的状态、失业或不充分就业、劳动报酬仅能维持基本生活、选择体力劳动、童工、无积蓄、家中无额外的食物储存、抵押个体物品、借高利贷、购买二手生活用品等。另外，贫困文化还具有人群特征，即这部分人群相较于一般群体的死亡率偏高，在低龄人口中独自生活的人占据了绝大多数，通过被雇用获得较低的劳动报酬来维持基本生活的人群比例较高。

结合上述对贫困文化理论的研究和特征的分析可知，贫困文化是底层社会的人群所独有的一种文化，它来源于特定的贫困环境。贫困文化理论为贫困问题的研究提供了新的视角和理论方向，但由于贫困文化理论的论述是基于特定的时期和环境，因此在运用该理论分析精准扶贫时，要基于我国的传统文化的特征和人民的思维方式，通过整合我国不同地区的具体情况的分析来进行研究。

二　文化贫困与贫困的关系

世界著名人类学家奥斯卡·刘易斯（Oscar Lewis）最早提出“文化贫困是影响贫困的一大重要原因”是在他的文章《五个家庭：墨西哥贫穷文化案例研究》中。他通过对5个家庭进行跟踪调查展示了贫困形成的社会状态，基于社会文化的角度解释贫困现象。其后的学者们在刘易斯的理论基础上对“贫困文化”做了相应的系统性分析。班菲尔德认为，乡村中的贫困文化主要表现在把家庭观念放在极其重要的位置，排斥集体的合作模式，穷人都有着自私自利的特质，贫苦农民为了生存想要做出改变，无形中却被家庭束缚，无法改变现状或做出其他选择。哈瑞顿在《另一个美国》中指出，贫困文化一旦形成文化系统，就是一个相互作用的整体，它主要表现在穷人对物质生活和精神世界的悲观和安于现状的心态。哈里森将不同国家和地区的情况进行了比较研究，发现人的价值观会受到经济、社会和文化等各方面的影响，在长久的影响中内化成了悲观的生活态度和安于现状不思进取的思维模式，这是固定的无法突破的文化体系，会导致个体之间的发展差距越来越大。马克·赫特尔对人类家庭的发展史进行了研究，从跨文化的角度分析了家庭制度，他在研究中提到了刘易斯的观点，即认为贫困家庭在面对现实生活的困苦时，为了生存下去不得不努力适应，贫困文化就相应产生了，这些适应是穷人克服绝望的努力，这种绝望不是纯粹的屈服，不是没有能力去实现理想，是因为穷人意识到不可能按照大众的价值观来达到理想；赫特尔还指出对于没有足够的经济来源满足城市生活物质需求的群体和缺乏社交使得在遇到困难时无法从中获得帮助的群体而言，城市生活问题更加严重，这些处于不利地位的人群就是贫困阶层。贫困文化研究学者认为，在社会发展中出现的贫困现象是社会、经济等综合因素相互作用产生的，长期形成的固有价值观念使穷人无法依靠自身的能力来改变现状，这些价值取向与主流价值观相背离、相违和。学者对贫困问题本质的研究由经济角度转为文化角度。

刘易斯长期跟踪调查的五个移民家庭具体情况分别为：第一个家庭生活在高地村庄，是依赖农业生存的，但是农业发展缓慢，并且随着人口的增长有限的物质资料供应不足；第二个家庭生活在城乡接合部，承受着城市化冲突带来的不利影响；第三个家庭是缺乏中产阶级价值观，长辈不注重对子女的教育，没有提高生活质量的动力，并且是五个样本家庭中最贫困的一个；第四个家庭拥有工人阶级和低中产阶级的特征；第五个家庭尽管有钱但是仍旧用穷人的方式生活。通过对这五个家庭的调研，刘易斯得出了一个共性问题：这五个移民家庭由于长期处于弱势地位，承受着巨大的生活压力和窘迫的生活环境，他们都缺少对生活的积极态度，缺乏情感的表达和对幸福感的体会，这种态度潜移默化成一种文化氛围，又影响着他们的生活。此外，刘易斯通过对这五个样本家庭的叙述映射了贫困者处在饥寒交迫的生活状况中，为了在艰难的环境下生存，他们主动降低对生活的期望和物质的需求，在对生活极度失望之后便产生了自我满足的心理状态。贫困文化一旦产生，就会永久地持续下去，甚至会对一个家庭后续的发展产生不利影响，使家庭永远无法脱离贫穷困苦的状态。上述是国外对贫困文化的研究，贫困文化理论在传入我国之后，引起了国内学者的关注。当前国内对贫困文化的定义最具代表性的有以下三个观点。一是“贫困文化与主流文化不同，即在社会生活当中，当大多数人的生活水平都处在中上等时，剩余处在贫困当中的那一少部分人形成的能够让贫困得以延续下去的文化体系”。二是贫困文化是“贫困群体在长期生活中逐步形成的独特的生活方式，主要包括风俗习惯、思维和处事方式、对生活的态度等”。三是“贫困文化会对人群在经济上的贫困产生直接的影响，经济的贫困反过来会催生文化的贫困，二者是相辅相成的关系”。这三种说法分别从不同的视角对贫困文化做了阐述。国外的学者们更多的是强调穷人对待生活悲观的心理状态，指出贫困文化一旦形成便永久存在，而我国学者则是在外国学者的研究基础上对文化理论做了经验上的概念描述和探究，将重点放在贫困文化的构成要素上。

众所周知，导致贫困的因素并不唯一，是由影响个体全面发展的全部因素共同决定，其中包括收入、受教育机会、生活环境、个体身体条件，甚至也包含着家庭对其的影响，但究其根源都是贫困人口自身的能力不足所导致的。所以，个体能力的重建就成为关键，而重建个体能力作为反贫困的重要策略之一，需要有教育的辅助，教育扶贫的概念也由此应运而生。

在保障贫困人口和贫困地区协同发展、共同步入全面小康的前提之下，物质的富足与生活水平的渐变提升也同时让我们的扶贫工作步入一个新的阶段——文化扶贫。基础生活要求的满足随之带来的是精神层面的需求，我们不仅要让贫困人群在物质基础上脱离贫困生活、摆脱贫困，更要从精神文化方面入手，给予贫困人群对未来生活的向往，只有在人民群众的思想道德建设满足、精神文化富足的情况下，当地文化资源才能得到科学高效的管理和利用。

文化扶贫扶的是精神，扶的是智慧。要想彻底打赢这场脱贫攻坚战役，必须从贫困人群思想源头出发，授人以鱼不如授人以渔，不仅要保障贫困人群目前能过上自给自足的美好生活，更要赋予其创造价值的能力，依靠自身力量创造美好的小康生活。

多数贫困地区文化建设仍处于一个有待发展的阶段，文化服务体系不完善，文化宣传力度也不尽如人意，人民群众在物质生活上可能有所期待，但在精神生活上还需加大建设力度。我们不能单从定义来理解“贫困”二字，贫困不但代表着经济的不富足、收入的低微不确定，也同样作用于精神文化、教育教学以及思想积极性等多方面。文化贫困从个体角度看，代表了个体的知识水平不足、思想教育落后、道德观念不完善和价值观导向不正确。从社会角度看，文化贫困代表了地区区域性的文化教育落后，市场经济发展缺少新思想。无论是从教育、科技还是从思想来讲，文化贫困都象征着价值观念的落后，没有动力的市场远比缺乏资源的市场更为岌岌可危。此外，个体素质较低，没接受过高等教育也会影响自身的品位，具体主要表现为：消极无为、听天由命的人生观，安贫乐道、得过且过的幸福观，懒散怠惰、好逸恶劳的劳动观，血缘伦理、重义轻利的道德观，不求更好、只求温饱的消费观，崇拜鬼神的迷信观，多子多福的生育观，等等。

第三节　体制、机制成因

一　政府行为与贫困的关系

坚定不移地打赢脱贫攻坚战，实现全面小康，应该着眼于寻找更好的治理路径并且构建科学的制度，提高精准扶贫的效率，实施更加有效的方式，投入更多的精力。这为中国新阶段的脱贫工作指明了方向。党的十八大以来，精准扶贫工作开始成为中国扶贫工作的重点，中国政府坚定地走好每一步，取得了十分显著的成就。

中国的贫困地区主要集中在偏远、通信不便利的乡村地区和山区地带以及一些少数民族居住地。因此，在中国扶贫取得显著成效的案例中，山区和少数民族的案例占据了很大的一部分。由于造成每个地区贫困的原因不同，因此在国家层面总体的方针政策下，每个贫困地区的脱贫方针也具有一定程度的差异，扶贫工作的重点也存在一定的不同，由此产生的扶贫实践模式十分丰富。

在精准脱贫的工作中，贵州省道真县在国家乡村振兴总体纲要和贵州省脱贫攻坚春风行动要求下，在统一指导思想的前提下，结合自身的实际，针对实际问题精准脱贫，重点发力，提高经济发展质量，坚定不移地实施多种策略。道真县采用的基本模式为“村社合一”，村党支部和村委会将本地专业的居民、党员家庭和部分积极的群众组织起来，集中为其提供了一系列专业的生产前到生产后的服务，精准地发挥政策的驱动效力，为解决贫困户在结业和创业中的问题而积极探索党建扶贫模式。贵州省道真县在本地的80多个村建立了规范高效的“村社合一”农民专业合作社，在社区党总支部统一协调的基础上有机地结合村委会、党员家庭、先进个体和贫困户，发展特色种植业和养殖产业，带动贫困户做好农业产业精准脱贫。道真县采取积极的措施，确保“村社合一”100%覆盖贫困村，进而覆盖贫困户，以此保障贫困户的经济收入，加快贫困户的脱贫，同时也在一定程度上保障了脱贫之后的经济总收入，有效地防止返贫等问题的产生。在这种模式下，道真县的精准脱贫工作取得了十分显著成果，形成大规模的种植产业，积极与超市商业合作，以稳定的销售渠道解决订单问题，真正实现了村社一体化、产业产销一体化，为更多的村民解决了家庭经济来源问题，让他们有了更大的脱贫致富的动力。

在甘肃省陇南市小川镇，政府根据当地的实际，实施了完全不同的精准脱贫和乡村振兴策略。小川镇是最早发展农村电商的乡镇之一。在科技日新月异的今天，“互联网+”的形式越来越广泛，扶贫工作队在积极创新模式的道路上也认识到了电子商务的崛起和优势，并积极开展电子商务且与精准脱贫深度融合，以电子商务作为依托，同时有效利用政府、市场和协会的帮助，号召鼓励帮扶干部、村组干部、乡村青年、乡村能人等群体广泛参与，构建了电商扶贫生态系统。具体来说，小川镇以电商扶贫试点村为主，把贫困户作为主要的帮扶对象、整合扶贫等相关涉农部门资源，完善电商扶贫工作机制，建设乡镇和村级电商扶贫服务点，和贫困户、贫困村签订带贫协议、发放便民联系卡，探索形成了“一店带一户，一店带一村”等多种网店带贫模式，强力推进了电商扶贫各项工作顺利开展。电子商务的有效运用，在精准扶贫和乡村振兴的大时代背景下，促进了乡镇发展的大跨越，在精准扶贫和乡村振兴战略的有效融合方面起到了引领带头作用，取得了收入增长、乡村振兴的积极作用。同时，农村电商发展帮助小川镇广大村民培育起“互联网思维”，在带动贫困户增收方面发挥出更大的作用，倒逼农业特色产业结构调整，增强了农村发展的内生动力。

同时，在中国其他地区的精准脱贫过程中也涌现出了众多具有成效的实践模式。在四川省凉山市，政府和扶贫工作团队对当地的真实情况进行分析以后发现，教育的缺失是当地的主要致贫问题，因此建立了以教育为重点的扶贫模式；在湖北黄岩，分析当地的现实问题后结合当地自然风光的优势，建立了旅游扶贫的全新模式，并且“黄岩模式”成为旅游扶贫的典型案例；宁夏创立健康脱贫的“盐池模式”；青海则创立拉面产业脱贫的“拉面经济”；等等。

在中国坚决打赢脱贫攻坚战的征途中，不局限于少数民族和边远山区的精准脱贫和乡村振兴，在城市地区、其他行业和企业中也存在许多精准脱贫的积极实践并且取得了显著的成效。目前普遍存在干部驻村帮扶、“万企帮万村”的企业帮扶、东部比较发达地区与西部贫困地区的一对一帮扶，同时一些具有社会责任意识的企业，比如中国人寿保险公司和哈药集团等大型企业也积极地进行扶贫。扶贫的方式众多，其中具有明显成效的有易地搬迁、小额信贷、农村信用社入股、电商、低保等多种方式。

由于贫困地区致贫的原因不同，相应的扶贫政策也要根据实际进行一定程度的调整和改变，以实现最终精准脱贫、逐步走向小康生活的目标。在这个过程中，中共中央及时地认识到扶贫工作不能局限于物质水平的提高，更要注重扶志，物质扶贫的成效不能长时间地延续，中国的扶贫工作要加强对思维和执行的教导，形成贫困地区多元化持续不断的经济增长动力。

二　基层组织与贫困的关系

农村基层党组织一直奋战在地方脱贫攻坚的最前沿，其目标制定、战略规划等措施必然要对当地的扶贫开发工作起到核心作用。详细来说，各级党委在党的领导下形成扶贫的合力，强调在扶贫当中主体与主体之间的关系，坚持主体责任，在扶贫、脱贫事业之中，号召凝聚全社会的力量，动员全体社会人员积极参与扶贫事业。对于精准扶贫问题首先就是要发挥党的引领作用，党中央在会议中曾明确要求：各区域政府应以身作则、强化自身学习，建立符合当下的领导班子作风，切实推进扶贫工作的开展。第一，各级党委书记应发挥带头作用、以我党优良作风为行事准则，积极投入地方脱贫工作当中。在新时期扶贫任务下，我党应按照要求建立扶贫工作队和驻村代表，明确工作队的工作重点内容、将实际责任分配到个体，建立完善的责任制度，同时号召大学生、退伍军人回村工作，争取为乡村培养出一支能干的队伍。第二，基层党组织应发挥作用。在上文我们已经探讨了党委书记在实际工作中的作用，但是脱贫工作仅依靠党委书记是远远不够的，这时就显示出基层党组织建设的重要性。对于各个区域内脱贫工作而言，首要任务之一就是建设优良的基层党组织，这就需要各村根据实际选出一批能为扶贫工作带来动力的优秀人员，并制定完善的制度、合理地配合政策完成扶贫任务。在此基础上应加大宣传力度，将工作做得好的区域党组织在各个地区进行表彰和宣传，坚持定期开展扶贫经验讨论会。通过相互之间的沟通可以将好的工作思路、方法在各个区域之间进行互传，这样能进一步促进扶贫工作的开展，促进乡村振兴战略落地。

第四节　历史成因

一　中国贫困概况

改革开放40多年以来，中国的精准产业扶贫和发展事业已经取得辉煌的伟大成就，扶贫的发展进程先后经历了战略性发展式精准产业扶贫、开发式扶贫精准攻坚、综合性精准产业扶贫和战略性特色产业脱贫攻坚四个关键阶段。而精准扶贫的目标瞄准也与之密切相关，先后经历了贫困的农村地区、贫困县、贫困村、贫困户四个关键阶段和单元。以2300元的收入作为目标计算的基准，中国的绝对贫困人口从1978年的7.7亿多逐渐地减少到2018年底的1660万人，贫困群众传染性疾病的发生率从97.5%逐渐地下降到1.7%。2020年中国已经彻底消除绝对贫困进入小康社会，全面地融入和努力建成社会主义现代化国家。

二　传统观念根深蒂固，思想意识不足导致贫困

马克思主义中国化的理论成果是我们党和广大人民群众团结奋斗的集体智慧结晶，是党和国家事业不断向前发展的理论基础。党的十九大后，全党全国各族人民积极进行十九大报告精神的学习，学习习近平新时代中国特色社会主义思想。但是一些农村地区的党员干部工作形式化，只是把宣传标语贴在了办公室，却没有进行认真系统地学习，没有深刻的理解。只知道相关的人物、事件和时间，不知道其中的内涵。党员干部没有认真学习，理论就不会深入头脑，那么在实际工作中就不会用最新理论来指导实践和推进乡村振兴战略的实施，因而农民群众就不会感受到党的政策的影响。农村中党员干部没有带好头学习，普通党员对于理论学习的意识会更低。

习近平总书记在纪念长征胜利 80 周年大会上提到理想信念的重要性，他在讲话中引用邓小平同志的话："过去我们党无论怎样弱小，无论遇到什么困难，一直有强大的战斗力，因为我们有马克思主义和共产主义的信念。"这一共同的理想，使我们党具有铁一般的纪律。这坚不可摧的纪律，无论在什么时候，都是共产党所具有的真正优势。而现在，一些农村党员干部不能正确看待我国实行的改革开放政策和社会主义市场经济体制，不能正确分析和判断形势；放松对自身的要求，不严以修身、严于律己，个人主义、自由主义严重；个别党员干部只信鬼神、不信马列，为实现自己的"升迁梦"，不想到多为人民群众办实事，忘记了全心全意为人民服务的宗旨。

宪法是我国的根本大法。只有知法懂法才能守法用法，知道法律条文并理解其内容，自己的权利和义务都要在法律的范围内行使和承担。在我国的一些农村基层党组织中，党员干部不学法、不懂法，也不组织支部内党员学习法律知识，导致基层党组织上下法治意识淡薄，不能运用法律手段调解民事纠纷、化解邻里矛盾。有的党员干部甚至滥用职权，收受贿赂，最终走上不归路。党员法治意识淡薄，不能明辨是非、真假、善恶，容易被农村黑恶势力利用，不会使用法律武器来保护自己。党员干部和普

通党员法治意识淡薄，损坏了党在农民心中的形象，降低了党在农村的地位，造成干群、党群关系紧张。

我国实行改革开放40余年，从1992年中共十四大确立社会主义市场经济体制以来也已经有30年左右。但是，在我国一些农村基层党组织中，仍有一些老同志停留在过去的体制中和沿用老方法，不能很好地把握市场经济法则，从而也就不能很好地带领人民群众促进当地的经济发展。例如，一些农村党员干部想在脱贫攻坚过程中做出成绩，在没有做好市场调查的前提下，盲目指导农民或农村合作社种植一些农作物，结果到了收获的季节，发现该农作物市场供过于求，农民只能贱卖或者眼看其烂在地里，导致农民利益受损，农村经济发展受到限制。

三　组织建设不健全与贫困的关系

党员发展工作看似是党的各项工作中最普通、最简单的一项，其实是党的基层组织一项经常性的重要工作。一些农村基层党组织在党员发展工作中，还存在一些或轻或重的规范性问题。首先，党员干部多年来不在村内宣传介绍党的基本知识，农民群众对入党的认识不到位，觉得入党和种地、打工没有直接关系。农民由于文化水平和生活条件的限制，没有达到为千千万万人谋幸福的境界，只是看重自身的利益，对加入共产党持无所谓的态度，认为入党无用，进而普遍积极性不高。其次，一些农村党支部对党员发展工作不重视，不能将发展党员列入工作日程中。不发展积极分子，不培养考察积极分子，也不向党组织推荐积极分子以作为发展对象，使得农村党组织发展后继力量匮乏。最后，有的农村基层党组织虽然发展党员，但是在发展对象的选择和发展流程上存在较多不符合《中国共产党发展党员工作细则》要求的问题。在选择发展对象时，不看是否具有马克思主义信仰和共产主义觉悟，是否真心想为村民服务，而是培养和介绍自己家族或者亲近的人入党，导致真正有能力、有觉悟并愿意入党的人不能及时加入党组织。

当前，我国一些农村基层党组织党员队伍结构的合理性仍存在诸多问题。一是年龄结构不合理。随着农村经济的发展和劳动力转移的加快，外出经商或者打工的农民越来越多，留守在村里的党员都是老年人，青年党员外出务工成为流动党员，青年人的大量外出，使得农村党员发展后继乏人，没有可发展的对象，新党员少，老党员多。农村基层党组织队伍结构的不合理，一定程度上影响了党组织的生机和活力。二是性别结构不合理。农村相较于城市，交通闭塞，经济落后，人们文化水平较低，封建思想在农村还有较大影响力。其中“重男轻女”观念对我国农村影响最深，影响范围最大。受这种观念的影响，农村基层党组织在发展党员工作中更倾向男性。农村的女孩从小生活在这种观念下，大多数没有入党的意识，在发动女性群众方面存在困难。农村党员由于文化水平的限制，在国家政策的理解、宣传和执行上存在一定困难，不能真正掌握政策的精神实质，在贯彻执行上容易出现偏差，不能把政策和当地的实际相结合，造成人力、物力、财力的浪费。由于文化水平普遍较低，一些农村党员干部法治意识薄弱，不按照民主程序进行管理，极易造成干群关系紧张，进而导致党在农村的政策难以实施。农村党员在年龄结构、男女比例和文化水平上的不合理，一定程度上影响了党员先锋模范作用和农村基层党组织战斗堡垒作用的发挥。

农村基层党组织的领导核心是村党支部书记，农村的各项日常事务都离不开农村党组织的领导，村党支部书记直接影响基层党组织整体领导能力的发挥。农村基层党组织领导能力又影响农村集体经济发展。部分农村基层党组织对集体经济的发展存在忽视，自我发展意识不强，存在等着国家扶持的心理。村党员干部自身能力有限，带领村民发展经济的能力有限，公心不强，对农村发展没有长期规划，注重眼前利益，不考虑长远发展，严重削弱了党在农村中的执政地位。

随着农村“村民自治制度”的大力推广，广大农民参与“民主自治”的热情日益高涨，“主人翁”意识越来越强。但不容忽视的是，有的地方在选举中出现了一些拉票、买票的现象，严重影响了村内的民主政治生态。村党员干部没有党内民主意识，导致基层党组织民主建设落后。村内党员主体地位意识不强，对党员的权利和义务没有清楚地认识，只知道在选举的时候有选举权，可以利用这一权利谋取私利，从不关心选的是不是真正能为村民服务的党员干部，只知道谁给的钱多就选谁。至于党员义务是什么，怎么履行，没有清楚的认识。

随着社会经济的发展和综合国力的稳步上升，人民群众的生活水平得到了显著改善，与此同时，人们对精神文化的需求也达到了一定的高度。农村由于经济相对落后，文化生活贫乏，有的村民除了看电视就是打麻将、打牌，缺乏积极健康的文化生活。有的村干部不仅不实施有效措施激励村民养成读书的良好习惯，反而使文体基础设施成为平时的摆设和特殊时候应付上级检查的工具。

四 扶贫机制与贫困的关系

村两委是指村党支部委员会和村民自治委员会。在理论上，两委分工为：村党支部主要负责村里方向性的大事，村民委员会主要负责村里具体的事务。但是在实行村民自治过程中，出现了村两委关系不协调甚至引发冲突等问题，直接导致一些农村由一元权力结构转变为二元权力结构。

两委在权力较量下一般会出现两种情况。一是党支部统揽一切。部分村党支部书记认为，村党支部是各种组织以及村内各项事务的领导核心，在村中大小事务统一归党支部管理，无视村委会的存在。二是村委会决定和处理一切事务。也有部分村委会主任认为，村主任由村中上千村民选举产生，比仅由几十个党员选出的党支部书记更具权威性，村里的一切事情应由村主任全权管理，不接受党支部的领导，认为党支部只是负责村里的党务工作，收好党费、管好党员。总的来说，出现这种冲突是因为两委缺乏明确的约束制度，两委的权限和职责范围没有明确的规定。如果基层党组织只负责党内活动建设，不投身于村中活动，势必会削弱党组织在村民心目中的领导地位。村委会如果凡事都听从党支部的安排，就极易造成村委会成为党支部附庸，很难发挥村民自治的作用。两委职责的不明确，极易对农村基层党组织的工作开展产生一定不利影响，进而阻碍农村基层党组织建设和乡村振兴战略的实施。

“三会一课”是党支部组织生活的重要内容，包括党员大会、支部委员会、党小组会和党课。根据《党章》规定，党支部党员大会原则上每季度召开一次，支部委员会和党小组会原则上每月召开一次，党员领导干部应当定期组织基层党员“忆党史、学党课”。而在一些农村基层党组织中，很少组织党员召开会议、上党课、参加党日活动等组织生活，有的村基层党组织甚至多年不过组织生活，遇到需要传达上级精神或布置某项工作任务时，只是通过广播宣传让大家相互转告。组织生活上的松散、不严谨，很大程度上削弱了农村基层党组织对村民的号召力，以至其难以发挥积极作用。

完善的监督机制是营造风清气正的党内环境过程中至关重要的一环。但是，有一些农村基层党组织“党员长期处于无监督状态”“党员干部滥用职权”“村民诉说渠道不通畅”“农民群众无法行使监督权”等现象仍旧时有发生。上级党委对村党组织的工作不进行监督，导致农村基层党组织不受约束，党组织松散，难以发挥战斗堡垒作用，同时使用的扶贫方法也有一定的缺陷，从而导致贫困难以拔除。

第三部分

典型案例篇

第五章　河北省易地搬迁扶贫研究——以阜平县为例

第一节　易地搬迁理论基础

在我国新时期的精准扶贫“五个一批”工程中，易地搬迁扶贫被视为其中不容忽视的一个重要方案。我国在“十三五”时期就已经通过对将近1000万建档立卡的贫困户施行搬迁及安置工作，解决了“一方水土养不起一方人”这一资源约束型地区的扶贫难题。易地扶贫搬迁政策的实施，是基于以可持续生计理论、空间贫困学理论、社会公平理论为主的诸多理论与我国实际国情的一场超越理论层面的伟大实践，既是对诸多学科领域理论的融合，更是从发展角度拓展了理论的内涵，向世界提供了一个大规模扶贫的现实可行方案。

一　可持续生计理论

可持续生计理论的核心观念在于人的可持续发展、人与自然的和谐共处，这一概念来自20世纪80年代的联合国报告，生计就是指基于能力、资产和活动的谋生之法，而只有在一种生计有助于人们应对压力并在其下恢复，同时其能力又得到维持甚至增强，而这也不会使得自然资源受到侵害时，这样的一种生计才被称作具有可持续性的。

可持续生计是扶贫工作的重要内容。在经济蓬勃发展的今天，生态之重要性慢慢为人们所体会和认识。人的生存基础便是自然中所孕育的各类丰富资源，没有一个平衡稳定的生态系统，生命就难以得到延续。

然而，科技在推动着世界经济和物质文明巨轮前行的同时，诸如能源环境超负荷等生态问题亦频频出现。我国虽不断吸取教训，推动发展重心转变，关注生态问题，但在传统思想观念的长期影响下，生态保护意识的建立还处于前期薄弱阶段。因此，我国的生态环境严峻形势不容乐观：生态系统不再保持平衡稳定，受到的破坏面积日益扩大，各类资源物种正濒临消失；与此同时，脆弱的环境以及频发的自然灾害更使得农村及其他地区的发展受到难以挣脱的束缚。有效平衡生态与经济的发展势在必行，要使贫困地区得到发展，解决保护和发展的冲突与矛盾，就必须做到绿色和“双山”并重，以科学发展观全方位统筹，实现可持续扶贫和永续发展。

可持续是一个综合概念，它是动态的，它关乎经济、环境二者的相互关系。可持续发展意味着统筹兼顾协调一体地前进，权衡环境成本与经济效益，既不可肆无忌惮地内耗生态以取得经济的表面大跨越，不为他人以及后代人发展考虑，也不可因此而缩手缩脚使得贫者愈贫。要实现二者的步调统一，首先要降低能源耗费和发展的相对比例，提升资源使用效率，尽最大可能减少浪费。而要漂亮地打赢这场脱贫攻坚战，就务必在脱贫效果可持续这一硬指标上下狠功夫。脱贫持续性是否能够达到标准线，其衡量的关键准绳就是脱贫是否稳定、是否可持续。所谓脱贫持续性，也就是指能够长期保持脱贫成效，包括主体、供体、载体三个层面的可持续性。主体可持续就是指扶贫脱贫对象拥有持续稳定的脱贫状态，供体可持续则是指为了使得扶贫对象脱贫而施行的政策服务等，而载体正是整个扶贫工作的大生态自然环境，三者共同构成脱贫的有机整体。持续性脱贫是稳定的、真实的、坚实的，而非面子工程。

在中国特色社会主义脱贫实践中，如何实现脱贫与生态保护的有机统一，是中国共产党脱贫理论和实践的重大课题。习近平总书记基于马克思主义科学方法论，深入总结生态扶贫的理论成果和实践经验，将“生态可持续”与“扶贫可持续”二者有机统一，提出了以“绿水青山就是金山银山”“生态环境就是生产力”为核心的生态扶贫理论。易地扶贫搬迁正是这一理论的重要实践。

二　空间贫困学理论

空间贫困学从根本上来看就是对贫困的空间分布这一论题的研究探索，即贫困与空间地理因素之间相互的联系，其最为重要的一个目标就是在对真实数据资料进行科学分析的基础上，探讨一国或一个地区贫困的空间分布情况。早在20世纪50年代就有学者哈里斯和缪尔达尔，基于早期的空间经济学提出了不够发达地区经济的发展与空间地理因素有关的观点，而后世界银行的雅兰和瑞福林的研究也表明地理资本因素对农户的消费具有较为显著的相关性，指出“空间贫困陷阱”（Spatial Poverty Traps, SPT）是由于地理因素产生的，“地理资本”这一空间贫困学概念也正是由他们提出。两位学者把各类不同差异因素统一于空间地理因素之中，将地理资本与财产及社会资本并列在一起，认为究其根本都能用空间地理位置禀赋的差异对经济社会各方面的影响进行解释。

在空间贫困学的探索中，把贫困的分布、生态等诸多方面均归结于地理这一因素，形成一幅直观而明晰的空间地图，从而使得扶贫政策的制定、设计和评价更为科学、便利，这也使得当今贫困的空间分析越发成为扶贫政策制定的必要一环。对贫困的空间分布的研究极大地促进了人们对贫困和不平等情况的了解关注，帮助人们意识到需要为此采取一些措施。我国经济社会发展中地区、城乡之间在各方面都存在着巨大的差距，因此空间因素在我国的农村贫困中是一个重要决定性因素。我国推动经济增长的地区发展战略存在极大的不平衡性，特殊政策的实施更是会导致空间贫困的产生，使得减贫出现空间差别。我国不同地区在资源储量、社会服务等方面的不同，使得我国的贫困存在地区差异，不同地区的民众在风险冲击下受到的影响程度不同、其脆弱性也有所差异，从而引起了贫困在空间上的集中。

空间贫困理论认为，人所居住生存的空间能够再细分为三个不同的层次。第一层次即人的生活空间。第二层次则是生产空间，也就是将空间的本身看作一种生产力，这也契合了马克思主义的理论观点。而第三层次即社会空间，是指人会与同一空间内的其他人不断产生交集和联系，从而形成一个巨大的人际、社会网络。那些“一方水土不能养活一方人”的区域，在这三个层次的空间中都存在着严重的欠缺，要么是由于环境品质低下这一空间无法满足大量的人口在此生活的条件；要么是由于资源短缺开发受限或效益过低，无法支持充足的、高端的生产活动；要么是由于人口规模相对较小，同时经济基础较差，形成了低质量的社会网络。国家相关政策文件也对易地搬迁的对象进行了描述和说明，认为其主要包括原本定居于深山、高寒、荒漠、病疫等恶劣环境中而不能满足基本发展要求的，或是开发受限地域的建档立卡村民。对于此类人群而言，由于多个层次空间的欠缺，其生计风险很高，而空间的稳定性特征更意味着在此空间内生存的困难人口所遭受贫困折磨的稳定性。另外，在各方面条件恶劣、能量缺乏的空间里艰难求生存的人群，积极挣扎、甘冒风险以转变当前生产生活状态的可能同时也低得多。综上而言，唯有进行空间的迁移挪换，才能够从根本上改变空间条件欠缺的现实，才能够帮助该空间内的居民彻底地甩脱贫困的帽子。因此，易地扶贫搬迁政策的出现，正是依据空间贫困的理论，从而试图通过实现空间的完全迁移，来帮助贫困人群脱离原本的恶劣空间，迁至全新的富有能量的空间，完成空间质量的根本变革和提升。

三　社会公平理论

社会公平理论的观点认为，任何一个个体都是一国或地区中的一员、是社会系统的有机构成，他们都是平等的。虽然在不同的成长背景、资源和条件等方面因素的影响下，其所展现的成长阶段和水平有所差异，但这不是褫夺每个个体追求公平发展权利的理由。社会公平的问题在任何社会都存在，其与经济、非经济因素均具有密切的联系。每一位在社会中生存生活的个体，无论其是否察觉，都难免会展开横向或纵向的比较，而这种比较给人们带来的公平或不公平的体会，正是直接影响人们行为导向的重要因素。

贫困问题并不仅仅是一个单纯的社会民生问题，其本质反映的是社会公平正义的问题。贫困直接表现为生产力水平低下与社会发展水平落后，但究其根源，实则是权利、机会、自由、分配等社会核心要素没有得到应有的供给与保障。施行搬迁的对象大部分是定居于环境条件欠缺地区的贫困户，与生存和生活于正常环境下的人群比较起来，他们遭受自然灾害影响的可能更大，组织生产和经济活动的成本更高但报酬率却更低，他们之间的社会和人际关系更为简单，从而缺乏公平发展的机会和条件。这种贫困实际上是空间不平等与社会公平正义区域差异共同作用的产物。从表面来看，易地扶贫搬迁旨在帮扶贫困地区和贫困群众，但实质上是为消除社会存在的不平等，帮助社会实现公平正义。同样，易地扶贫搬迁的最终目的并不单单是帮助贫困群体脱贫致富，更多是通过起点公平、过程公平与结果公平实现贫困群众的区域公平。因此，政府应当施行政策干预方案，从而帮助贫困户迁移至新的生存生活空间，使得原本具有极大发展限制性的条件得以转变，使贫困群体在全新的生活空间享有其原本就应当享有的权利，提升其经济、生产、生活质量和竞争力，最终达成每个个体都能实现公平发展的目标。

施行易地扶贫搬迁政策后，搬迁对象的生产生活状态发生改变，他们难免会进行搬迁安置前后的横向或纵向的比较。当这一改变超过他们的期望值时，他们就会觉得得到了公平的对待，对搬迁完成后的生活感到满足，从而更为认可和配合政策的施行以及政府的决策；而当这一改变低于他们的期望值时，他们就会觉得遭遇了不公平的对待，怨气和负面情绪滋生蔓延，乃至抱有不甘、怨愤以及破坏一切的不正常心理，此时不但会导致他们对搬迁后生活的不满，甚至还加剧其对政策施行和政府决策的质疑、抵触。综上所述，站在某一角度来看，本质上实际是人类群体所自发进行的横向或纵向比较，并根据比较得出的论断，从而引导易地扶贫搬迁对象在新的空间进行生产生活的行为。

第二节　阜平县扶贫实践概述

阜平县是一个地理位置处于太行山深处的县城，曾被评为国家级的深度贫困县。该县共计 209 个行政村和 1208 个自然村，其中自然村包括 831 个 50 户以下的自然村，众多村庄散落在其 2400 平方公里的错综复杂的山沟丘壑之中。阜平县各村庄的规模很小且分布散乱，相关基础设施和公共服务设施配套建设的成本很高，农户的人均可支配资源较少，贫困群众提升收入水平难上加难。在大多数村庄中，始建于20世纪70年代前的土坯或石头住房还有很多，贫困村民的居住生活条件十分恶劣。因此，落实易地扶贫搬迁政策，置换贫困农户生产生活空间是“挪穷窝、拔穷根、真脱贫”的必然选择。自2016年启动易地扶贫搬迁工作以来，27个项目点已经开工，涉及了57个行政村的建档立卡贫困户共计17839人、同步搬迁人口共计14240人。楼房村项目点已经竣工并完成安置入住，建档立卡的贫困人口369人、随迁人口266人的住房条件得到彻底改善。其他项目点也在全力推进工程建设，已经有322栋住宅楼主体封顶，2020年上半年全部达到入住条件，搬迁群众全部能搬进新居。

一　科学规划，解决好“从哪搬到哪的问题”

为了达成科学、精准搬迁的理论目标，阜平县早规划、早布局。一是科学规划村庄布点。2014年下半年，在县委书记主持下，阜平县聘请了浙江规划院并由县扶贫、规划、国土等有关政府部门单位组成了一个专门班子，同时联合各乡各村对全县全部村庄的人口、资源等各方面脱贫所需数据开展了摸底调研，实地查探了各村的选址，结合详细分析盘点，最终确定了符合阜平县实际的1（县城）+6（中心镇）+43（农村中心社区）+37（基层村）+32（特色保留村）的特色城乡布点体系。另外，还同步申报了土地调整规划，为阜平县后续建设及扶贫搬迁政策的平稳落地奠定了坚实的基础。二是精准识别搬迁人口。按照政策要求，经过精准识别和征求群众意愿，将符合条件的145个行政村中的688个自然村纳入易地扶贫搬迁范围，确定搬迁贫困人口13807户35641人。通过科学规划和精准识别解决了“从哪搬、搬到哪、要搬谁”的问题，做到了搬迁区域划定精准和搬迁人口识别精准。

二　政策引导，解决好“怎么搬”的问题

为快速平稳推动易地扶贫搬迁政策的落地，阜平县围绕“搬得出、

稳得住、能致富”制定了一系列的支持政策，消除了群众的顾虑，充分调动起群众积极性。一是制定了安置补偿政策，从而减轻群众的建房负担。充分地、科学地利用好易地搬迁、农村建设用地“增减挂钩”政策以及棚户区改造等各项政策，实现阜平县全县易地搬迁集中安置点的统筹协调建设。同时，严格依照法律法规对贫困农户原本自有的住房、用地等各项资产实行评估，其最终评估结果金额若大于安置房建安成本，超过的部分金额将通过直接补偿来补偿搬迁户，而若其最终评估结果金额小于安置房建安成本，低出的部分金额将通过政府补贴对搬迁户进行补偿，使得搬迁户能够在不加重负担的前提下依照政策取得房屋。二是制定生活补贴政策，解除群众“搬不起、住不起”的顾虑。向每位搬迁农户发放金额为8000元的安家费用，以补贴其用于置办家电等方面的消费。另外，每户安排0.1亩菜地，降低搬迁群众的生活成本，并连续10年对搬迁户物业及取暖等费用加以补贴。对于60周岁以上的安置对象，由县财政一次性趸交养老保险，实现每人每月通过补差达到300元。对于年龄处于50~59岁的安置对象，其参加的社会养老保险，县财政将给予50%保费补贴。阜平县现已与人寿保险公司达成了合作协议并制定了《阜平县易地扶贫搬迁养老项目实施方案》。三是制定资源资产流转政策，从而打消搬迁户对“生产不便”问题的担忧。具体则是由县里统一安排制定相关政策，通过国有企业辅助，以实现搬迁农户原有的土地、山地以及其他具有开发价值的房产等固定资产的顺畅流转，从而使得搬迁户能够取得较为稳定的“底金”收入。另外，还通过国企及龙头企业间所开展的合作经营，使得搬迁户取得“股金”收入。最终，通过开发经营，帮助搬迁户实现优先就业并取得“薪金”收入。综上所述，只荒山流转“底金”一项，就可使搬迁群众人均年增收2000元以上。

三　精心设计，解决好“房怎么建”的问题

一是坚持城乡统筹。阜平县把实现“城乡基础设施一体化、社会公共服务均等化”作为最终目标，通过统筹建设达成生活、教育、医疗、福利、文体休闲等各方面建设的全方位配套，让农民过上和城里人一样的生

活。二是坚持“把农村建设得更像农村”。聘请中国乡建院等十余家有农村规划设计经验的单位对集中安置点进行规划设计，保留提升灰瓦、青砖、白墙（黄泥墙）太行民居风貌，保留提升菜园地、集贸市场、大戏台等必要的农村功能，坚持景观建设乡村生态化。三是坚持生态环保理念。首先要严格依据国家的统一标准，同步开展垃圾及污水等处理设施的建设。另外，还要共同实现空气源或地源供暖及燃气设备的安装，以使得房屋的保温节能达到国家标准。四是坚持项目规范运行。阜平县在开展美丽乡村建设的同时，完成易地搬迁政策落实工作的规划及施行。另外，严格落实易地扶贫搬迁政策，易地扶贫搬迁专项资金仅用于规定的扶贫搬迁及安置后续项目，保证易地搬迁项目的全面合规运作。

四　产业支撑，解决好“后续脱贫”的问题

为实现搬迁农户可持续地脱贫，阜平县将产业扶持作为一项支柱政策，保证搬迁农户生活，实现其资产的顺畅流转及收入提升。一是实施两区同建。阜平县在其县易地搬迁集中安置点周围，不断协调布局关联产业发展，建造了食用菌的产业园区，实现了栗园铺等 8 个集中安置点的协同发展。当前阜平县全县的食用菌产业已经达成 13 个乡镇共计 96 个行政村的全面覆盖，共投入资金 8.6 亿元，顺利流转土地超过 1.6 万亩，并且已经建设完成百亩以上的园区共 54 个以及棚室 4000 余栋，食用菌园区与集中安置点二者的共同建设、协同发展，能够使得搬迁农户的户均年收入提升约 2 万元。除此之外，阜平县还坚持推动荒山综合开发园区的构建，拉动了冯家口等 7 个集中安置点农户的收入增长。荒山综合项目开展至今，全县总计完成了 14 个村共 35 座荒山的综合开发，并对具体项目进行了结项验收，共增加了 2.48 万亩的可耕种土地。目前，新增的耕地已经全部栽种苹果、梨等高产的优质水果，丰产期能达到亩均增收万元以上。另外，阜平县还通过设计开发龙泉古镇、天生桥瀑布、云花溪谷、古北岳恒山、城南庄网络影视红色小镇等景观游览项目，实现了龙泉关镇区等共计 9 个集中安置点农户的增收，农户借由农家乐等辅助旅游项目，开发了苹果、仙桃、葡萄的林果产业园区，取得坊里等 4 个集中安置点农户的增

收带动成果。当前，阜平县全县各类林果的种植面积已经扩大至 51.3 万亩，实现了 13 个乡镇共计 180 个行政村的全面辐射，预计丰收后相关农户的户均收入能够实现 1.2 万元以上的增长。二是实施家门口就业。阜平县通过在每个安置点设立面积为 1000～5000 平方米的家庭手工业加工厂，使得全县家庭手工业品类扩展至服装、玩具等共计 24 个，相关加工企业更是骤增至 396 家，截至目前共带动 6000 余名贫困户顺利就业，使得其人均年收入更是超过 1.8 万元。此外，阜平县还积极投资电商扶贫等扶贫项目，实现脱贫增收路径的不断拓展延伸。三是推进培训工程。阜平县综合了全县产业建设的人力需要，同时结合县内产业的入户及落地实际，向有劳动能力的搬迁户开展食用菌种植、手工业实操等专业技能技术培训，致力于提升其就业竞争力，力争惠及每户每人。

阜平县易地扶贫搬迁工作任务量大，工程推进难度大，虽然整体进度离原计划有一定差距，但全县上下团结一心，举全县之力抢赶工期，规范分散安置，启动下一批集中安置项目点建设，于 2018 年底基本完成全县易地扶贫搬迁任务，让搬迁群众早日脱贫。

第三节　阜平县易地搬迁扶贫成效

阜平县将易地扶贫搬迁工作作为县脱贫攻坚任务的抓手，按照应搬尽搬的要求，精心谋划，扎实推进。

一　组织推动情况

县委成立了易地扶贫搬迁工作指挥部，县委书记担任指挥长，明确了各乡镇、相关部门的职能职责，建立了责任追究和奖励机制。实行易地扶贫搬迁工作调度例会制度，县委书记坚持每周一组织召开易地扶贫搬迁专题调度会，解决存在的问题，加快工程进度。聘请专业的项目管理公司及监理单位全程参与工程建设监督管理，确保工程质量，在全县形成了县级统筹、乡村落实、专业机构全程参与的工作机制，凝聚起了工作合力。

二 任务落实情况

1. 精准识别搬迁对象

目前，经上级扶贫部门确认，阜平县能够列入“十三五”易地扶贫搬迁计划的建档立卡人口共计 31850 人、同步搬迁 21905 人，总规模达到 53755 人。经核实确认，阜平县没有将不在迁出区域内的贫困人口列入搬迁对象，迁出区域内有搬迁意愿的贫困人口全部列入搬迁范围，实施搬迁的建档立卡人口与全国扶贫开发信息系统中所标记的人口数保持一致。

2. 全力推进项目建设

阜平县强化保障，全力抢赶工期。全县内共规划建设 41 个集中安置小区项目，其中县城、镇区、中心村安置点分别有 2 个、7 个和 32 个。安置区建设分三批实施。2016 年以来启动建设第一、二批 31 个集中安置项目，截至目前，住宅工程建设已经完成的项目 29 个，正在进行装修和主体建设的项目 2 个，12 月底住宅和市政设施（实现通电、通水、通暖）全部竣工。另外，第三批集中安置的共计 10 个项目点均已开工，正在进行主体施工，于 2020 年 9 月完成所有的项目建设。

3. 加快搬迁入住

全县易地扶贫搬迁项目房屋分配工作和工程建设压茬推进，截至目前，已经完成建档立卡贫困人口 18156 人的分房工作，年底前房屋分配全部完成，还超额完成了共计 19488 位建档立卡人口的国定搬迁任务。

4. 严格住房建设标准

阜平县安置房以三、四层单元式住宅楼为主，遵循“保障基本、安全实用”的原则，严格按照人均不超过 25 平方米的标准规划、建设。严格控制建设成本，既保证了群众基本住房需求，也没有增加群众负担。在建设住宅用房的同时，推进生活设施、教育、医疗、福利、文体休闲及游览等各方面设施的全方位配套。

5. 抓好后续帮扶

为确保实现搬迁群众“搬得出、稳得住、能致富”的目标，阜平县在抓安置区建设和安置入住的同时，积极推进如下后续扶持措施。一是统筹规划。坚持搬迁规划与脱贫规划统筹衔接。搬迁安置点选址向脱贫带动力强的县城、中心镇、产业园区、旅游景区集中，荒山综合开发园区、食用菌园区、家庭手工业园区向迁出地及搬迁安置点集中。确保每个搬迁安置项目都有2~3个脱贫项目统一规划、统一实施。二是产业覆盖。阜平县集中力量施行两区同建政策落实，达成搬迁农户产业的全面覆盖。第一、二批建设的31个集中安置项目，同步建设林果基地22个、食用菌园区15个、中药材基地6个、旅游景区5个以及工业园区1个。所有集中安置小区配套规划设计了手工业标准化厂房，第一、二批项目计划年内完成厂房建设，2021年上半年全部投产，实现每个集中安置点都有产业覆盖。保证产业的覆盖能够精准到户，使得每一户可以具备2~3个产业来支持，同时保证具备劳动能力的搬迁农户能够借由产业来完成稳定持续的收入增长，而无劳动能力的搬迁群众也能利用土地流转金、扶贫资金或资产入股分红等其他各项收入满足脱贫条件。三是就业培训。根据产业规划用工需求和农民自身优势，在搬迁入住前，逐个项目点通过农民夜校等方式组织搬迁群众进行食用菌种植、果蔬管理、箱包加工等实操技术和就业技能培训，提升搬迁农户的创业就业能力，确保具备劳动能力的搬迁户在搬迁后能够顺利实现就业。四是政策保障。按照既定政策，对所有的建档立卡搬迁户落实安家补贴、物业取暖补贴、养老补贴。同时，教育、卫生等相关部门强化保障，确保搬迁群众同等享受教育、医疗等社会保障政策，对没有劳动能力的搬迁户按照应保尽保的要求全部纳入低保范围进行兜底保障，确保搬迁人口能够全部在目标期限内实现脱贫。

6. 规范资金使用

全县易地扶贫搬迁项目共承接上级政策资金179989万元，其建档立卡人口中收到中央预算内资金13642万元、债券资金19055万元、专项建设基金9744万元、信贷资金68208万元，收到同步搬迁人口信贷资金共计69340万元。截至目前，共支出资金112400万元，总支付率62.4%。

为确保易地扶贫搬迁资金的规范安全运行，阜平县人民政府依法委托阜平县康平易地扶贫搬迁开发投资有限公司作为项目实施主体，负责完成资金的承接、管理及使用等方面的工作。另外，还制定了相关管理办法，即《阜平县易地搬迁项目专项资金管理办法》，并按照规定设立了易地扶贫搬迁资金的专用账户，专账管理，规范操作，专款专用，确保上级拨付的易地扶贫搬迁专项资金只用于经过上级确认的建档立卡及同步搬迁人口的相关项目住房建设以及安置点水、电、路、气、网等基本生产生活设施和教育、医疗、文化、社会保障等公共服务设施的建设。经省审计部门审计核查，未发现有挤占或截留挪用资金等违法违纪情况。

7. 抓好问题整改

对于国家考核、河北省省审计厅审计提出的关于易地扶贫搬迁工作中存在的五个问题，阜平县高度重视，严密组织，逐个讨论制定相关整改方案，严格采取整改措施，已经全部完成整改，并举一反三，建章立制，确保类似问题不再发生。

三　档案管理及信息平台建设情况

1. 规范一户一档

按照上级“一户一档”参考目录要求，组织力量对“入住调查表、搬迁户申请、村委会审查易地扶贫户记录公示、乡镇复查易地扶贫搬迁户确认情况公示、县级审核易地扶贫搬迁户情况记录、农户与乡镇签订的搬迁协议、易地扶贫搬迁户县级公告、易地扶贫搬迁人口台账、易地扶贫搬迁人口数据统计表、搬迁农户自筹资金缴款凭证、分散安置群众购房合同、搬迁贫困户后续扶持计划、搬迁贫困户扶贫手册”十三项内容逐项进行了整理完善。档案由各乡镇、村明确专人负责管理，确保妥善保存、规范使用。

2. 加强信息平台管理

成立由工程管理、人口管理、产业覆盖等业务人员组成的信息平台系统管理工作专班，由搬迁办主管副主任牵头负责，协调组织，做好信息平台的各项信息上报更新工作，确保系统填报进度和工作进度的高度契合，确保填报准确，上报及时。

阜平县列入“十三五”易地扶贫搬迁计划的建档立卡贫困人口 31850 人、同步搬迁 21905 人，总规模 53755 人，全县规划建设 41 个集中安置小区项目。截至 2019 年 2 月，第一、二批启动建设的 31 个集中安置项目住宅工程基本完成，市政配套大部分完成，能够安置搬迁人口共计 35925 人，其中有建档立卡 21685 人以及同步搬迁 14240 人。剩余的 10 个集中安置项目点均已开工，其中 8 个项目点进入主体建设阶段，2 个项目点在进行基础施工，计划 2019 年 9 月底前完成建设任务，全部达到搬迁入住条件后，能够安置剩余的全部搬迁人口。阜平县的易地扶贫搬迁工作涉及人口多、搬迁任务重，在有限的时间内完成工作任务压力很大，但其有决心、有信心履行责任、兑现承诺，在计划期限内达成“搬得出、稳得住、能脱贫”的脱贫工作任务目标。

第四节　阜平县易地搬迁扶贫启示

“十三五”期间阜平县的易地扶贫搬迁取得了良好的成效，有效解决阜平县贫困人口的融入和发展各方面的问题，从中可以提炼出三点重要启示。

第一，要做好全面科学系统规划。一是要高度重视，加强对易地扶贫搬迁工作的统筹、协调和指导，提前谋划好搬迁各项规划和重点环节，提前制定相关政策措施，列好任务清单，明确工作任务，保证各项工作和任务的稳中前进。二是要做好迁出地和迁入地各项工作的统筹协调，调集各方资源，实现搬迁安置、城镇建设、产业发展、环境保护等各方面工作的有机统一和顺畅衔接。三是要加强财政资金、社会力量等资源整合，严格落实中央、自治区级、市级、县级补助资金，确保资金使用安全、高效，协同推进安置点水、电、路等各类基础设施的建设，满足群众基本生活需求。

第二，要做好搬出来之后的安置工作。必须完善安置点的软硬件设施及配套政策，实现生活、教育、医疗、福利、文体休闲及游览项目等各方面的全方位配套。做好搬迁群众子女情况摸排，保证教育体系安稳运行，配套完善相关教育设施，确保搬迁群众子女就近上学。同时，要完善安置点医疗保障体系，充分满足搬迁群众医疗卫生服务需求，确保病有所医。另外，还要加快建立安置点社会保障体系，实施搬迁群众低保兜底政策，确保应保尽保、老有所养。最后，在保持搬迁群众土地享有权益不变的前提下，加快办理安置房产权手续，完善基本公共服务，推动搬迁群众尽快融入社区新生活。

第三，要做好易地扶贫搬迁后续帮扶工作。在完成搬迁后，仍旧不能松懈，多方筹措后续发展资金，保证脱贫成效不倒退。集结各部门的培训资源，联合起来进行覆盖各个行业、专业的全方位培训，达成资源的统筹应用和共享，加强对搬迁户的就业培训，积极搭建就业务工平台，加大劳务输出力度，多渠道收集筛选优质务工岗位信息，积极开展岗位推介，做好兜底就业。另外，还应加大特色产业扶持力度，引导搬迁群众因地制宜选择发展前景较好、具有明显优势的产业，立足地方特色，积极融入县级“5+2”、村级“3+1”产业发展，用好奖补政策，走独具特色的规模化发展道路。加强迁出地耕地、林地资源利用，盘活迁出地土地资源，带领搬迁户积极流转土地、承包经营权。创新产业扶贫利益联结机制，鼓励新型经营主体创新与搬迁群众合作方式，带动更多群众参与到产业发展中来，增强其巩固脱贫成果及内生发展动力。

第六章　河北省旅游扶贫研究
——以涞水县为例

第一节　旅游扶贫理论基础

1991 年，世界旅游组织（世贸组织）在加拿大举办了一场旅游统计国际会议，将旅游业定义为一系列活动，其主要目的是通过离开通常所在的地方到达某一特定目的环境中，从旅游目的地获得与之相应的经济利益。在 1995 年的联合国统计委员会上，这一定义才被表决通过，并在全世界进行传播，从而保证了其通用性和一致性。

扶贫是一项帮助贫困地区和贫困家庭的社会工作，在政府和社会各界的帮助下通过不断扩大经济发展和生产，实现贫困地区脱贫。然而，扶贫工作的内容以及长远规划的目标不限于克服日常生活中所存在的困难，更为重要的是帮助贫困人口提高自身的经济发展能力，从而摆脱当前的贫困状况，走上勤劳致富之路。

随着帮扶脱贫进程的不断加快，扶贫的方式方法也在不断发生变化。旅游扶贫就是其中一种，这种方式可以对旅游资源相对丰富的地区产生促进作用，有利于其旅游业发展。这样能够对当地的经济发展起到刺激作用，从而帮助当地的贫困人口逐渐地实现脱贫和共同富裕。

一　精准扶贫理论

精准扶贫是针对贫困地区不同的生活环境以及具体的生活条件、不同的贫困家庭以及贫困人口的状况，准确地确定和管理脱贫目标，实现贫困地区和贫困人口的减贫，以实事求是的原则和群众路线为指导，定向脱贫理论是对长期脱贫的总结，是对脱贫成功经验的理论升华。

在旅游扶贫实行过程中，对旅游产业以及贫困人口进行准确无误的帮扶是促进生产发展、实现贫困人口脱离贫困的有效形式之一。这一模式可以促进旅游资源的项目化配置和管理，可以使贫困户的土地经营权、自身劳动能力以及政策性金融资本等各种资源优势得到充分有效的发挥，并在动态发展中实现平衡。精准扶贫理论要求对贫困地区旅游项目的开发进行充分的论证，对当地自然和社会资源的利用要尊重历史、立足现实，并着重于打造当地的特色，通过政策引导社会参与者，再进行严密的监督，从而达到旅游业发展和贫困人口脱贫“双赢”的效果。背离精准扶贫理论的旅游扶贫，将很可能沦落为一种政策性的投机，而贫困地区将变成一种道具。

旅游扶贫可以说是一个动态的、开放的、反馈的系统。可以建立贫困人口识别的操作系统，进行旅游扶贫精准项目识别、旅游扶贫项目开发，从而达到管理和评价旅游扶贫精准度的目的。在该系统中，援助的对象是贫困人民，执行机构是指由政府领导的社会力量，贫困地区丰富的自然资源和人力资源是减贫的关键。旅游的客源主要来自城市的居民，经营的主体是旅游地的人民，通过对旅游地的自然风光以及农产品、文化、民俗进行开发和发展，可以使旅游地贫困人口积极融入各种形式的旅游产业中，从而实现收入增长，达成脱贫致富的目标。

二　可持续发展理论

可持续发展理论要求我们不仅满足现代人在当下发展过程中的需求，而且要考虑到在以后的发展中不会对子孙后代产生威胁。公平、公开以及可持续性是其最为基础的三大原则。而可持续发展的目标是要实现公平与协调、快速且高效的共同发展。随着经济的快速高效发展，可持续发展的理论也不断地被应用到各个领域，其中包括旅游扶贫这一领域，并不断成为其发展的理论基础。

近年来，不同的地区和人民都在围绕着旅游的文化以及资源，大力地开展旅游业。很多贫困地区的农民接连不断地搭上了旅游业的快车。发现了从脱贫到致富的捷径，脱贫的成效可喜。可持续发展的理论就像是一条警戒线，时刻提醒人们不可一哄而上，要从长远的角度出发，确保贫困群众收入长期稳定。

可持续发展理论要求人们注重生态优先，把生态的良好平衡作为前提，时刻以大局为重，时刻将“绿水青山就是金山银山”的理念牢记于心，绝不允许为了一时的“金山银山”而放弃无价的“绿水青山”。

三　利益相关者理论

发展旅游扶贫是旅游产业以及各个贫困地区扶贫的重要方式，同时也是涉及多个利益主体的系统工程，考虑到旅游业的发展有助于消除贫困，而且地方和政府部门、旅游企业等不同行为者之间有着密切联系，需要在互利的基础上更好地界定和整合不同行动者的角色和作用，基于利益相关者的观点，汇集发展动力以及发展的合力。

随着政府发展经济，当地人民脱贫致富，商业投资给经济带来效益，游客的体验也在不断增加，各个利益相关者之间的联系也越来越密切。基于这一理论，在进行旅游扶贫的进程中研究者应该对旅游扶贫的工作不断加强认识，严格遵守旅游和经济发展的一般规律，对具体问题要进行具体的分析，使旅游扶贫能够真正做到高质量地带动经济发展，在各个利益相关者的共同努力下，做到统筹兼顾，最终消除贫困、改善民生、实现共同富裕。

四　外部性理论

按照外部性理论，一切事物都有两面性，但只要正外部性大于负外部性，就可以说是值得做的。现在大力提倡和宣传旅游扶贫的其中一个原因就是，根据外部性理论，实施旅游扶贫项目带来的正外部性，随着游客的逐渐增加，当地村民将会获得更多增加收入的机会，从而可以提高生活水平，进而使企业的投资力度增大，最终将极大改善当地的生活环境以及促进旅游产业发展，等等，而这些都会给贫困人口带来许多脱贫机会。同时在外部性理论下，我们要有针对性地降低甚至消除负外部性，如建造过程中对环境造成的影响以及交通道路的不合理修造，极大地促进外部性的内化，为实现“扶贫”和“真正扶贫”的目标奠定坚实的基础。

五　共生理论

旅游扶贫的发展应该是求同存异的，在对有限的资源进行共享的前提下，加强对各利益之间的协调与监督管理、加大对社区管理的自治力度，建立和谐共生的生存条件，为解决旅游扶贫的困境一起努力。而共生理论恰好契合这一目标和内容，在旅游扶贫的协作发展中起到了一定的理论支撑作用。

共生这一概念诞生于生物学界，德国真菌学家 Deberry 早在 1879 年就提出，可将共生定义为“不同物种之间的共存、物质的交换和能量的相互转移”。这种共生关系的存在是由共生单元、共生环境以及共生模式所共同构建的。随着对共生现象的不断考察，研究者发现共生现象不仅出现在生物世界，而且在经济和社会生活中也普遍存在。因此共生的概念被扩展到许多社会方面的研究中。随着扶贫开发的推进，旅游扶贫正朝着越来越有利的方向发展，旅游扶贫合作的性质和环境在能源交换与共生领域，可以提高旅游扶贫合作的兼容性与适用性。

六　资本理论

除了以上所论述的理论，其他与之相关的资本理论，如类型学理论、地理资本理论以及布迪厄理论是旅游扶贫的基础理论，为旅游扶贫的进程奠定基础。

在 Harris 和 Mudar 关于经济社会发展与落后地区地理位置关系的早期空间经济主张之后，Yaran 和 Rifflin 针对相似区域环境差异的空间定位要素，提出了地理资本的新概念，地理资本不仅包括贫困和生态气候的关系，还包括与地理环境、距离和公共服务的关系，以及由贫困所产生的物质资本、自然环境与地理、人力资本与社会资本的结合、经济发展的标准指标、社会与空间贫困环境等，如地理与经济、社会政策与生态的互动与协调。而且地理资本也会对农户的收入产生一定程度的影响，其影响机制有：地形地貌对农民收入的影响；地理因素对农民收入的影响；由于耕地、草地、林地的区别，农民收入结构也会产生一定的差别。

布迪厄把资本成功地分成了三类。第一类为可以立即转化成所谓的经济资本。它以产权的形式存在，并在此基础上制度化。第二类是个体或群体在尚未完全制度化的相对稳定的人脉和熟人网络中积累的资源。不管这类资源是有形的还是无形的，在一定条件下，社会资本都能够顺利转化为经济资本。第三类为文化资本，它通过教育的形式存在并已经实现制度化，在一定条件下，也可以转化为经济资本。文化资本的存在有三种不同的状态，即依靠精神和身体得以维持的特定状态；以文化产品为载体的客观状态；以客观形式存在的制度状态。在三种状态之中，最后那类状态必须被区分开来，不仅是由于这个国家给予的文化资本是最原始的财产，而且文化资本恰恰还受到相关法律的保护。

因为贫困人口具有的地理、经济、社会以及文化等资本存在质量和数量差异，从而形成了不同类型的旅游扶贫。把这些旅游扶贫进行分类研究，将有利于在开展旅游扶贫工作时对贫困实行精确无误的识别、对贫困人口采取精准的帮助和扶持，对贫困工作进行严格的管理和监督，同时对脱贫的内在动力机制进行深入地培养，最终实现永久脱贫。

第二节　涞水县扶贫实践概述

涞水县处于燕山—太行山集中连片特困区，也是隶属于保定市的一个县域。涞水县蕴含着丰富的旅游资源优势，如国家级森林公园、国家5A级旅游景区以及世界地质公园等。近年来，涞水县充分发挥这一优势，凭借丰富的旅游资源致力于发展该县特色旅游产业，围绕旅游产业带动贫困人口脱贫，并鼓励贫困人口积极参与到旅游致富的各项产业活动之中，让越来越多的贫困群众切切实实享受到发展旅游业带来的成果，在实行了系统完整的旅游扶贫措施后，涞水县探索出了一种全新系统的旅游扶贫思路——“双带四起来”，即通过景区带动村庄、通过乡村能人带动贫困户；将乡村产业培育起来，将贫困群众组织起来，将各方利益联结起来，将文化和内生动力弘扬起来。2016 年 10 月 10 日，时任国务院副总理汪洋走访调研了涞水县旅游扶贫工作，并对该县旅游脱贫取得的各项成效给予充分肯定；2017 年 2 月，涞水县实施自上而下、系统全面的旅游扶贫工作的做法被列入十八届中央政治局第 39 次集体学习参考资料；2017 年 10 月，国际减贫与发展高层论坛五国部级外宾考察团对涞水县旅游扶贫工作进行考察；2018 年 9 月，涞水县旅游脱贫实践入选《世界旅游联盟旅游减贫案例 2018》。

一　涞水县区域地理环境分析

涞水县位于河北省保定市的北部，与北京市的房山区、门头沟区等区域相邻，被称为保定市的“北门”。

涞水县与北京市相距 100 公里左右，自行驾车 1 个小时左右即可抵达；当然也可以选择火车出行，在路旅途可以观赏到百里峡风景区和野三坡风景区；当然若沿着张涿高速慢慢行驶也会经过白草畔、野三坡及百里峡三个景区。涞水县与天津市中心相距约 170 公里，与保定市中心大概相距 75 公里，而与雄安新区的距离仅为 60 公里。另外，涞水县西部紧邻山西省，通过荣乌高速及张石高速即可到达山西省，北邻张家口市，可通过首都环线高速及京藏高速即可到达，而从涞水县向南行驶可沿京昆高速、京港高速直达正定机场，交通条件便利十足。由此不难发现，涞水县拥有极其重要的地理位置优势，为旅游业的蓬勃发展创造了便利条件。

在太行山向华北平原过渡的倾斜地带中你会发现涞水县就分布于此，因此涞水县的地形地势中山区面积占比较大，海拔较高，据统计其海拔最高可达 1983 米，而野三坡景区的平均海拔为 1016 米。涞水县地形特征明显、变化多样，山区、丘陵及平原为涞水县主要的三种地貌。涞水县地貌遗迹丰富，野三坡拥有完整的地质遗迹，处于华北板块内。作为中国地质大学重要的科研教学基地，野三坡具有各种各样的、齐全的岩石遗迹，是理想的地质研究基地。

半干旱半湿润的气候特征使大陆性气候成为涞水县主要的气候类型。在这种气候类型下，涞水县夏季炎热且多雨，而冬季气候与夏季完全相反。每年的七月是涞水县主要降水期，降水期可长达一周左右，降水量在500～600毫米。涞水县年均气温维持在9.4℃～13.5℃之间，每年1月为全年低温集中月，通常情况下，1月平均气温可达－9℃；每年7月为高温集中月，平均气温可达33℃。总体来说，涞水县气候四季分明，气温差异比较明显。

二　涞水县旅游资源开发优势

涞水县拥有广泛而丰富的旅游资源，其中最有代表性的景区当属野三坡景区。游客可以在野三坡景区观赏到完整清晰的遗址外貌以及各种不同的岩石遗址，该景区岩石遗址节理清晰，地形地貌丰富多彩。野三坡景区十分吸引山外旅人的另外一个重要原因就是，相对封闭的自然、社会环境使该地区保存了完整独特的民风、民俗；独特的战略定位使涞水县在军事活动中发挥着极其重要的作用，并留下大量的遗址遗迹。涞水县丰富的旅游资源可以从旅游类型上将其划分为生态旅游资源、红色旅游资源以及文化旅游资源三个类型。

1. 生态旅游资源

山区、丘陵与平原构成了涞水县主要的地貌，这种良好的地理优势使涞水县的旅游资源在保定市县域中名列前茅。涞水县拥有丰富的生态旅游资源，不仅类型齐全、种类多样，而且品质较高，得天独厚的自然条件使野三坡成为国家级森林公园。2004年12月3日野三坡森林公园经营面积达2285公顷，在2004年12月3日批准成立。鲜明的生态性与文化特色使涞水县森林旅游不断向现代化旅游迈进。

2. 红色旅游资源

浓厚的历史色彩是红色旅游产品生来就带有的特征，至于红色旅游资源产品的特色竞争力就在于该资源对于中国革命历史具有的影响与地位。河北省历来就拥有丰富的红色旅游资源以及深厚的革命文化，例如西柏坡中共中央旧址、涞水西岗塔烈士陵园以及野三坡平西抗日根据地等。因此不难发现涞水县蕴含着齐全多样、内涵丰富的红色旅游资源，这些红色旅游资源经过开发，都成为独具特色的旅游产品。发改委于2017年2月印发了《全国红色旅游经典景区名录》，公布了300处文明的红色旅游景区，而涞水县的平西抗日根据地就记载其中。由此可见，涞水县红色旅游资源内涵丰富，具备较高的开发价值与优势。

3. 文化旅游资源

人类通过各项活动产生的所有无形的文明成果与有形的物质成果就是“文化旅游资源”。人类在旅游开发过程中利用的人文资源就是文化旅游资源。在中国的历史文化长河中，河北省传承了丰富的文化资源，因此我们将河北省作为中华文化发祥地之一是有依据的。不夸张地说，河北省是我国自古以来历史遗存保存最为完整的省份之一，其中作为祖冲之与祖逖的故里的涞水县也被称为“老人官”的重要发源地，与此同时野三坡风景区内也保存着大量的明代遗留下来的文物，如大龙门城堡、金华山内长城等。

三　涞水县精准扶贫主要做法

自党的十八大以来，涞水县始终遵循精准扶贫、精准脱贫的基本战略方针，始终坚持以“六个精准”和“五个一批”为脱贫工作的总体要求，加强党政合作、各级单位齐心协力，自上而下地实施五大工程，探索了一系列新机制，夯实了基层基础工作，为实现永久性脱贫初步搭建起系统的框架。

1. 强化责任担当，聚力脱贫攻坚

（1）坚持党政同责

强化县委、县政府脱贫攻坚主体责任，紧紧围绕跳出“久扶久贫”怪圈，深入调研，科学谋划，坚持走扶贫攻坚与县域发展互促共进的路子。先期着眼解决区域性贫困问题，始终坚持将扶贫产业作为核心发力点，加强基础设施建设，为精准扶贫工作提供重要支撑；不断完善综合服务体系，为一切工作的顺利实施提供保障；做好统筹规划，全力推进美丽乡村建设和农村社会建设，全面实施五大工程，为实现永久性脱贫初步搭建起

完整框架；同时进一步推进精准扶贫、精准脱贫的战略要求与建档立卡系统有效衔接，逐步实现脱贫成果精准到户、精准到人。根据这一工作思路，县级单位及县级常委每月至少召开一次会议，对县域脱贫攻坚工作进行规划部署，加强了对脱贫攻坚工作常态化调度。2018 年 5 月 8 日涞水县召开了干部动员主题大会，聚焦脱贫攻坚存在的问题进行整改，为全力打赢脱贫攻坚战做好充分准备，不断夯实脱贫攻坚基层工作。

（2）坚持三级联动

围绕落实"五级书记抓扶贫"要求，建立健全县乡村三级联动机制。县级成立扶贫开发和脱贫工作领导小组，由县长、县委书记任小组组长，在此基础上，针对脱贫攻坚存在的问题进行整改，成立问题整改工作领导小组，由县委以及政府部门主要领导担任组长，下设"一办十七组"，并建立县级领导包联乡镇、包联贫困村制度，推动各项工作落实。各乡镇整合所（站）人员和力量，健全配强扶贫工作站，明确任务，细化责任。各村"两委"把扶贫脱贫作为第一任务，并在每村选配一名扶贫专干，与村"两委"干部、驻村干部共同组成村扶贫工作室，联户帮人，推动落实。

（3）坚持强化监督

根据习近平总书记和中央领导对张家口扶贫领域作出的重要指示，涞水县立刻采取行动，启动开展自查整改，制定出台实施意见及危房改造、扶贫项目资金、资产收益平台、扶贫政策落实、易地扶贫搬迁五个专项方案，实现了建档立卡贫困村检查督导全覆盖。2018 年，涞水县不断深化扶贫工作领域执纪监督问责，将扶贫工作中的腐败问题和作风问题专项整治紧密衔接中央巡视整改、省委巡视整改以及专项巡查等整治活动。对涞水县山区 10 个县直部门与 10 个乡镇进行了脱贫专项巡查，对 15 个乡镇和 13 个部门进行了专项审计。

2. 实施五大工程，确保脱贫攻坚"可持续"

（1）以培育扶贫产业为核心

涞水县最初确立起"4 + 1"的扶贫主导产业，即实施优质林果、设施蔬菜、农家游、生态养殖以及家庭手工业的产业发展模式；随后逐渐纳入光伏产业、电子商务等新兴产业，采取多种模式、制定含金量高的政策并推进实施。尤其 2018 年，紧紧盯住群众可持续增收问题，按照"长短结合，多点支撑”思路，全力推动扶贫产业就业实现“四个全覆盖”。①自有产业支持全覆盖。从 2018 年至 2020 年，连续三年，对有劳动能力的 6743 户建档立卡贫困户自有产业进行按户补贴，实现自有产业支持全覆盖。②扶贫产业支持全覆盖。强化政策支持，对符合扶贫产业发展规划、列入扶贫产业项目库的扶贫产业，实施了 12 条扶持措施、9 项利益联结机制；不断整合涉农资金，充分利用好京冀帮扶资金，强化资金保障，支持扶贫产业项目；强化金融扶持，加大扶贫小额贷款推广力度。③扶贫产业收益全覆盖。以县乡资产收益平台及股份制合作组织为主要依托，贫困群众获得股金收益，确保股金收益发放到位；优先为具备劳动能力的贫困人口安排就业，保障贫困人口的稳定收入，鼓励其获得薪金收益；鼓励贫困户的房屋、土地等资产向扶贫产业流转，确保贫困户享受租金收益。④就业保障全覆盖。设立互助性就业扶贫专岗，截至 2018 年底已设立 544 个，每人每月发放补贴 300 元。根据扶贫产业、就业项目需求，对贫困群众有针对性地开展“点单式”免费培训。涞水县已建立起致富项目带户、致富产业富村、产业连片促乡、壮大产业规模、产业体系带县的发展格局。

（2）以基础设施建设为支撑

着眼产业发展可持续，涞水依靠山区综合开发、水土保持等农业项目，加强整合重建资金、扶贫资金以及部门资金等各种农业资金，不断改善基础设施投入不足等状况，解决了一个又一个扶贫工作中遇到的困难。新修产业路 385 公里，新打灌溉机井 287 眼，配套管网 57.4 万米，88 个贫困村全部实施电网改造，提高了贫困乡村自我发展能力。

（3）以完善综合服务体系为保障

围绕培育产业这个核心，加强农户实用技能培训、深化合作社经营管理、及时更新跟进产品销售信息以及相关农业信息，切实解决农户密切关心却又无法解决的事情。政府及时跟进，加强对人民群众实用技能培训，已实施各类培训 7.65 万人次。同时，建设农民合作社，使其发挥对整个村庄及周边地区的引领示范作用。

（4）以提升农村社会事业为基础

不断深入改善贫困群众的生活方式以及教育条件，加快推动贫困山区村庄文化、教育、医保等服务体系综合配套，涞水县新建和改造了一批学校（其中包括幼儿园）、卫生室以及乡村书屋，这大大提升了农村公共服务水平。

（5）以美丽乡村建设为统筹着力点

扶贫攻坚极为重要的内容之一，就是深入推进美丽乡村建设。2012 年涞水县就以全面推进、整体提升为美丽乡村建设的总原则，将“一年试点、两年拓面、三年全覆盖”确定为美丽乡村建设的总方法，将在三年之内建立起美丽涞水初步框架作为美丽乡村建设的总目标；2018 年，涞水县进一步促进美丽涞水与乡村振兴战略有效衔接，加强整合乡村居住环境，为涞水农村居民打造安居乐业的环境，同时进一步加快转型升级，通过改变贫困村庄的生产生活环境，全面转变几千年来贫困群体的落后生活方式。

3. 创新体制机制，实现脱贫攻坚“点对点”

（1）探索推行股份制合作新机制

加大投入金融资金、工商资本以及扶贫资金，不断深入推进山场、林地、土地等不动产转化为股份，探索出了一条股份制合作扶贫的新路子，初步形成政府主导型、帮扶资金带动型、专业合作带动型、农业园区带动型、农村能人带动型、龙头企业带动型 6 种模式，逐步促进了脱贫人口全面覆盖。

（2）探索推行资产收益扶持制度

着眼为贫困群众增收提供多重保障，涞水县立足县域内优势产业，积极采取各项措施，搭建资产收益扶持平台。涞水县建立资产收益扶持平台数量达 18 个，其中包含县级平台 1 个，即县政府将 1000 万元的旅游扶贫基金投入野三坡旅游投资有限公司，山区贫困群众可享受股份分红，每人每年可得到 1000 元左右分红。搭建乡级平台 17 个，不断模糊乡村界限，以股份制合作为主要模式，在各种产业规模化片区搭建资产收益平台。

（3）探索推行旅游精准扶贫模式

依托旅游优势产业，加强深入探索，逐步形成了新兴旅游扶贫的思路与模式——“双带四起来”，即通过景区带动村庄、通过能人带动农户；将贫困村庄的产业培育起来，将贫困群众组织起来，将各方利益联结起来，将贫困片区的文化和内生动力调动起来。所谓景区带动村庄，就是指实施“七带”措施，即通过旅游环境带动村庄发展、通过资产平台带动村庄发展、通过旅游规划带动村庄发展、通过旅游营销带动村庄发展、通过旅游培训带动村庄发展、通过旅游业态带动村庄发展、通过基础设施带动村庄发展；所谓能人带动农户，就是指实施“四带”措施，即先富群体带、法人带、党员带、回乡创业带。目前涞水县已初步形成六种具体旅游扶贫模式——龙头企业带动、民宿旅游带动、旅游合作社带动、驻村帮扶带动、自然资源带动、工商资本带动。

4. 夯实基层基础，力争脱贫攻坚“高标准”

（1）精准识别实行“村销户、乡销村”

针对以往年度评估和考核中发现的漏评、错退问题，把精准识别、精准退出作为问题整改的重中之重。以“村销户、乡销村”为主要的工作方式，对建档立卡系统内人口及系统外的五保户、低保户、危房户、残疾人家庭、大病或慢性病家庭、有在校生家庭，逐户进行信息采集，精准掌握每家每户情况，确保乡不漏村、村不漏户。在此基础上，该县建立了脱贫户、贫困户、危房户、大病户、低保户、五保户、学生户等重点人群台账，严格落实贫困人口动态管理服务机制，确保对贫困群众第一时间识别、第一时间纳入，从根本上消除漏评、错退问题。

（2）政策落实突出解决保障问题

紧紧围绕“三保障”，确保实现政策全覆盖。①住房保障。逐村逐户核查，对符合农村危房改造条件的，严格按照程序快速推进；对不符合农村危房改造政策条件但住房确有困难的，县财政兜底，彻底消除农村危房户。②教育保障。完善教育扶贫动态管理体系，建立教育部门与乡镇、村有效衔接机制，对贫困家庭学生，从学前教育到九年义务教育，直至高中、职校、大学，全部纳入体系进行管理和服务。在贫困家庭中实现了义务教育阶段孩子“零辍学”，全面覆盖救助政策。③医疗保障。制定出台《涞水县健康扶贫三年行动计划（2018～2020）》，全面升级全县15个乡镇卫生院，改造完善全县236所乡村卫生室。完善了“三重保障”服务体系，建设了“一站式”服务大厅，从而确保基本医疗、医疗救助、大病保险“一站式”服务有效实现。此外，积极进行兜底救助保障。认真贯彻执行提高贫困人口医疗保障水平以及低保线与扶贫线“两线合一”等扶贫政策，切实深入地提升了社会救助水平。

（3）扶贫帮扶重在提高精准度

以精准扶贫全覆盖为核心，不断完善结对帮扶、驻村帮扶以及对口帮扶等扶贫工作。①结对帮扶。县级干部起统筹带领作用，深入进行走访调研，推进协调各领域工作。安排2667名县直机关干部与7596户贫困户结成了帮扶对子，深入开展走访暖心活动，每月至少2次到帮扶对象家中走访，制定有针对性的帮扶措施；同时成立结对帮扶后援会，确保帮扶工作同步协调推进。②驻村帮扶。针对全县88个贫困村，涞水县在委派260余名机关干部进驻贫困村的基础上，持续选派100余名机关干部深入贫困村一线开展扶贫工作，并形成工作小组，两人结对，不断推进完善贫困村扶贫工作；选派140余名机关干部进驻100余个扶贫任务较轻的村进行贫困帮扶工作，有效实现了驻村扶贫工作全面覆盖。③对口帮扶。2016~2018年涞水县不断深化与北京市房山区合作，推进京冀帮扶项目17个，先后获得帮扶资金近13000万元。引进北京金珠满江公司投资食用菌等产业项目，与房山区华冠集团签订了农商对接协议，与房山区今日东方公司达成了劳务派遣及培训合作意向，促成房山区燕开电器公司与涞水县偏道子村签订“万企帮万村”协议。

5. 注重扶智扶志，激发脱贫攻坚“内生动力”

（1）宣传发动

开展“脱贫攻坚党旗红”活动，广泛调动基层干部及广大党员的积极性，鼓励党员干部利用自身政治优势在思想教育上动员、引导群众，带着政策、带着思路，与群众同谋划、同发展，帮助贫困群众树立脱贫信心，转变贫困群众观念，化被动脱贫为主动脱贫，激发贫困群众“我要脱贫”的热情与信心。

（2）典型带动

围绕自我发展、自强自立和尊老敬老孝老，培树先进典型，并通过“大喇叭”工程和涞水手机台、网信涞水等互联网平台，广泛宣传，提振群众脱贫信心，树立良好村风民风。特别是围绕孝老敬亲，健全完善村规民约，开展“接父母回家”教育实践活动，让有条件的老人全部得到赡养。

（3）文化促动

一方面，首先培养贫困群众的一技之长，加强智力扶贫，以“听得懂、学得会、能管用”为主要的文化培训方式。另一方面，将脱贫攻坚工作中的典型案例改编成人民大众喜闻乐见的文艺汇演，鼓励扶贫演出小组成立，使群众在文艺节目中受到潜移默化的影响。涞水县每年可组织各类演出多达数十场。

6. 坚持综合施策，提高脱贫攻坚“认可度”

（1）以政策落实赢得群众认可

一方面要促进政策的执行与落实工作，另一方面也要加强政策的宣传工作，争取做到两手抓、两促进。深入开展“惠在哪里、惠从何来”宣传教育，融入大走访、大调研和驻村帮扶、结对帮扶等工作中，让贫困群众切实感受到党的温暖与保驾护航，坚定群众跟党走的决心。

（2）以大投入改善群众生产生活赢得群众认可

通过改造提升农村水、电、路、信、房等基础设施和文、教、医、保、服等公共设施，不断改善农民生产方式和生活水平，让广大群众切实感受到身边的变化和便利。

（3）以宗旨意识增进干群关系赢得群众认可

把脱贫攻坚作为践行党的群众路线的有效载体和平台，把驻村帮扶、结对帮扶作为联系群众的重要机制，确保为人民服务的宗旨意识在扶贫脱贫中落地扎根，让群众得到实惠，拉近与群众的距离。

（4）以责任和感情赢得群众认可

在脱贫攻坚战场上，扶贫工作人员始终怀着真挚的感情与义不容辞的责任投入扶贫工作。各级领导干部也将每位贫困群众当作亲人，例行的走访与慰问是其基本工作常态，在对群众一点一滴的关怀中与贫困群众建立起深厚感情，帮卫生、帮衣物、帮生活、帮用品、帮跑办，在家长里短、大事小情中，与贫困群众建立了深厚感情。

（5）以科学机制的成效赢得群众认可

认真落实动态服务管理、教育扶贫动态管理、健康扶贫代办、结对帮扶走访暖心等制度机制，让有困难的群众第一时间能够得到有效帮助，让广大贫困群众实实在在感受到政府的关心与温暖。

7. 着眼根除贫困，探索脱贫攻坚“新实践”

第一，把扶贫产业作为发展现代农业的突破口。依托扶贫产业片区，融入现代农业要素，加强对全县扶贫产业的规划工作，致力建设太行山综合开发现代农业示范园区，加强野三坡“第六产业”综合示范园区建设，不断推进京西南国家农业公园建设以及现代农业科技示范园等建设。通过一系列产业片区规划建设工作，2013～2017 年五年间，涞水县农业产业化率提升 10.45 个百分点，对贫困群众收入增长起到显著拉动作用。

第二，把基础设施建设作为加快与北京同城化进程、推动京津冀一体化发展的突破口。为加强基础设施建设工作，不断加大相关投入。近年来，涞水县实施了一系列基础设施建设工程，实现了直通北京张坊镇的保野路升级，优化升级龙蛟路以及加强改造乡村道路等。通过一系列自上而下的基础设施建设工程，涞水县公路通车总里程达 1100 多公里，成功实现村村皆便利、村村通公路。

第三，把美丽乡村建设作为推进新型城镇化的突破口。将县城三年攻坚行动与美丽乡村建设有机结合起来，加快推进县城建成区建设，自 2013 年以来，县城建成区面积成功拓展到 13.11 平方公里；并于 2014 年成功地将涞水县建设成为省级园林县城，2013～2017 年涞水县城镇化率平均提升 8.81 个百分点，显著增强了其辐射带动能力。

第四，把人才的培育、农民的教育培训作为提高农村贫困群体自我发展能力和精神建设的突破口。加快构建全面覆盖的农民教育体系，加强对农民基础教育、职业教育以及高等院校深造，培养新型农民。

第五，把深化脱贫攻坚与县域经济互动作为根除贫困、全面建成小康社会的突破口。涞水县先后确立了四大板块基本布局，其中包括非首都功能疏解区、首都生态卫星城和全域美丽乡村、环首都现代农业示范带以及京涞一体化大旅游。同时加快引进一批具有示范性的重大产业项目，如北京公交集团公交智造产业园、中电科涞水电子产业园等。通过这些项目的实施，涞水县有效地提升了县域综合实力，有效增强了自我发展和自我投入能力，实现由区域贫困向个体贫困的转变，为可持续扶贫脱贫打下了基础。

第三节　涞水县旅游扶贫成效

涞水县通过“双带四起来”的旅游扶贫模式，激发了群众内生动力和产业活力，做到了“四起来”，实现了全面有效拉动、稳定脱贫。

一　把产业培育起来，提升了带动能力

涞水县近年来成功新建和改造了800余家农家院，进一步拓宽了涞水贫困人口的收入渠道，切实增强了扶贫产业的带动作用，成功打造了旅游新态势。比如在省旅发大会上，百里峡艺术小镇以原来的食宿功能为基础，成功开发出众多新业态旅游产品，如香雪书坊、香雪咖啡屋等，这使得涞水县在乡村旅游建设上又迈进一大步。同时以发展新业态旅游为中心，涞水县进一步加强基础设施建设，新建或改造乡村旅游路近36公里，修建桥梁13座，敷设和改造输水管网1.5万余米，进一步加强对15个村庄的电网改造。同时也逐渐催生了乡村旅游新热点——野三坡美丽乡村省级示范区，目前野三坡景区面积已达700多平方公里，景区面积拓展显著，带动的贫困村增加至70余个，其辐射带动能力也显著增强。

二　把群众组织起来，探索了新型模式

不断强化各级政府部门与基层组织为人民群众服务的职能，在新经济态势下充分发挥组织带动作用，提高群众组织化水平。经过近些年探索与实践，涞水县已初步形成六种模式，其中包括民宿旅游带动模式，该模式以松树口、大龙门为代表；工商资本带动模式，该模式以南峪、计鹿村为主要代表；旅游合作社带动模式，该模式以吕家铺村为主要代表；自然资源带动模式，该模式以北峪塔村为主要代表；驻村帮扶带动模式，该模式以福山口村为主要代表；龙头企业带动模式，该模式以龙云玲食品有限公司为主要代表。通过野三坡景区的辐射带动作用，周围的贫困群众、贫困

村均可享受分红收益，该景区美丽乡村建设在全国成效显著。

三　把利益联结起来，强化了精准带动

涞水县成功建立起县级旅游资产收益扶持平台，同时成立了一批股份制旅游扶贫合作社，成功实现权益到户、资产到户。涞水县已将旅游资产收益平台投入运行，自投入以来，该平台连续三年为本地区贫困群众每人增收1000元。涞水县加快成立股份制旅游合作社，并成功将贫困人民纳入其中，成功实现了新业态的辐射带动作用。

四　把文化弘扬起来，激发了群众活力

同时推进“物质脱贫”与“精神脱贫”工作进程，坚持“物质脱贫”与“精神脱贫”两手抓，同时继承弘扬乡村文化，传承优秀的历史文化，加强对新时期乡风民风的培育工作，消除贫困村村民的“久困成习”心理，调动贫困群众摆脱贫困、自强不息的热情。涞水县充分重视贫困群众精神层面建设，为广大贫困群众在百里峡艺术小镇建设多个实训基地，自基地建立以来已成功培训20余期，培训2000人次；同时为了带动贫困人口就业，在四季童话小镇安排特殊岗位，改善贫困群众就业状况。在进行技能培训与岗位匹配之后，每个贫困劳动力皆可找到适宜的工作岗位，使他们依靠自己的劳动能力来实现脱贫。

第四节　涞水县旅游扶贫启示

群众是脱贫攻坚工作的主体，激发贫困群众的内生动力，增强贫困地区群众自我发展能力亦是脱贫攻坚工作的根本，只有这样才能最终彻底根除贫困。涞水县在旅游扶贫中把宣传群众、发动群众、组织群众、带动群众作为关键环节，通过体制机制、政策制度的创新，使贫困群众融入旅游产业，实现自主脱贫。

一 始终坚持以示范引领凝聚共识

涞水县旅游扶贫是伴随旅游业发展而发展起来的，其先后经历了自然带动、有计划推进以及精准实施三个阶段。在“十二五”期间，伴随着旅游扶贫工作的开展，涞水县山区贫困村减少40个左右，3万余人成功脱贫。山区贫困群众依托旅游活动受益匪浅，坚定了依靠旅游业实现稳定脱贫的信心。涞水县政府想民众之所想，盼民众之所盼，将旅游扶贫作为涞水县扶贫工作的主要抓手，立足精准扶贫、精准脱贫的战略方针，涞水县政府积极探索“双带四起来”的新思路、新模式，把山区贫困群众的心思和精力有效集中到了旅游扶贫上。

二 始终坚持以机制创新带动脱贫

实现一村不剩、一户不落精准脱贫，需要不断探索新制度、新机制，把群众组织起来，融入扶贫产业中。涞水县在旅游扶贫中，一方面引进工商资本，依托政府主导的旅游投资公司，发展乡村旅游，激活闲置宅院等不动产，实现一家一户资源要素的有效整合利用，增加群众财产性收入；另一方面通过股份制合作机制和资产收益扶持制度，实现旅游产业与贫困群众的利益联结。尤其发挥村中能人的示范带动作用，通过回乡带本乡、先富带后富、党员带群众，坚定贫困群众脱贫信心，把贫困群众纳入旅游产业体系中，为贫困群众可持续脱贫提供永久性保障。

三 始终坚持以政策驱动激发动力

政策激励最有效、最管用。涞水县始终把政策支撑作为推进脱贫攻坚的原动力，在不同阶段针对不同任务，制定出台含金量高的政策措施，推动各项举措落地。围绕旅游扶贫，涞水县在深入调研基础上，针对规划、资金、土地等必须解决而一家一户又难以解决的关键环节和关键要素，制定“真金白银”的扶持政策，不仅为贫困群众融入旅游业创造了条件，而且广泛调动了贫困群众加入旅游业的热情与信心，从而推动旅游扶贫工作稳定有序开展与进行。

四　始终坚持以就业创业带动精准扶贫

涞水县把旅游扶贫与促进就业、带动创业相结合，通过政策引导、资金帮扶等举措，把贫困群众就业创业的积极性调动起来，鼓励引导他们靠自己的双手过上富裕生活，实现有尊严地脱贫。在推进旅游资源和生态资源共享中，通过设置公益岗位、开展技能培训、资源要素倾斜等方式和举措，让贫困群众进一步融入扶贫产业链的各个环节，通过精准扶贫进一步提升群众收入，使其彻底摆脱贫困。

第七章　河北省产业扶贫研究
——以威县为例

第一节　产业扶贫理论基础

目前，我国的脱贫攻坚任务已经取得阶段性胜利，工作重点是巩固拓展脱贫攻坚成果，并将其与乡村振兴进程有效衔接。从我国多年脱贫的经验可以看出，在我国目前的扶贫措施中，产业扶贫是解决贫困问题的一项重要举措。人们常将内在性扶贫挂在嘴边，而产业扶贫就是一种内在性扶贫。产业扶贫在贫困地区带来新的经济增长点的同时，还可以帮助贫困人口获得就业机会并且增加收入。产业扶贫是在乡村地区产业发展的契机下提出的，是一种扶贫战略措施，目的是积极发挥乡村产业的带动作用，推进我国乡村的产业化速度和质量提升。并且在此契机下，推动我国乡村地区产业结构优化升级，引导贫困地区人口在全产业链的乡村产业下积极进入市场，最终目标是推动乡村贫困地区发展和农民增收。目前中国的农村产业扶贫旨在由被动式扶贫转向主动式扶贫，目标是从根本上稳定扶贫，充分将产业扶贫的内在动力调动起来。

一　产业可持续发展理论

1. 可持续发展是中国必走之路

可持续发展理论由来已久，其实质上是一种健康的发展理念。这种发展既可以为当代人带来好处和收益，又可以通过改革和发展为后代创造良好的发展机会，从根本上说是公平、共同、健康的可持续发展。

可持续发展理论的发展和最终形成跨越了很长的历史时期，这种观点最初是20世纪80年代国外的一些专家学者在研究报告中提出的，自此以后人们对可持续发展的观点的关注度逐年提升。纵观历史，人类文明的发展、改革和进步与自然以及生态系统的联系越来越密不可分，可持续发展理论受到了全世界人民的广泛认可。而如今，中国正处在现代化强国建设的关键时期，可持续发展战略不仅是形势要求，更是中国改革和发展的指南针。

2. 产业可持续发展的必要性

目前，一些地区的扶贫缺乏可持续性，扶贫长效机制尚未建立。缺乏可持续的扶贫措施，部分地区或人口只是短期内脱贫，但长期来看，可能重返贫困，这势必会对贫困户的生活以及心理产生负面影响。想要解决该问题，并不能只靠给钱给物。河北省威县着重于脱贫成效，摸索出了一套资产收益产业扶贫新模式，打造了“金鸡帮扶”项目，并以此推广发展了金牛、根力多、白羽、威梨等扶贫项目，发挥了典型示范效应，加快了产业扶贫项目发展，在一定程度上推动了农民持续增加收入、使贫困群众能够稳定脱贫。

3. 产业可持续发展理论的指导意义

2021年习近平总书记向全世界庄严宣告我国已经完成脱贫攻坚任务，解决了区域性整体贫困的问题，消除了绝对贫困。在解决贫困问题、攻坚克难的过程中，产业扶贫持续地为我们提供动力支撑。我国的产业扶贫以乡村产业带动经济发展为依据，争取利用产业扶贫政策使得贫困人口脱离贫困，而产业可持续发展致力于研究产业扶贫与长效防贫、防返贫机制之间的内在联系以及怎样巩固当前扶贫成效，最终目的是使乡村达到绿色、高效、全面和协调的产业发展状态。

在开展产业扶贫时，我们必须以产业可持续发展理论为指导，充分激发产业可持续发展的内生动力，最终构建长期稳定的扶贫机制。

二　内源式产业扶贫理论

1. 内源式扶贫的必要性

在扶贫实践中，消除农村贫困人口的问题并不能仅仅靠外源扶贫方式，这无法从源头上根除部分人群的“懒惰”意识。扶贫必须先扶志。从实践来看，扶贫工作除了外源式的必要物质保障外，更重要的是进行内源式扶贫，破除帮扶对象陈旧落后的思想观念，使其从根本上认识致贫的原因，并引导其树立“自己动手，丰衣足食”的正确观念。如今，产业扶贫作为我国的内源式扶贫中的关键一环，其效果非常显著。

2. 内源式扶贫的重要意义

在扶贫工作中，外源式扶贫和内源式扶贫是扶贫的两种主要方式，而产业扶贫归根究底就是内源式扶贫中的重要举措。党的十八大以后，尤其是我国把精准扶贫的战略目标作为全党全国的重要工作目标后，内源式扶贫也由此进入一个深层次的阶段，我国精准脱贫的工作也更加注重在内源式扶贫上发力。

产业化扶贫作为内源式扶贫是如何对当今的贫困人口和地区的脱贫攻坚工作做出贡献的呢？产业化扶贫将贫困户与以企业为主的经营主体，以及政府乃至社会更加紧密地联系起来，形成一个共同发展的团体。政府通过政策性的引导，增加了贫困地区企业数量，提高了市场活力。以企业为主的经营主体在贫困地区发展降低了用人成本，开拓了其产业发展领域和市场。也由此，贫困人口增加了获得就业的机会，提高了家庭收入，生活水平得到改善。这一系列的改进促进农村地区完成贫困人口脱贫，这从根本上解决了贫困问题。

三　中国特色社会主义产业扶贫理论

从新中国成立以来，我国一直将解放和发展生产力放在重要层面。但是由于历史上遗留的一系列问题以及地区间发展不均衡等现实问题的存在，我国的地域间生产力水平不均衡。尤其是不同地域乡村的发展能力存在较大差距，进而造成一些乡村贫困区域和乡村贫困人群存在。在这种情况下，我国越发清晰地认识到了产业扶贫的重要意义。

纵观新中国的发展历程，我们国家实施的扶贫政策大致可以分为下列几个阶段：第一阶段就是 1949 ~ 1977 年“输血式”扶贫阶段；第二阶段是 1978 ~ 1985 年以工代赈和三西建设阶段；第三阶段是 1986 ~ 2000 年开发式扶贫阶段；第四阶段就是2001~2010年的十年扶贫开发阶段。现在已经到了第五阶段，即2011年至今的精准扶贫阶段。其中，在十年扶贫开发这一时期内开展了产业扶贫。在《中国农村扶贫开发纲要》中，农业产业化经营被指出需要积极推进，同时激励有能力的农产品开发企业到贫困地区去发展，并为贫困群众提供一系列优惠待遇和服务，积极促进乡村产业的发展。从此，产业扶贫成为现在扶贫工作的重要内容。

在我国精准扶贫进程中，其主要举措之一就是产业扶贫，是指在扶贫开发过程中，以市场为导向，把促进乡村经济当作其目标，是推进乡村贫困区域发展、实现乡村贫困人群增收的重要举措。产业扶贫既是全面脱贫工作中的一项重要任务，也是我国精准扶贫工作的支柱和重要抓手。通过产业扶贫，可以在贫困地区因地制宜发展特色农村产业，并以此为契机走农业产业扶贫道路，可以产业带动生产，将农村贫困地区群众的热情调动起来，争取最终实现贫困群众的自主脱贫。

第二节　威县扶贫实践概述

威县隶属河北省，人口有将近60万，辖11镇5乡（原5镇11乡）1个省级高新区，522个行政村，在其所属的邢台市中，是人口排名第二的大县。威县总面积有1012平方公里，威县的地理面积在邢台市下辖县里排名第三。在抗日战争和解放战争时期，威县曾是革命地区。邓小平、刘伯承等在此工作生活过，中国核工业奠基人之一刘杰、中国改革开放先驱之一任仲夷等人的家乡也在威县。但威县也曾是远近闻名的“大、破、穷”县，近年来，由于积极促进“四化联动”发展，威县经济得到快速发展，现在威县在产业扶贫方面成果突出，承担了多项省级和国家级的改革试点，在全省乃至全国都处于领先地位。

一　威县扶贫脱贫总体情况

威县的贫困状况可以概括为四个方面。一是威县处在贫困标准线以下的人口较多，并且分布的范围较为广泛，贫困人口分布的行政村达到总行政村数的97.1%。这使得威县的脱贫难度大大增加，也体现了威县长久以来贫困落后的状况。二是威县全县范围内贫困人口增加的主要原因是疾病发生率高，因病致贫的贫困人口数较多，占据了总建档立卡人数的一半以上。此外威县享受低保政策的人数较多。三是社会经济文化事业发展落后，主要体现在文化设施少，大部分村中并没有配备相关的文化体育设施，在其他兄弟县市乡村属于标配的文化广场就更缺乏，农村书屋等也是有名无实；产业覆盖少，产业是推进贫困人口持续稳定脱贫的关键所在，但是威县的产业少，覆盖率低，实际经营率更低，这就导致了全县范围内的产业活力较低，贫困人口增收渠道受限；技能人才少，要想切实有效推进产业振兴，人才是必不可少的，所以说加强相关人才的培养是实现产业扶贫发力的关键环节，但是总体看来威县的人才覆盖率较低，这就需要威县切实加强人才建设和人才引进。四是基础设施建设落后，交通是致富的关键，许多身边的事例都印证了这一点，但威县的道路硬化率低，照明设施不达标；就医难，正规化的卫生室和专业的村医都是紧缺的；上学难，全县范围内农村里的公立幼儿园覆盖率为零，校园建设落后，设备落后；饮水难，全县安装自来水管的村也仅仅占3/4，还剩1/4的村没有安装自来水管，群众的饮水安全也无法保障。

威县始终坚持产业扶贫的基本思路，在产业扶贫过程中注重坚持绿色、可持续的发展理念，积极探索多种利益分配机制，切实让产业扶贫成果惠及贫困群众，让产业扶贫切实发挥内生动力作用。一是培育富民产业。威县过去产业单一，产业覆盖率低，针对此情况威县积极聘请专家参与农业产业规划，积极打造示范性产业园区，产业覆盖率空前提高，农业产业化经营率由43.7%提高到65.1%。二是创新联结机制。借鉴成功的“金鸡”模式，在全县范围内探索出了多个产业扶贫新模式，极大扩大了受益人群范围，在探索扶贫新模式的过程中形成了众多宝贵的经验，探索出了独具特色的利益分配保障机制，100多个重点村增加了集体收入，产业扶贫持续发力。三是拓展合作模式，积极探索投融资模式和利益分配模式，发展集体合作新模式，确保贫困人口持续增收。

二　威县退出指标完成情况

根据相关文件和管理规定，威县较好完成了各项任务指标；根据相关退出标准，威县的人均收入已经达到脱贫标准。在相关产业的带动下，威县人有了稳定可持续的收入，饮用水安全得到保障，住房安全得到保障，义务教育阶段的辍学发生率为零。驻村工作队和贫困户一起参加城乡居民基本医疗保险算账，让群众清楚账目并且获得群众对账目的认可。自 2014 年以来，建档立卡贫困户退出 7329 户，到现在为止建档立卡未脱贫的贫困户有 2438 户。

根据相关退出标准，威县的贫困发生率下降到了 2% 以下，所有贫困户通过产业就业实现了稳定增收，医疗保险的覆盖率也达到了百分之百，村内的基础设施和文化设施得到明显改善和提升，按照“乡初选、县审定、市核查”的程序，自 2014 年以来，贫困村累计退出 147 个，到现在为止贫困村还剩余 34 个。

三　促进产业扶贫重点任务

1. 加强新型人才引进培养

推进从产业脱贫到产业振兴的转变，需要加强新型人才的培养和引进，人才可以为产业振兴提供智力支持。不论是产业扶贫，还是乡村产业振兴，都需要大量的优秀人才支撑。基于此，各地应针对乡村产业发展出台人才引进的相关扶持政策，建立人才培养和引进的激励和长效培训机制。此外，还可以推进乡村与当地符合条件的大专院校及科研院所的合作，聘请有关方面的教授专家深入实地进行调查研究，并对乡村地区人民进行知识技能的培训和指导，着力培养一支掌握配套技术、具备丰富知识以及善于经营管理的高素质人才队伍，推进乡村产业扶贫助力乡村产业振兴战略的实施。

2. 真正实现以产业带动就业

依托产业就业，建立贫困群众收入持续增长的脱贫长效机制。对于贫困群众，应将其进一步细分为有充分劳动能力的和缺乏劳动能力的。重点支持特色乡村产业，并争取以产业带动就业，全面提升贫困人口的参与热情和满足度，从根本上提高其脱贫的意愿。对于缺乏劳动能力的贫困群众，必要的保障措施虽然不可或缺，但是要将重点放在收益性扶贫这种长效扶贫机制上，例如开展光伏扶贫、投资入股等，实现农户持续稳定增收，为乡村产业兴旺提供物质基础和必要条件。

3. 推进乡村三大产业协调稳步发展，推进乡村产业结构升级

在产业扶贫助力乡村产业振兴的进程中，要推进乡村三大产业协调发展，并注重调整优化三大产业结构，提高农产品附加值。第一、二、三产业的融合发展必须适应市场变化、满足市场需求，必须立足资源禀赋、充分发挥比较优势，并且加快优势区域布局和构建专业生产格局，实现农田标准化、装备现代化、生产集约化、经营科学化、产品品牌化。

推广现代化的立体的种植和养殖，推进乡村产业的结构调整。调优乡村产业布局，根据本地市场优势，实施一系列发展战略，发展绿色乡村产业。大力发展农产品加工、物流、配送、直供直销、电子商务，大力发展休闲农业，提升农业的生态价值、休闲价值和文化价值。

第三节　威县产业扶贫成效

2012 年，威县被划为国家贫困县，但近年来，贫困人口累计减少有 15 万多人。近年来，威县把打赢脱贫攻坚战作为政治责任和第一民生，按照“精准扶贫、体制突破”的思路，中央电视台、人民日报、新华网、人民政协报、民生周刊以及河北日报、河北经济报等媒体先后报道威县产业精准扶贫、精准脱贫模式。

一　产业布局持续优化，实现了政府引导全覆盖

威县坚持全县域规划安排，将现代农业与扶贫开发统筹，其总体思路为“调结构、育龙头、促融合、增收入”，进行“三带三园”总体布局，形成了一系列的富民产业。工作中，将重点放在“三化”（产业带动精准

化、生产经营规模化、管理服务优质化）上，目的是寻求突破。

1. 产业带动精准化

林果带发展优质梨 10 万亩，引进中国最大果汁生产企业陕西海升集团与龙集梨种植和深加工等龙头项目。5 万亩的设施蔬菜带投入使用，尤其是威旺蔬菜、中沃杏鲍菇等发展势头良好。宏博牧业以及北京德青源蛋鸡等龙头企业纷纷入驻畜禽养殖带。乳业园区，建成了君乐宝两大牧场，目前正在建设第三牧场，奶源深加工项目签约也正在推进。河北省农业园区、果品强省、畜牧工作等多个涉农领域现场会都在威县召开。

2. 生产经营规模化

威县出台了《农业领域招商优惠政策》《家庭农场认定标准及评定办法》《资产收益扶贫项目管理办法》，促进新型经营主体发展，产业规模聚集。坚持和把握土地经营面积“262”格局，其中 20% 为龙头企业，60% 为合作社和家庭农场，剩余 20% 为分散经营，让群众真正参与、分享利润。

3. 管理服务优质化

为了让每个扶贫龙头企业和贫困户都享受到优质的服务，威县政府坚持以科技和标准为核心，深化供给侧改革，强产业、壮龙头：建立创新产业首席专家制度，河北省林业厅正高级工程师曲宪忠等十余位国内外知名专家被聘请；建立“农业科技服务 110”平台，致力于把科技服务“最后一公里”打通；全面推行标准化生产，建成“省级农业综合标准化示范县”“省级出口鲜梨质量安全示范县”。此外，“翠威”梨还成为“阅兵梨”，作为纪念抗战胜利 70 周年阅兵仪式上的献礼。

二　实施利益联结新模式，贫困户积极性空前高涨

在好的富民产业、好的经营主体的基础上，让贫困户参与进来、分享利润，这也是十分关键的。与威县实际相结合，创新股份合作资产收益扶贫模式是威县积极摸索出来的新模式，贯彻了中央对贫困户全面、多层覆盖的宗旨，也拓宽了贫困村的集体经济来源。

1. 农业龙头 + 农投公司 + 贫困村 + 合作社 + 贫困户

“金鸡”模式是其中代表。北京德青源金鸡产业扶贫项目作为中国蛋鸡第一品牌，助力稳定脱贫 2117 户贫困户、4424 名贫困群众。运作机制是：贫困村、贫困户都可以入股当股东，通过各项政策实现稳定增收。目前威县的君乐宝奶源深加工项目正在建设，该项目借鉴了金鸡模式，可以使 2746 个贫困户，6236 名贫困群众稳定脱贫。

2. 农业龙头 + 合作社 + 贫困户

以“白羽”模式为代表。保吉安集团是北京上市公司，其投资的河北宏博牧业白羽肉鸡项目，助力威县稳定脱贫 1526 户贫困户，2988 名贫困群众。运作机制是：4500 元作为每个贫困户的扶贫资金，将其注入合作社，以此作为股份入股龙头企业，实行“保底收益 + 按股分红”模式，年保底收益 10%，入股期限不得少于 5 年。贫困户不承担经营风险，只享受股权分红。除此之外，企业还招聘优先录用贫困户。

3. 农业园区 + 龙头企业或合作社 + 贫困户

以“威梨”模式为代表。西沙河梨产业带利用该模式，采取大园区、小业主的办法。龙头企业首先到农户那里去租赁土地，随后建设规模梨园，然后农户用反租倒包的形式来进行租赁经营，以此增加收入。借鉴之前的成功经验，威县采取一系列适合本地的投融资模式和分红模式，建立相关物流链条，一系列措施成果显著，威县稳定脱贫 2000 多户，4435 名贫困群众稳定脱贫。

4. 农业龙头 + 贫困户

以“根力多”模式为代表。在该企业的助力下，稳定脱贫 536 户贫困户，1016 名贫困群众。运作机制是：贫困户的土地集中整合到一起，由威大公司（根力多全资控股）建立规模设施，进行葡萄种植。将 4500 元作为每户贫困户的配股扶贫基金，年保底收益 10%，不得少于 5 年，到期后可选择继续入股，如有其他打算，可以返还配股扶贫基金发展其他产业。企业在扶贫的基础上，与品牌推广相结合，做到了与贫困户共享成果，同时优先录用贫困户。

5. 合作社 + 贫困户

依托实力强、信用好的合作社，通过政府引导，探索各种方式带动贫困群众增收。①“土地+资金”入股。贫困户通过将土地折合成股份，或通过以扶贫资金的方式入股专业合作社，可以实现利益均沾、风险共担。比如张营乡元寺村通过该方式建设高标准梨园210亩，带动全村56户贫困户，157名贫困群众，实现年人均增收240元。②“工资+效益提成”。枣园乡牛寨村登利合作社流转土地建设设施蔬菜大棚106个，聘用贫困户管理，管理一个大棚每月底薪1500元，产量超出1万斤部分，每斤提成2分钱；超出2万斤部分，每斤提成4分钱。带动了全村50户贫困户，105名贫困群众，年均纯收入达到近2万元。③“资产自有+统一管理”。第什营镇西梨园村美威水果种植合作社通过土地入股、扶贫资金入股、劳务参与的方式使贫困户参与进来。④“联合经营”模式。按照合作社提供生产资料、农民出产品的相关原则自愿结合，形成利益共同体，建立“联合社”，减少了成本，降低了风险，贫困群众可以得到更多收益。

三　多种合作经营模式并举，有效激发内生动力

在推进股份合作扶贫、资产收益扶贫过程中，鼓励并且积极引导贫困户到企业打工，依靠自己光荣脱贫；并探索以合作经营、资产增值为主要内容的脱贫机制。贫困群众要实现脱贫致富，就要有稳定、可持续的保障。

以资产经营激发内生动力。鼓励扶持贫困户通过利用到户扶贫资金或自筹资金的方式，建设威梨种植小产园、设施果蔬小棚舍，实行项目建设、农资购置、配方施肥、技术指导、市场销售“五统一”，资产仍归贫困户所有。西梨园村通过该模式建设的葡萄大棚年棚均纯收入3.5万元。

以租赁经营激发内生动力。企业流转土地统一建设农业项目，建设大园区，贫困户作为小业主来进行租赁经营。威县人合蔬菜公司流转土地500亩，其中有106个高标准设施大棚，28户贫困户租赁32个大棚，年棚均纯收入2万多元。

以劳务合作激发内生动力。多种扶贫手工业项目得到培育，例如老粗布、汽车坐垫、插花等。截至目前，威县专业村已建成30个。通过技术要求不高、强度不大的劳动，年龄较大的贫困户也实现了有尊严地脱贫。

下一步，威县将按照“产业、政策双扶持、双兜底”思路，依托现有

产业资源，实施新型职业农民培育工程，打造一支能够有力支撑威县新兴产业持续发展的新型职业农民队伍。

四 产业扶贫精准发力，推动全县经济社会快速发展

在产业政策的带动下，威县以县一级领导为代表积极推进相关政策落地，全县经济社会快速发展，少不了县领导干部脱贫攻坚的功劳。其具体有以下成果。一是群众生活水平显著提升。城乡居民收入显著提高，2012～2017 年五年内实现了翻番。尤其是贫困群众的人均收入实现了大幅的增长，贫困人口切实享受到了扶贫政策的红利；此外，农村人口在城市购买房产的比例也明显提升。二是社会治理水平显著提升。扶贫脱贫政策、程序、结果都是公开化的，人人都能知晓并熟悉政策，增强了扶贫公平公正意识。三是干部工作方法显著提升。各级领导干部在落实扶贫政策的过程中，下基层，驻村帮扶，与人民群众真正地打成了一片，了解了民众之所想、民众之所盼，为之后的工作打下了坚实的基础。许多群众说：党的老传统又回来了！四是村风民风显著提升，尊老爱幼，互帮互助成为新风尚。五是群众获得感显著提升。脱贫攻坚过程中，党员干部始终坚持以人民为中心的发展理念，大力开展环境卫生治理，积极补齐公共服务短板，让更多群众享受到政府的贴心服务。

第四节 威县产业扶贫启示

2017 年 10 月，习近平总书记在党的第十九次代表大会中明确提出实行乡村振兴战略。这是我们国家现代化发展进程中的重要举措，对我们国家未来的乡村建设具有巨大意义。此外，我国也是一个农业大国，农民群体十分庞大，虽然农村发展水平正在逐步提升，但是按照农业农村全面现代化的要求，我国农村与此要求仍存在较大差距，发展不充分与不平衡也体现在农业农村发展方面。乡村振兴的核心是乡村的产业振兴，要用产业的发展来带动农民增收与乡村全面发展。

一 发展特色乡土农业产业

1. 发展现代化种养业

如今的乡村地区还是以发展传统种植、养殖业居多。而在传统方式下会出现农民“靠天吃饭”的问题，种植和养殖的水平和技术较为低下，种植、养殖效率不高，难以统筹规划管理。因此，要发展特色乡土农业产业，首先就要发展现代化的种养业，创新种养业的组织形式，发挥现代化种养技术的先进作用，例如在平原地区采用联合收割机作业、建立大面积灌溉系统、采用无人机等先进技术建立种养业监测机制等等。发展现代化种养业，不仅可以大大节约人力，改善贫困农村人口“面朝黄土背朝天”的状况，更可以提高种植和养殖效率乃至产量。

发展现代化种养业，要掌握好传统种养业发展模式和现代化模式的衔接，将现代化技术融入乡村种养业，可以降低生产成本、提升种养业效率及产量，也让广大乡村群体受益。此外，现代化种养技术还需要配备具有现代化知识的人员操作，对农民群众进行积极地引导和系统性培训，让农民群众真正掌握现代化种养技术，并做到现代化技术的及时更新，全面协调推进乡村地区种养业向标准化规模化发展。

2. 深入推进“互联网+”现代农业

“互联网+”农业是一种现代化的乡村产业发展模式，在推进特色乡土农业产业发展的进程中，要充分运用互联网和大数据等，使农民群众可以通过电脑端或移动客户端对农作物病虫灾害、环境空气以及温湿度、生长的光照强度等情况进行远程监测与诊断，提供现代化的智能产业管理。

将“互联网+农业”作为新的发展动力，推动信息技术在乡村产业发展中的应用，有助于发展新型农业，促进现代化农业发展水平的提升，最终实现传统农业产业向现代化农业产业的转型。

二 促进乡村工业产业升级

1. 发展农产品加工业

现代化农业发展，离不开农产品加工业的支撑，发展乡村工业产业，不得不提及农产品加工业的作用。农产品加工业如今可以说是朝阳产业，它可以与第一、二、三产业融合，是乡村工业产业现代化发展的重要支撑点之一。

发展农产品加工业需要进一步延长农业产业链条，将农产品的加工程度进一步提升。近年来，我国虽然农产品加工业的发展势头较好，但是与发达国家和地区相比还有一定的距离，因此农产品加工业的发展仍然任重道远。分产品来看，相比于畜牧产品和其他经济作物，特别是水产、肉类等，水稻、小麦加工程度偏低，附加价值有待提高。因而需要继续促进农产品加工业的发展，引入新技术，并积极扶持农产品进行精深加工等，不仅可以减少劳动成本，还有利于促进乡村工业产业高质量发展，推动现代化农业建设。

2. 开发乡村工业产业多元功能

在乡村振兴战略实施背景下，为促进乡村工业产业现代化发展，要进一步扩展乡村工业产业多元功能。工业产业要在以生产功能为主的基础上，深入挖掘其他功能，比如带动就业、促进地区稳定和经济繁荣等，努力创造乡村工业产业新业态。

三　培育乡村新型服务业

1. 积极引导乡村特色餐饮业发展

中华文化博大精深、历史悠久，在长期的生产和生活中，广大人民创造了多种多样的餐饮文化。餐饮文化不仅记录了全国各族人民的生活和文化，也见证了中华文明发展的历史进程。在乡村振兴战略被大力提倡实施的背景下，乡村餐饮产业迎来了前所未有的发展机遇。

我国幅员辽阔，各地区乡村具有显著的地域、人文、气候差别，不同的乡村有不同的餐饮文化内涵，因此，要积极引导当地特色餐饮业发展。

2. 推进乡村特色旅游业发展

随着乡村振兴战略的实施，乡村特色旅游业逐渐兴起，各地区纷纷打出极具地域特色的旅游口号，推广各地的旅游休闲胜地，开发新项目、挖掘新卖点，为乡村旅游业的繁荣发展添彩。

推进乡村特色旅游业发展必须坚持五大发展理念，尤其要注重绿色发展。我们既要在推进特色旅游过程中注重坚持对环境的保护，也要持续关注对当地特色产业的深度挖掘，打造特色鲜明的乡村旅游产业。另外，在发展乡村特色旅游的过程中要加强乡村风貌的保护，注重本土特色文化的保护和历史传承。

3. 培育特色农产品产业链

在乡村新型服务业的开拓背景下，要积极发挥消费拉动经济增长的作用，培育极具特色的农产品，打造具有影响力的农业品牌，并积极引导特色农产品全产业链现代化建设。

四　乡村一二三产业融合发展

农村产业发展可以促进农村地区发展，是缩小当前城乡差距的最主要措施。农村特色产业可以充分发挥市场竞争优势，持续推进县域范围内的城乡融合发展，持续推动乡村经济发展。在这一背景下，实现农村一、二、三产业融合，不是简单的互相交融，而是应该采取措施延长乡村产业链条、拓展产业功能，这才是乡村地区产业振兴的关键所在。

第一，加速农业产销一体化，实施品牌化战略，在乡村产业发展进程中，首先要把握好农业的发展，其次要把发展农产品加工业当作促进乡村地区一、二、三产业融合发展的发力点，并采取措施努力推动乡村产业现代化发展，加速构建贸工农一体化产业体系，争取充分延伸乡村产业发展链条。

第二，加快培育创新型乡村产业。一方面，要推进新型乡村产业的建设，充分利用好现代化建设的机遇，采用先进手段和科技，让乡村产业走出乡村，得到更广泛群体的认可，推进乡村产业创新。另一方面，也可以利用乡村产业的创新性发展，将更多的乡村人员引入乡村产业发展的进程中，以产业促就业，最终也将推进经济增长的实现。

第三，为乡村产业的统筹协调进步争取相应的政策支持。在我国现代化建设的进程中，对于乡村产业的统筹建设离不开国家和地方的优惠政策。各地、各部门应当结合本地区的具体情况，结合地方特色和当地的发展方向，制定符合乡村产业发展实际、符合乡村人口和经营主体利益的支撑政策，以此来推动乡村三大产业的协调融合和乡村产业的可持续发展。

第四，建立和完善乡村产业的利益协调机制。在乡村产业发展进程中，不免要触及方方面面的既得利益，因此，在乡村产业的发展进程中，制定乡村三大产业的利益协调机制至关重要。

第八章 河北省教育扶贫研究——以易县为例

第一节 教育扶贫理论基础

众所周知，导致贫困的因素并不唯一，其中包括收入、受教育机会、生活环境、个体身体条件，甚至也包括家庭对个体的影响，但究其根源都是贫困人口自身的能力不足所致。所以，个体能力的重建就成为关键，而重建个体能力作为反贫困的重要策略之一，需要有教育的辅助，教育扶贫的概念也由此应运而生。

一 概念界定

教育扶贫作为扶贫的延伸，它是新时期扶贫开发工作的重要内容，也是精准扶贫的着力点，更是彻底摆脱贫困的根本途径。从根本上来讲，教育扶贫就是通过政策倾斜、加大教育投入等方式，帮助贫困地区人口摆脱外部条件的限制，提高基本素质、知识储备和技术能力，提高文化素质，从而阻断代际贫困传递，让他们真正实现脱贫。正如中国教育学会会长钟秉林所指出的，“教育扶贫是众多扶贫方式中最有效、最直接、最精准的一种方式”，通过政策倾斜、扩大教育投资等教育扶贫方式为贫困地区人口提供教育支持，帮助他们提高自身的综合素质，掌握一项或多项技术能力，提高他们的自我发展能力，使他们能够脱贫致富，依靠自身的动力摆脱贫困，从而降低整体贫困程度和贫困人口数量。

“扶贫先扶智，扶智必兴教”是当下教育扶贫的口号，从中可以看出扶智对于扶贫的重要性，也充分体现了教育扶贫的重要性。教育扶贫直接作用于个体，通过对贫困人口进行教育来帮助他们提高综合素质，重塑他们的思想观念，增强他们的知识储备与生产技能，增强他们的自我发展能力，鼓励他们依靠自身的内在动力来摆脱贫困，阻断贫困代际传递，避免先脱贫后返贫，从而真正减少脱贫人数，为实现脱贫做出实质性贡献。

教育扶贫是精准脱贫的关键，具有基础性、先导性和持续性，可以帮助当地民众很快摆脱贫困的局面，是脱贫攻坚的治本之策。教育扶贫通过多种方式方法并举，改善贫困地区的教育环境，在该地区进行教育的普及，使得人人都有机会和权利获得教育，提升贫困地区整体人口的综合素质、技术能力，使其掌握先进的科技文化知识，提升可持续发展能力，进而提高收入水平，改善其生活质量，实现乡村振兴。教育扶贫可以通过完善地区教育环境，帮助贫困人口从根本上转变“等、靠、要”的思想，使他们可以借助自身的力量，以更加积极的态度和方式来改善家庭的生活质量，缓解家庭的贫困程度，减少贫困人口的数量，从而真正做到拔穷根，斩断贫困在代际的传递，避免出现返贫等现象的恶性循环，早日实现脱贫攻坚的伟大目标。

二　理论基础

学术研究的根基是理论基础。本书主要是基于以下五个基本理论展开分析的，分别有能力贫困理论、教育公平理论、人力资本理论、贫困代际传递理论和循环累积因果理论。

1. 能力贫困理论

印度学者阿玛蒂亚·森（Amartya Sen）突破了传统理论中的固化思想——以收入来识别贫困，提出判断贫困可以将可行能力作为指标。他认为，收入水平低只能作为贫困的原因，而不是贫困的根本原因，更有可能的原因是他们缺少获得收入的能力。这些都是导致贫困产生的重要原因。

和传统收入贫困理论不同，能力贫困更符合当代社会对于发展的要求，它既肯定了贫困和能力有关，又提出了可行能力不足才是贫困的根本原因。能力贫困给人们提供了一个新的思维来看待贫困的原因，帮助人们分析把握和理解贫困，可以使扶贫工作从只关注收入水平转到提升贫困者的能力。我国当代贫困人口主要是生产力和生产技术的缺失，进而影响他们的就业能力，造成贫困。所以消除贫困要从他们个体能力提升来考虑，而不是只注重经济补贴，所谓授人以鱼不如授人以渔，能力贫困论也为我国职业教育者提供了新的理论和思维方式。

2. 教育公平理论

教育公平理论，是指在教育政策和教学活动中，人人都享有接受公平教育的权利，都可以自由地、平等地享用公共教育资源，都可以被平等对待，拥有平等的升学和就业的机会。这一理论可以从两个方面进行理解，一方面所有符合国家规定条件的学生应该平等享有上学以及配套的公共教育资源的权利和机会；另一方面，每一名学生都应该被平等地对待，都需要学校和教育工作者给予其足够的关心与爱护。

基于胡森（Torsten Husen）对教育公平性的研究，可以将“平等”的含义分为三个层次进行理解。首先是起点均等论，即每个体所处的起点相同，接受教育、进行学习的机会是均等的；其次是过程均等论，即在每名学生接受教育的过程中，学校和教育工作者应该给予他们足够的关心和爱护，不论其家庭背景、出身环境，都一视同仁，平等地对待他们；最后是结果均等论，即在这些受教育者完成学业后可以拥有平等的就业环境和升学机会，可以与其他人进行公平的竞争。此后，美国的科尔曼（Coleman）教授通过实证方法补充和完善了教育公平理论。依据教育公平理论，政府提升教育的资金投入，并且均衡分配，使每个适龄的受教育者都能得到相对条件下优秀的资源。

3. 人力资本理论

英国经济学家亚当·斯密曾指出虽然教育会花费成本，但是人们仍有受教育的需求，并且这些投入最终足以被偿还，而且能够获得一定的利润。美国经济学家西奥多·W. 舒尔茨（T. W. Schultz）在 1960 年从经济学的领域对什么是人力资本进行了解读。他认为自然资源和遗留下的资本对经济发展的作用是其次的，最主要的是人力资本的质量。他指出，一个地区的贫困是由于当地人力资本的匮乏，而人们的受教育程度很大程度上决定了他们的收入水平，因此，需要加大对贫困地区人口的教育，形成当地的人力资本，从而促进当地经济的发展。

人力资本理论的研究表明，教育投入也是人力资本投入的一种，通常，教育会使人思维受到启发，增强知识，获取更大收益。所以教育成本与贫困概率成反比。由此认为，贫困、落后的本质原因是人口的综合素质低。当教育投入越多时，人们的知识储备就越丰富，也可以获得更多或是更深层次的技术能力。而教育扶贫加大教育投入，改善环境，促进教育公平，提高贫困地区居民素质，使他们可以通过自身的努力摆脱贫困，实现真正的脱贫致富，正所谓“授人以鱼不如授人以渔”。所以教育扶贫是人们真正提升自己、摆脱贫困的重要举措，使其可以依靠自身的技能、知识脱贫致富，阻断贫困的代际传递，避免返贫现象的出现。

4. 贫困代际传递理论

贫困代际传递理论，简单来说，就是子女受到外部环境，比如所处阶级地位的限制以及家庭贫困和周围不利因素的影响，在成年后延续其父母的贫困境况，形成了代际贫困的恶性循环。由于家庭中父母的贫困现象的出现，在父母与子女相处的过程中，子女会受到父母贫困的影响，如此循环往复，从而导致贫困代际传递。在现实生活中，很多贫困地区的贫困家庭发生着这样的传递，很多贫困家庭往往是父母一代人过的是贫困的生活，到他们子女长大了，生活过得依然像他们的父母那样贫困，并且这样的贫困将在相当长的时间里持续下去。

贫穷代际传递的原因有如下几个。第一，家庭成员的健康水平会导致贫困代际传递。如果父母或子女患病，或是家族遗传病，大数额的治疗费用和劳动力的缺失会加重贫困家庭的负担，这样他们会更加贫困，形成恶性循环，造成贫困代际传递。第二，因为贫困，他们无法提供足额学费来提升孩子素质，这样也会造成贫困代际传递，甚至有些家庭认为子女接受教育未来回报较小，难以弥补目前的教育费用支出，从而增加家庭的经济负担。这就可能会对子女接受教育的程度与其未来的发展机会起到限制作用，从而加剧了贫困的代际传递。第三，家庭对子女在思维、生活态度方面的消极影响也会造成贫困代际传递，如果贫困家庭采取的是一种消极的生活态度，不为改善自身生活条件付出实际行动，只是秉持“等、靠、要”思想，那么子女很可能会受到父母这种消极生活态度的影响，无法改变贫困，而造成代际传递。

5. 循环累积因果理论

循环累积因果理论认为，贫困地区制约经济发展的条件有自身自然条件、生活条件、便利程度和社会经济发展等，使得乡村人才、资本等生产要素从这些贫困地区流向经济更为发达，以及自然条件、生活条件、便利程度优于该地区的地方，使得本就落后的贫困地区与发达地区的差距越来越大，形成贫困因果累积循环，从而进一步加剧了该地区的贫困程度。虽然发达地区会出现由于人口多造成交通拥堵和环境污染的情况，为了缓解城市压力，一些生产要素会流向贫困地区，但这种现象的效果通常并不明显，回流的有限的生产要素并不能充分带动贫困地区的发展，也就无法扭转贫困地区由于贫困因果累积循环而导致的贫困程度加剧的情况。

第二节　易县扶贫实践概述

一　基本情况

易县坐落在河北省的中西部地区，地势宽广，幅员辽阔，总占地面积达到2534平方公里，易县有乡镇28个，行政村469个，自然村庄达到1893个，因此，易县有着“七山一水二分田”的美称。易县的人口众多，全县的在籍人口达到58.4万，农业人口占据大部分，达到46.6万。易县有着千年的历史，从可以考证的人类历史开始算起，易县的历史甚至可以追溯到8000年之前，可谓历史悠久。这8000年的历史包括国都史部分2300年，置县史部分1400年，黄陵史和红色史分别达到280年和70年之久。易县也是革命的发源地。从1927年中国共产党的诞生到1938年的建政，老一辈无产阶级革命家在此留下了他们的足迹，众所周知的狼牙山五壮士的悲壮故事便发生于此地。易县是生态大县。境内水资源丰富，其中包含水库10余座，较大的河流5条，整个县城境内的林木面积达到113万亩，绿化率高达55%左右。“太行山最绿的地方”说的正是此处。易县是旅游大县，比如我们耳熟能详的清西陵、狼牙山和易水湖等著名景点就坐落于此。

二　贫困状况

2011年，根据易县当时的贫困状况，其被列入特困地区名单，2012年，又被列入环首都扶贫攻坚示范区。易县整个县的贫困村达到160多个，建档立卡贫困人口在2014年达到了133086人。2015年，易县按照要求，保证扶贫目标的精准定位，严格标准和程序，对整个易县的建档立卡贫困人口开展了“回头看”的项目，这次项目识别出易县的建档立卡贫困人口达55863人。2017年，在整个河北省开展了第二次“回头看”项目，全县识别贫困人口共有38878人，其中，贫困搬迁共88户，总人数为228人。2017年底，易县已经完成了所有关于脱贫攻坚的目标任务，162个村成功从贫困村出列，13731户共计33107人完成了脱贫摘帽，整个县仅剩贫困人口3812人，贫困的发生率已经减少到了0.81%，全县已经完成脱贫任务。

三　主要举措

一是完善教育扶贫机制。完善教育扶贫机制主要在于“三保障”机制的落实。政策的扶持和资金的引进与新兴技术的运用和发展，让乡村之前废弃的产品得以循环使用。这样一方面可以避免浪费能源，另一方面循环发展形成了新的能源，让农民的居住环境得到很大改善，逐步缩小农村和城市的差距，吸引外资，引进人才，吸引具有家乡情结的人才回乡创业，带动乡村的发展。易县高度重视教育基础设施以及相关政策的完善，2014年以来，易县分别完成了薄弱学校的改造、寄宿学校的建设以及义务教育的普及，办学条件大大提升。易县对此也投入大量的财力，累计投入5亿元左右来支持学校建设。对于县本级的改造经费支出达到3.3亿元。易县着力于学校的改扩建，所改造的学校达30多所，主要是校园基础设施的改造、运动场地的改扩建，让学生们切实体会到教育扶贫带给他们的诸多好处。同时，偏远山区的学校也被纳入这次的改造范围，易县对于偏远山区学校的改造主要体现在运动场地的改造，如运动场的塑胶操场，就改造了13个。不仅如此，为了解决部分学生的上学问题，易县还专门建造了一所占地面积达82.5亩的学校，解决了3360名孩子的上学问题。并且，易县还对部分学校进行了美化工作，也对学校内的教学设施进行了相关的完善，让每所学校都配备了相对完备的教学设施。2015～2017年易县向寄宿的中小学生共发放了2353.4625万元的生活补助，惠及4.1813万人次；落实农村义务教育学生营养改善计划，针对营养改善的资金，在三年内累计投入1.0094亿元，受益学生13.05万人次。实施“雨露计划”惠及1897人，落实资金569.1万元。

二是优化乡村软环境。首先开展文化下乡“富脑”活动：主管宣传和文化的部门精心策划了与扶贫政策惠民有关的文艺节目，到各个贫困地方进行表演，让村民们深刻感受文化、享受文化，光是演出就开展了近300次，65个贫困村的人口，在自己的家门口就可以欣赏到优美的文艺表演，累计观看人次上万。这极大地丰富了村民们的文化生活，在让大家看节目的同时，也了解到了扶贫政策惠民的相关内容，这也为村民脱贫致富提供了精神支撑，大大激发了村民们脱贫攻坚的内生动力。其次开展帮扶活动“暖心”：在全县的干部中开展暖心活动，动员工作人员发起贫困动员令，选派工作人员和帮扶负责人到各个贫困户的家中，不仅向大家宣传扶贫政策和惠民暖心行动，还切实地解决贫困村民的生活问题，为他们准备生活必需品。最后开展培训活动“增智”：将扶贫政策和科学技术的培训放在重要位置，开展培训班1500多场，培训土专家、新型职业农民和技术能手，这些培训共实现了专业就业人数近万，受益人群达到3万左右。

三是产业发展助力人才引进。易县高度重视产业的发展，始终把培育富民产业作为脱贫攻坚的核心，本着“双到户”（产业覆盖到户、增收效益到户）的要求，实现了全覆盖，2017年全县脱贫人口的人均纯收入达到了5119.08元，其中来自产业的收入占到了37%。易县通过“引、联、稳、带、创”等举措，实现多渠汇水、多点支撑提升贫困户脱贫质量。易县因地制宜，发展农业，根据自身特色，发展优势项目。让人才以顾问的身份参加家乡建设，利用自身的知识和能力，为乡村发展提出自己的建议。打造本土品牌，创造就业岗位，带动乡村产业扶贫，吸引人力资本，聚集人才，发挥人才的优势作用，推动产业可持续发展，实现人力资本的外溢效应。

第三节　易县教育扶贫成效

一　教育扶贫与对接扶贫有效连接，统筹推进

一是加强组织领导。由县级常委牵头成立对接办，和海淀区积极对接，目前已经签约了8个项目，投资金额达到2亿元左右；县紫荆关镇教场村与海淀区东升镇结对帮扶，加快了该镇脱贫攻坚的进程。

二是加强人才交流。在教育合作方面，与北京市海淀区签订相关协议，易县的五所学校与海淀区的部分优质学校签订协议建立了结对关系，易县的教师前往海淀区的学校学习最新的教育理念和教学方式；在医疗卫生方面，易县的医院与航天中心医院等优质医院签订协议，形成结对帮扶关系，选派医疗卫生人员向2名专家学习交流，更新医疗信息，改善医疗条件；并派18名医疗卫生人员前往海淀区进修，学习先进的医疗卫生成果，同时，选取7名干部到海淀区进行挂职锻炼。

三是强化资金使用。与北京海淀区深入开展对接合作，对口帮扶资金达6511.6万元，涉及17个项目。目前，全县162个贫困村，每个村子都有设备齐全的文化书屋、多功能活动室、文体广场以及宣传文化的文化长廊，只要村民有文化需求，就能找到相应的活动场地。

四是加强产业和劳务协作。以开展“就业援助月”等公共就业活动为契机，完善就业机制，与北京铁路局等单位开展劳务合作机制，累计输出贫困劳动力43人，大大提高了贫困村民脱贫致富的能力，让贫困村民靠自己的技术能力走上脱贫致富的道路。

二　强化投入，改进民生

贯彻“因时施策”政策。针对每个阶段的扶贫工作，开展提神、富脑、暖心、增智专项帮扶行动，对162个村进行环境综合治理，农村精神面貌焕然一新；以激发群众内生动力为目标，深入开展文化扶贫、精神扶贫，贫困村的群众文化生活得到了丰富；在全县干部中开展温居暖心行动，和贫困户建立联系，增进了感情，实现了政策入户，满意到心。

通过教育扶志与扶智，提高贫困户的基本认知能力，夯实其脱贫的知识和能力基础，让乡村人们具有积极乐观的精神风貌，增强他们自身综合素质和学识见解，转变思想观念，让他们通过改变自身文化水平和专业知识，来进行乡村建设，进而实现共同富裕。大力建设基础设施，结合美丽乡村的要求，在产业、环境、精神、生态四个方面达到标准。比如文化进村工程，全县共有162个贫困村，每个村子都建立了综合性的文化服务中心满足村民的日常文化需求。目前，每个村子都有设备齐全的文化书屋、多功能活动室、文体广场以及宣传文化的文化长廊，只要村民有文化需求，就会有活动场地。为村民们配备了充足的文化设施，如图书、桌椅、电视机、影碟机、秧歌服和体育健身器材等，使每个村都有丰厚的物质文化基础，供大家开展文化活动，从而满足村民们的日常文化需求。

第四节　易县教育扶贫启示

一　推动产业发展，吸引乡村人才

乡村人才外流就是因为乡村经济落后，产业振兴是实现乡村发展的重要举措之一，产业发展可以带动人力资本发展，产业发展，就可以留住人才，提高人力资本。各农村地区需要因地制宜，发展农业产业，根据自身特色，发展优势项目。此外，我国乡村振兴需要深化供给侧改革，不仅要发展第一产业，也要促进第二、三产业发展，使农村一、二、三产业融合发展，吸引新的资本注入，促进乡村发展，吸引更多人才。

二　整治环境，优化扶贫对象的成长条件

实现乡村振兴，不仅需要培育内在力量、引入外在人才，也需要发展乡村本身，需要将内部和外部环境优化组合。这样不但可以吸引人才，更能留住人才，让他们以主人翁的姿态，为乡村发展贡献自己的力量。

1. 乡村外部条件优化

乡村具有优良的外部条件，如环境静谧，没有城市的吵闹和喧嚣，空气干净，田园风光独具特色。如果生活设施便利那么更适宜人居住。所以建设乡村既要突出其自身特色，又要为恰当地规划，需要结合其优势进行差异化发展和实施针对性策略。加强整体规划，建设公共配套设施，保留原有的乡村特色和风貌；既满足人们生活的必要条件，又能打造适宜居住的外部条件。乡村青山绿水，环境优美，民风淳朴，加之配套设施建设到位，使人们更加向往乡村的生活。

2. 乡村软环境优化

除乡村外部环境是吸引人才、促进人们幸福指数的一个重要方面，乡村软环境优化也是乡村发展的关键因素。什么是乡村软环境呢？它是指人们除温饱之外更高的需求，虽然乡村民风淳朴，由于文化的限制和接触外界的渠道单一，他们无法有效应对发展的环境。所以乡村软环境建设要包括良好的法治环境、文化氛围和娱乐活动。加强乡村软环境建设可以举办一些文化活动，开展一些法治论坛讲座，增强人们的归属感和主人翁意识。此外，要增强人们的信念，使其坚信乡村能发展起来，让他们有信心，努力打造适宜的产业园区和创业园区，使文化程度不同、技能水平不同的人都能找到适合自己的工作，真正实现物质和精神的双丰收。

3. 完善机制，优化扶贫对象的成长条件

其一，识别机制。精准扶贫的核心在于对扶持对象的精准识别。教育扶贫侧重于对有完成学业和提升技能实际需求的贫困人口进行帮扶，但并非所有贫困群体能够接受教育扶贫的帮扶。因此，识别机制是教育扶贫政策实施的重要前提和基础条件，基于建档立卡贫困户瞄准学生群体和有意

愿提升个体素质技能的社会群体，确定教育扶贫的帮扶目标对象。通过识别机制将具备受教育能力、可通过教育扶贫的群体纳入教育扶贫的对象范畴。其二，帮扶机制。教育扶贫的关键在于制定出贫困群体切实需要的帮扶制度，并让制度在运行中发挥最大效益。因此，基于差异性，我国教育扶贫政策中特意针对幼儿教育、基础教育、高等教育和特殊教育，根据不同性质和属性采取差异化的帮扶政策。其三，反馈机制。运用市场机制对已完成教育扶贫的帮扶对象进行综合性评价，检验教育扶贫政策的实施效果，校正教育扶贫政策在实践中与主体目标产生的偏差，确保教育扶贫政策能够按照受众群体的实时需求进行动态调整和优化。针对学生群体，围绕学业完成情况、专业知识水平、就业情况来评价教育扶贫政策；针对有意愿提升个人素质技能的社会群体，围绕个人执业技能获得情况、综合素质能力提升情况、收入情况来评价教育扶贫政策。其四，退出机制。基于教育扶贫反馈机制获取帮扶对象的信息，根据国家对贫困户退出的划定标准，对教育扶贫帮扶对象进行综合评定，得出综合评定结论。综合评定达到贫困户退出标准的依照程序退出；综合评定未达到贫困户退出标准，征求帮扶对象的意愿，确定继续实施教育帮扶。

三　政策扶持与农业产业优化相结合

现在正值农村产业结构优化转型时期，乡村人才不断发展，需要将政策扶持和农村产业优化相结合，所以在发展过程中，需要给予政策支持，降低成本，增加收入，降低风险，这样才能提高乡村人才的积极性，不能仅靠乡村人才的带动，更需要广大群众的密切配合。

首先，应制定规模经济的发展理念和发展政策，政府需要给予一定的倡导和扶持。比如减少土地流转的税负，增加信贷优惠和补助，希望在乡村人才的带领下，发展生产，提高经济效益，进而带动农村经济的发展。同时规模化生产和运营达到一定程度，就可以应对自然环境和外在压力形成的一些威胁，有效降低风险。其次，增加对乡村人才的福利待遇和对农业生产的补贴力度，提高农业劳作者的社会地位。不仅让他们认识到农业生产知识有助于增强谋生技能，也让他们享受乡村发展带来的红利，可以增强相应的保险制度，为其应对不可抗力带来的风险适当地补助，不至于损失惨重。此外，提供乡村人才和村民易于接受教育的机会和指导方式，让其可以不断增强自身专业知识和专业素养，这对更好地振兴乡村和发展生产都有积极的促进作用。第一，提供教育的同时也要注意根据实际。在尽可能覆盖的前提下保持自愿，只有让人们意识到提升自己才能更好地应对挑战，才能让其有并保持自主学习的意愿。第二，要保持弹性时间和弹性学制。人才和村民还有日常的工作和生活，不能按照全日制学生的标准来要求他们，应给予一定的弹性，更重要的是，注意理论和实践结合，可以根据特长和优势来培育，定向招生定向培养，一切为了更好的发展。

乡村振兴中人才振兴是很重要的一个方面，人才兴，则事业兴，进而乡村得以振兴。乡村振兴是我国发展的一个伟大事业，我们必须重视人才的培育和建设。让人才可以回流并且留住，让其利用自己所学的专业知识来推进乡村发展，完善治理机制和乡村硬件设施以及软件设施。增强乡村人才的主人翁意识和自主意识，具有建设乡村的伟大愿望。此外，根据产业结构优化人才结构，在这个关键转型时期，发挥乡村人才的作用，综合推进乡村振兴发展。

第九章　河北省健康扶贫研究
——以阜城县为例

第一节　健康扶贫理论基础

健康是居民生产和活动的一个重要前提。健康扶贫工作在我国脱贫攻坚中占据了重要的地位，需要各地和各级政府真正落到实处。各级政府应当克服客观条件的限制，努力保障贫困人口享有基本医疗卫生服务，缓解因病致贫、因病返贫的情况，这也是实施健康扶贫工程的重要手段。我国目前实行的健康扶贫的主要手段是针对贫困人口采取政府财政补贴的方式，保障贫困人口参加新型农村合作医疗个人缴费部分能够得到补贴。在现有环境下，实施新型农村合作医疗和大病保险制度，要因地制宜对贫困人口实行有关政策倾斜措施，同时也要在贫困地区率先实现门诊统筹的全覆盖。对于采取新型农村合作医疗和大病保险支付后的剩余费用，仍然存在支付困难的贫困人口，则需要进一步加强切实可行的医疗救助措施、临时救助措施、慈善救助等具体解决方式，切实解决好贫困人口的看病难题。贫困地区的贫困人口要按照有关政策和计划全部纳入重特大疾病救助范围，保证无一遗漏，只有落实好这一基本政策才能使得贫困人口大病医治得到有效保障。在加强贫困地区的农村贫困残疾人康复服务和医疗救助方面，需进一步扩大和加深基本医疗保险范围中涉及的残疾人医疗康复项目中的内容，按照具体的贫困状况有序建立贫困地区的贫困人口的健康卡，保证贫困人口在看大病过程中能够实行分类救治和先诊疗后付费的结算方式。在基层的县级医院中构建起稳定持续的一对一帮扶关系和良好且密切的合作帮扶模式，建立全国三级医院与连片特困地区县以及符合国家标准的扶贫开发工作重点县合作帮扶机制，同时借助先进的科学技术，在贫困地区积极发展和推动县、乡、村三级地区医疗卫生服务网络标准化建设，积极促进贫困地区的远程医疗诊治和保健咨询服务的进一步延伸。免费培养优秀的医学类本专科学生和专职人员，进一步为贫困地区县乡医疗卫生机构以及有关组织定向输入相关的专业技术人才，大力支持贫困地区有针对性地实施全科医生和专科医生的引进和人才优惠计划政策，制定符合贫困地区实际的人才招聘引进制度，并且推进有关政策的进一步落实。按规定支持和引导贫困地区乡村医生中符合条件的人参加城镇职工基本养老保险，切实有效地保障贫困地区乡村医生的基本权益，以吸引更多的有关专业人才进入。有针对性地采取贫困地区传染病、地方病、慢性病等防治措施，进一步加强和落实有关的防治工作。针对贫困地区的儿童以及新生儿方面，进一步实施贫困地区儿童营养改善措施计划，进一步加强对新生儿疾病免费全面筛查。优化贫困地区的医疗卫生条件切实保证妇女的有关权益，进一步推进和落实妇女“两癌”免费筛查以及对于孕前优生健康免费检查等重大公共卫生项目，强化计划生育的相关服务和管理工作，确保贫困群众健康水平和对有关医疗政策的了解和认识。贫困地区医疗卫生机构条件需要得到改善，带动医疗服务能力提升，缩小贫困地区和发展较好地区间的卫生资源配置差距，保障建档立卡贫困人口的大病和慢性病能够得到及时有效的救治和解决，减轻贫困地区个体就医负担，实现基本公共卫生服务均等化，促进健康扶贫举措的落实。

1. 持续不断加强医疗卫生服务体系建设，带动贫困地区的医疗卫生服务能力提升

提升具有专业公共卫生服务特点的机构和组织的能力建设，带动贫困地区的医疗以及公共卫生服务水平进一步提升。除此以外，还需要针对常见疾病、多发疾病等进行有关专业和临床专科建设。促进贫困地区与周边城市之间的医疗资源的共享和交流，加强远程医疗能力建设，积极拓展诊疗资源和咨询服务的开展和延伸。针对基层中医药服务的建设，进一步落实“十三五”行动计划，保障新的医疗技术和其他资源进入贫困地区，更好地为贫困地区的人民提供服务，与贫困县的县级医院进行对接，实施全国三级医院“一对一”帮扶行动。

2. 进一步切实提高医疗保障水平，不断有效地降低贫困人口大病、慢性病费用支出占比

目前我国针对建档立卡贫困人口的大病、慢性病的政策逐渐取得了显著的成效，其中具体的措施主要有如下方面。针对贫困地区人口参加城乡居民基本医疗保险的优惠政策，其中需要个人缴费部分主要通过城乡医疗救助由财政给予补贴。在门诊方面，全面推行城乡居民基本医疗保险门诊统筹等措施，在相关政策范围内进一步提升有关住院费用等费用的报销比例。切实提高贫困地区城乡居民的基本医疗水平，保证该地区的基本医疗水平能够得到保障和提升。对于遇到突发重大疾病，但家庭无法支撑和负担，导致出现严重贫困现象的贫困家庭，需要加大有关医疗救助的力度，例如积极引导社会慈善机构，借助慈善力量对特定情况的贫困人群进行针对性的重点帮扶和支持。此外，进一步扩大重特大疾病的包含范围，推动各地区医保制度改善，实施有效的分类救治，提供基本的康复帮助，在基层医疗机构中为建档立卡的有关人口设立健康卡和健康档案。

3. 疾病预防控制进一步加强，加大防控传染病、地方病、慢性病的力度

对于改水工程建设进行全面的审查，重点完成已查明氟、砷超标地区审查。政府对于建档立卡人口日常食用的合格碘盐出台补贴政策，这一项政府补贴要进一步得到落实。对于地方病的防治具体举措主要包含针对大骨节病、克山病以及可能存在人畜共患的包虫病、布病、艾滋病、结核病等疾病进行提早的预防和筛查检测。对于已经确诊患病的人群，要做好定期的随访和登记。不断扩大有关疾病的筛查范围，对于可能患病的人群做好监控工作，同时对于后续的救治和救助以及有关的服务工作也需要进一步完善，从疾病的源头就做好有关的防控工作。此外，对于孕妇和新生儿方面的有关医疗制度和措施也需要进一步完善和加强。针对妇女的乳腺癌和宫颈癌的免费筛查举措继续推进，并加大对患病人群的救助力度，合理利用好有关公益组织的公益举措，提升妇女的救助和康复水平。针对贫困地区人口的卫生方面，相关的教育和宣传也是十分重要的一环，要进一步地确保贫困群众健康水平和对于有关医疗政策的了解和认识。不断深入开展爱国卫生运动，创建卫生城镇提升贫困人口的卫生意识，不断推动城乡

环境卫生整洁行动。落实社保兜底政策，为贫困群众织牢保障网。下一步，在抓好政策落地的同时，要进一步提高保障水平，减轻贫困群众支出负担，决不让一个贫困群众在小康路上掉队。

第二节　阜城县健康扶贫实践概述

一　阜城县基本情况概述

近年来，阜城县全县上下都在认真学习和贯彻落实习近平总书记的一系列重要讲话精神和对河北的指示要求，不断增强“四个意识”，敦促有关领导干部坚定“四个自信”，不断地牢固树立新发展理念。阜城县也始终坚持以人民为中心的发展思想和理念，在 2017 年，阜城县地区生产总值、工业增加值、农村居民人均可支配收入这 3 项主要经济指标显著增长，均位列衡水市第一，财政收入、固定资产投资、社会消费品零售总额等指标增速均位居全市前列，发展成果显著。

农业上，阜城县自身所具有的特色产业较为突出，主要将瓜菜、特色果品和畜牧养殖三大主导产业作为全县的农业支柱。阜城县是全国较为重要和知名的商品粮基地、全国有机瓜菜种植示范基地，同时也是国家西甜瓜产业示范基地、中国鸭梨之乡，拥有“漫河牌”西瓜、“霞口牌”鸭梨等名牌产品。阜城县是在京、津等大中城市中占据重要地位的农产品供应基地，同时也是国家级生态示范区，生态优势较为明显，空气质量在全省处于领先水平。目前，阜城县县城建成区面积达到了 13.5 平方公里，县城中现有的常住居民达到了 12.1 万人。

在医疗保障上，2016 年以来，阜城县把健康扶贫融入精准扶贫工程，把彻底解决因病致贫返贫突出问题作为重要扶贫举措，建立起行之有效的精准帮扶体系，做到防治结合、保障有力，有力推进了脱贫攻坚战略实施，确保了专项基金健康有序运行，为健康扶贫奠定了坚实基础。一是取消报销起付线，提高补偿比例。对普通门诊、慢病门诊补偿比例分别由省医疗保障救助政策的 70%、75% 提高至 80%。同时，进一步增加相关的慢性病补偿病种，扩大有关的补偿范围。实行补偿病种“21 + x”政策，基本达到了贫困群众慢性病全覆盖。进一步强化医疗救助。把医疗救助作为健康扶贫的有效保障，对贫困群众做到“应助尽助”，阜城县住院医疗救助标准由省定80%提高至95%。为进一步加强村级卫生服务体系建设，2021年阜城县投入115万元新建78个贫困村卫生室并配备了物品和器械，方便贫困群众就近就医。加强远程医疗能力建设，积极拓展诊疗资源和咨询服务。以医共体为平台，以政策引导为支撑，以县乡村签约服务、专科联盟合作和对口支援为抓手，大力促进分级诊疗制度的落地，进一步全方位提升有关医疗服务水平。以县人民医院为主体，基层医疗卫生机构为成员，建立了“阜城县医疗共同体”，依靠县医院的技术设备优势开展有关医疗建设活动。开展健康扶贫工程以来，阜城县通过一系列健康扶贫政策，为贫困群众减轻了负担，人民群众的获得感和满意度越来越高，也更好地保障了全县脱贫攻坚工作有效开展，得到了贫困群众的热烈拥护，同时也得到了中央和省、市领导的充分肯定和鼓励。阜城县全年总共为贫困群众补偿医药费达到了1200余万元，受益贫困群众也达到了2万多人次。在2020年3月，阜城县也被确定为河北省健康扶贫示范县，6月被省卫计委申报为国家健康扶贫示范县。

二　阜城县脱贫攻坚工作开展情况

阜城县在开展脱贫攻坚工作伊始就确定了“1123”工作思路，确保在全市率先完成脱贫任务；努力做到和做好“两个倾斜”，在政策和帮扶两个方面向贫困村、贫困群众倾斜；2016年初，时任国务院副总理汪洋和时任河北省委书记赵克志、省长张庆伟等领导同志专程来阜城县视察调研，在进行全面且细致的了解后，各位领导对阜城县脱贫攻坚工作给予了充分肯定。根据中央和省市关于扶贫脱贫的各项要求，阜城县坚持精准滴灌，下绣花功夫，以敢啃硬骨头的精神，举全县之力坚决打好打赢脱贫攻坚战，阜城县全县已经取得阶段性成效。到2017年底，全县272个贫困村中，已完成脱贫266个村、3237户、6106人，整体而言取得较为显著的成果，具体举措如下。

1. 通过积极创新健康扶贫举措，进一步缓解因病致贫返贫等情况

首先对于阜城县建档立卡贫困户实行“一对一”签约服务，切实提高贫困群众健康水平和对于有关医疗政策的了解和认识。其次是“治”，阜城县先后实施了新县医院搬迁、中医院改扩建等一批重点医疗设施工程，力求保证贫困群众有治好病的条件，同时与北京301医院、天津肿瘤医院、省二院等医疗机构建立了紧密且良好的合作关系，进一步提升医疗服务水平。阜城县对贫困群众的可补偿慢性病，在省定22种、市定10种基础上新增18种，总的可补偿慢性病病种达到50种。再就是“扩”，这一举措主要是作用在扩大健康扶贫覆盖面，把建档立卡贫困户全部纳入健康扶贫政策保障范畴。最后是“便”，就是千方百计方便贫困群众看病，阜城县在县乡医疗机构分别建立了绿色通道和扶贫病房，贫困地区的广大群众看病可以享受先诊疗后付费这一优惠政策，并积极推行贫困人口医疗保障救助一站式服务，实现住院就医报销一站式结算，切实方便了贫困群众。

2. 教育扶贫政策得到切实可靠的落实，有效阻断贫困代际传递

阜城县全县在义务教育阶段“两免一补”政策的落实过程中，2017年发放生活补贴301.2万元，涉及贫困学生2548名；切实有效落实高中“三免一助”政策，2017年阜城县全县发放助学金201.2万元，共免除学费、住宿费、教科书费82.1万元，涉及贫困学生1779名。对贫困家庭接受学前教育的在园幼儿给予每生每年400~800元的资助。此外，阜城县还对全县义务教育阶段贫困户寄宿生提供了优惠政策，小学每生每年发放生活补助1000元，初中每生每年发放生活补助1250元，符合国家要求和标准。阜城县全县从2016年秋季学期开始，就已经对公办高中阶段建档立卡的贫困家庭学生实行免学费、住宿费、教科书费等多种有效的优惠措施。职业教育免学费，在校生连续两年每年享受2000元国家助学金，贫困家庭学生另外享受生均3000元“阳光雨露计划”救助。阜城县也在不断落实和实现农村义务教育阶段营养改善计划，按照每生每天4元的标准进行落实，并且逐步实现为农村学生提供营养正餐的目标，取得了显著的成果。阜城县不断加强培训，职教中心非涉农专业增设农业技术课程，结合当地产业特色开展有针对性的科技培训，致力培养具有脱贫致富能力的新型农民。

3. 确保贫困群众住房安全，全面加强危房改造

让贫困群众放心住房始终是作为帮扶重点的任务，阜城县也始终坚持按照不落一村、不落一户、不落一房的国家具体要求，在全县全面开展了拉网式危房排查、鉴定工作，在有针对性地进行摸排后，阜城县共排查出690户贫困家庭危房。由县财政拿出一部分帮扶资金，在严格按照省定危房改造补贴标准的基础上，提高10%以减少改造房屋对于建档立卡五保户、低保户所造成的经济压力。2017年，阜城县全县先后总共投入资金1289.49万元，其中，阜城县县财政资金总共有255.49万元。同时，阜城县对于690户贫困家庭危房都进行了全面有效的修缮改造，让贫困群众全部住上了“放心房”。

4. 政策兜底进一步加强，有力保障了贫困群众的基本生活

政策兜底在脱贫攻坚工作开展过程中始终是作为保障贫困群众基本生活的“最后一道防线”。因此，阜城县在不断完善农村最低生活保障制度的同时，也在认真落实“两线合一”政策。具体的措施如，把保障标准由原来每人每年2855元提高到3300元，这就使得贫困地区人口的生活保障水平得到进一步的提高。2017年，阜城县累计发放低保资金1757万元，同时发放特困人员生活保障金910万元，这一系列的举措非常有效地保障了困难群众基本生活稳定。此外，阜城县也投入财政资金560万元，主要用于资助全部贫困户参加有关的必要医疗保险。

第三节　阜城县健康扶贫成效

2016年以来，阜城县认真落实习近平总书记“对因病致贫采取靶向治疗”的重要指示精神，以从根本上解决在脱贫攻坚战中存在的因病致贫返贫突出问题为突破口，认真有效地以“一个目标、两大创新、三项突破、四个围绕、五个全覆盖”为阜城县的根本追求，阜城县的领导班子也最大程度上有效地构建了城乡居民医保、大病保险、医疗救助和专项基金四重保障体系，不断地在破解特殊人群因病致贫返贫突出问题上取得了令人注目的成就。自2016年6月以来，阜城县共为特殊人群增补医药费1147万

元，受益群众达1.6万余人次。2017年初，阜城县因病致贫返贫的贫困人口为5112人，相较于2016年因病致贫返贫的贫困人口减少了3450人，总体的下降幅度达40%以上；在2018年初，相较于2017年的贫困人口减少3834人，总体的下降幅度达到了75%。由以上的具体数据可以看出，阜城县健康扶贫工程取得了显著成效。

阜城县针对健康扶贫的这一系列举措，不仅得到了贫困群众的热烈拥护，同时也得到了中央和省、市有关领导的充分肯定。阜城县的健康扶贫也被作为改革创新典型案例，省市都做了经验总结。2016年10月县委书记石跃辉同志在河北省县（区、市）委书记工作交流会上对此工作做了经验介绍。2017年3月7日，市长王景武对阜城县该项工作做了肯定性批示。2017年4月11日阜城县代表河北省接受2016年度国家卫计委健康扶贫工作考核评估，受到充分肯定。2017年4月20日衡水市委、市政府在阜城县召开脱贫攻坚观摩推进会，对阜城县健康扶贫工作给予充分肯定。2017年5月10日省政协艾文礼副主席就阜城县构建多重保障、防止因病致贫因病返贫问题进行调研，对此工作也给予肯定。2017年6月20日省卫计委领导来阜城县督导健康扶贫工作，对工作开展情况给予充分肯定。2017年6月21日阜城县被省卫计委申报为国家健康扶贫工程示范县，获得了各级领导的认可。下文将具体展示阜城县在健康扶贫工作中所取得的突出成就。

一　强化顶层设计，精准开启健康扶贫新路径

阜城县坚持冲破制度约束，以强化组织领导、制度设计和改革创新为突破口，引领健康扶贫工作良性运转。

1. 强化组织领导

阜城县以改革创新突破为引领，以“三个围绕”为载体，以“四个覆盖”为落脚点，坚持不让一人掉队，狠抓领导班子对于有关新思想新举措的学习和应用，敦促有关领导干部坚定“四个自信”，不断牢固树立新发展理念，始终坚持以人民为中心的发展思想和理念。

2. 加强制度设计和改革创新

阜城县按照省委主要领导同志关于“扶贫投入力度与脱贫攻坚任务相

适应”的要求，不断地加强领导和制度设计，在落实上下狠功夫，在瞄准上做大文章。实施了两大创新性措施：一是高投入，二是降门槛。在大病补偿和慢性病治疗方面实施“突围”，实行补偿增值和病种全覆盖。

二 坚持“三个围绕”，精准施策

1. 围绕“看得起病”，在医疗救助上精准施策

阜城县为解决因病返贫致贫痼疾，推出了“防、治、降、提、增、扩、保”七字法，重点抓了三项工作。一是“降”，就是降低起付线。二是“提”，就是提高补偿比例。阜城县对普通门诊和慢性病门诊的补偿比例不断地提高，具体提高到了 80%。把医疗救助作为健康扶贫的有效保障，对贫困群众做到“应助尽助”，阜城县对住院贫困群众，经大病保险报销后，住院医疗救助比例一律提高到95%。三是“增”，阜城县不断按照有关要求增加慢性病补偿病种。使总的可补偿慢性病病种达到50 种，至此，阜城县全县基本实现了病种全覆盖。

2. 围绕“看得好病”，在医疗服务上精准施策

一是加强专科联盟建设。阜城县借助“京津冀协调发展”的重大历史机遇不断加强基础医疗的发展，帮助贫困地区人口实现轻微疾病不用离开村子就能得到治疗，常见病不必出乡镇就能够解决，重大疾病可以由县级医院治疗的目标。切实提高贫困群众健康水平和对于有关医疗政策的了解和认识。二是加强医共体建设。以县人民医院为主体，基层医疗卫生机构为成员，建立了“阜城县医疗共同体”，全县十个乡镇卫生院，有九个卫生院依靠县医院的技术设备优势，开展对口支援和分级诊疗；与码头镇卫生院建立了紧密型医共体，互促互进，能力双提升，极大地方便了阜城县东部乡镇群众看病就医。三是加强人才队伍建设。进一步有效强化“三基”培训和“三个教育”，最终取得了参加学历教育达到 162 人次、培训达到5082 人次的突出成就。此外，阜城县还进一步加强重症医学科、神经内科、精神病科等重点学科的研究，还进一步开展了“争名医、建名科、创名院”等多种多样的活动，最终实现阜城县的基本医疗水平和整体医务人员素质双提升。

3. 围绕“少得病”，在预防疾病上精准施策

阜城县在健康脱贫攻坚战中始终如一地把防病当作重点攻破的目标来抓。具体而言，主要采取了该项措施：借助现有科技优势不断强化和发展卫生防治网络，在全市县级公立医院率先建立精神疾病方面的卫生科室，积极有效地做好精神障碍患者筛查和管理，对于阜城县具有严重精神障碍患者管理率达到97%。从阜城县的政府到基层医院，大家勠力同心，不断地为加强地方病管理工作做出巨大的努力，这一系列的举措也有效预防和控制了地方病的发生和发展。

三　推动“四个全覆盖”落实，确保健康扶贫持续有活力

1. 确保阜城县医疗保险全覆盖，解决了贫困人口的“参保难”问题

早在2016年，阜城县在医疗保险方面的财政投入共计102万元，累计资助了9778名群众参加了城乡居民医保。在2020年，阜城县又投入了约560万元，严格按照国家针对脱贫攻坚工作中的脱贫不脱政策的要求，资助全县3.1万名贫困人口参加医疗保险，并且保证了阜城县全县贫困人口参加了城乡居民医疗保险。

2. 逐步实现了重大疾病全覆盖，解决了贫困人口的住院问题

阜城县依据当地的具体情况，及时在全县建立起有关机制，最大限度地防范出现“一人得病、拖垮全家”问题，并且还着重提高重大疾病患者家庭的基本生活水平的保障，将符合有关条件的住院特殊人群全部纳入大病保险补偿及医疗救助范围。2016年，通过专项基金，共为2040名住院患者补偿医药费323万元，实际补偿比例达到95%以上。

3. 实现签约服务在贫困地区全覆盖，解决了贫困人口的预防问题

阜城县对县城内的贫困人口实现一对一的签约医疗服务的全覆盖，并且不断加大有关医疗服务的力度，最终取得了阜城县全县贫困群众与县乡村医生签约服务率100%的突出成果。

4. 绿色通道实现了全覆盖，最大限度地解决了贫困人口的看病问题

阜城县县医院及各乡镇卫生院和其他的相关卫生组织，均为贫困人口

看病专门开设了绿色通道，同时也设立了慢病门诊和扶贫病房，最大限度地解决贫困人口看病难的问题，针对符合要求的有关贫困人口实施减免相关费用的优惠政策，县医院还设立专用扶贫病房20间，为贫困群众住院提供了方便，开通了绿色通道。

第四节　阜城县健康扶贫启示

阜城县的健康扶贫工作对于全国健康扶贫的后续有效落实提供了优秀的范例。阜城县全县对于脱贫攻坚战的重要政策包括：将无劳动能力的贫困人口全部纳入农村低保范围，进一步加强社会保障政策的兜底作用，积极通过社会保障实现脱贫。推进农村低保线与扶贫线“两线合一”，同时，引导社会力量参与农村养老机构建设管理，提高贫困地区社会保障水平。加快以农村互助幸福院为主的养老福利机构建设，提高农村五保对象供养水平和集中供养能力，到2020年，集中供养能力达到70%以上。开展残疾人康复扶贫贴息贷款工作，对贫困重度残疾人实施生活补贴救助和护理补贴救助。积极推进健康扶贫，保障贫困人口享有基本医疗卫生服务，切实提高贫困群众健康水平和对于有关医疗政策的了解和认识。阜城县在借助优质的科学技术条件下，不断加快完成贫困县三级医疗卫生服务网络标准化建设，不断提高医疗服务能力。利用医疗救助资金，资助贫困和低保家庭参加基本医疗保险，实现基本医保、大病保险、医疗救助、商业保险多重保障，降低自费费用负担。在阜城县各级领导的共同努力下，其医疗保障水平大幅度提高，从根本上解决因病致贫返贫问题。经过不断的探索创新，阜城县在精准健康扶贫工作中找到了一条切实可行的新路子，从阜城县的健康扶贫工作中我们可以得到以下几方面启示。

1. 阜城县健康扶贫模式充分彰显了阜城县委、县政府以人民为中心的理念

阜城县充分发挥政府部门的宏观调控作用，建立起“五位一体”的保障机制，由县财政投入资金建立专项健康扶贫基金用于托底保障，解除了贫困家庭患者的后顾之忧，有效解决了因病致贫返贫问题，这是阜城县委、县政府坚持以人民为中心，增进民生福祉，落实习近平总书记健康中国战略和脱贫攻坚战略思想的具体体现。

2. 建立切实可行的健康扶贫制度

在落实脱贫攻坚政策中，阜城县从政府到部门，从组织领导到工作的具体实施，从政府财政托底到商业保险、从大病专项救治到门诊统筹、从防病到治病……都制定了一系列具体的、切实可行的保障制度，这为阜城县打赢脱贫攻坚战提供了科学完备的制度支撑。

3. 找准扶贫关键点，实事求是

即便是再富裕的家庭，一旦家庭成员出现大病、重病，这个家庭的经济水平也会直线下降。阜城县依靠县医院的技术、设备优势因地制宜开展有关医疗建设活动。开展健康扶贫工程以来，阜城县通过一系列健康扶贫政策，让贫困群众减轻了负担，人民群众的获得感和满意度越来越高，也更好地保障了全县脱贫攻坚工作开展的有效性。阜城县依据县情民情，找准问题的症结所在，以贫困户为重点人群，以健康扶贫为工作重心，以点带面，促进全面脱贫攻坚，在精准健康扶贫路上坚决不让一个人因病掉队，彻底切除了因病致贫、因病返贫这颗毒瘤。

第四部分 综合案例篇

第十章 涞源县脱贫攻坚综合案例

一 基本情况

涞源是河北省西部的一个全山区、深山区县，位于河北、山西两省即保定、张家口、大同三市交界处，是国家扶贫开发工作重点县，也是河北省10个深度贫困县之一。县域面积2448平方公里，辖8镇9乡285个行政村，总人口27万，其中农业人口20.4万。2017年底，全县有贫困村152个，贫困人口34129人。

2018年以来，在省委、省政府和保定市委、市政府的坚强领导下，在"五包一""三包一"单位、省市相关部门、驻村工作队及社会各界大力支持帮助下，县委、县政府团结带领全县广大干部群众，以"敢教日月换新天"的决心和勇气，立下愚公移山之志，全党动员、全民发动，集中精力、苦干实干，脱贫攻坚工作终于取得决定性成效。经综合审定，2018年全县共有70个村、18073人脱贫出列，如期完成减贫任务。

二 主要做法及成效

涞源县委、县政府坚持把脱贫攻坚作为首要政治任务和第一民生工程，以脱贫攻坚统揽发展全局，全面落实"六个精准""五个一批"要求，精准聚焦"两不愁、三保障"目标，举全县之力攻坚克难、决战贫困。具体工作中，做到了"四突出、四到位"。

1. 突出政治担当，责任落实到位

以习近平新时代中国特色社会主义思想和关于扶贫工作的重要论述为指导，进一步强化"四个意识"，肩负起脱贫攻坚的使命担当和政治责任。

一是优化顶层设计。按照省委“2018 年全省考核达到‘好’的档次”要求，认真梳理全县脱贫攻坚工作，形成了“一三八”总体工作思路。在“1 +10 +23”脱贫攻坚方案基础上，研究制定了《涞源县脱贫攻坚三年行动计划》和滚动脱贫规划，进一步明确“后三年”的主要抓手，统筹考虑“三年后”的持续巩固。

二是压实攻坚责任。召开县委常委会、政府常务会、领导小组会及全县领导干部大会，周密部署抓推进，聚精会神搞攻坚。结合乡镇区划和脱贫任务，全县划分 18 个战区，分包乡镇县级干部任战区指挥长，层层签订责任状。全面落实“双组长”制、县乡干部包联制、县乡村书记遍访制等一系列机制，一线工作，到户到人，凝聚起决战贫困、决胜小康的强大合力。

三是激活攻坚干劲。把传统宣传载体和网络、微信等新型传播方式结合起来，营造铺天盖地的舆论声势。为全县所有贫困户定制发放了扶贫政策播放机，让扶贫政策家喻户晓、人人皆知。开展脱贫攻坚擂台赛，激发比学赶超、争先进位的攻坚动力。

2. 突出民生保障，政策落实到位

不折不扣落实各项扶贫政策，全面提升贫困群众幸福感、获得感。

一是健康扶贫强服务。全面落实基本医疗保险、大病保险、医疗救助三重保障，推行县域内住院先诊疗后付费、一站式报销等医疗惠民政策。组建了 352 支家庭医生签约服务团队，为所有贫困人口提供“面对面”随访服务。建立县乡村三级代办体系，2018 年为贫困群众代办医疗服务事项 4087 件。

二是教育扶贫全覆盖。精准落实学前教育资助、“两免一补”、“三免一助”、雨露计划等教育扶贫政策，持续实行高中、农村幼儿园免费教育和金秋助学工程。投入资金 9902 万元，全面实施“改薄”项目。实施营养改善计划学校 115 所，惠及学生 15028 名，有效减轻了贫困家庭的经济负担。

三是住房改善保安全。把农村住房改善作为“三保障”的重中之重，全面落实“三个一批”。易地搬迁一批，对 7028 户贫困群众实施易地搬迁扶贫。整村拆建一批，借助华夏幸福基业和北京丰台区的帮扶，对9个村整体拆建，新建房屋1082套。危房改造一批，2018年完成危房改造2843户。

四是社会保障兜底。建立月收入监测和动态管理机制，将符合条件的全部纳入社会保障范围。全县最低生活保障家庭成员、特困供养人员、农村建档立卡贫困人口参加城乡居民基本医疗保险资助比例为100%。由县财政为全县符合条件的贫困人口代缴养老保险费，代缴率100%，养老金发放率100%，民生保障“兜底”更加坚实。

五是生态扶贫促增收。聘用460名贫困人员为生态护林员，人均年增收8000元。继续落实公益林生态效益补偿制度，其中贫困村、贫困户补偿面积29.29万亩，管护补助资金432.1万元。

3. 突出重点任务，工作落实到位

按照“对标找差距、超常补短板、下足绣花功夫、打好组合拳”的思路，全力推动脱贫攻坚各项工作上台阶。

一是高效推进易地搬迁扶贫。一期建设19个集中安置区，安置13968人，其中建档立卡贫困人口9436人，全部交付使用；二期建设集中安置区1个，安置4583人，其中建档立卡贫困人口4556人，2020年10月底前交付使用；分散安置158人，其中建档立卡贫困人口155人，已经全部安置到位。积极探索推进安置区党组织、妇联、综合治理、移风易俗等各项工作，妥善解决搬迁人口就学、就医、养老等问题。按照“两区同建”的思路，在19个安置区旁边，同步建设扶贫车间或扶贫产业园，为搬迁群众创设就业岗位。2018年7月，全省易地搬迁扶贫现场会在涞源召开。

二是倾力发展脱贫产业。全面实施“车间进农村、光伏上屋顶、旅游全县域、农业产业化”四大产业扶贫工程，形成长短结合、多点支撑、多重覆盖的产业格局。车间进农村：全县扶贫车间达到168家，辐射113个贫困村。光伏上屋顶：总装机容量150兆瓦的7个集中式光伏电站、152个村级光伏电站全部并网发电，实现光伏扶贫对贫困户的全覆盖，户均增收3000元以上。旅游全县域：积极创建河北省国家全域旅游示范县，加快推进总投资580亿元的15个旅游新业态项目，辐射带动4万群众增收。农业产业化：全面推进“三种三养”产业发展，猪苓、中草药、食用菌种植达到8.2万亩。北味集团年产5000万个黑木耳菌包项目，今年1月底前建成投入使用。天津宝迪养猪1.5万头能繁母猪主项目区基本建成，分散养殖基地已建成20个，投产6个，57个正在建设，其中55个基本建成。玖兴集团年出栏8100万只肉鸡养殖项目积极推进，正在建设年出栏18万只的养殖基地151个，已建成投产4个。北京德青源180万只蛋鸡养殖项目加速推进。“三种三养”今年将全部建成投产，实现对贫困人口的全覆盖，户年均增收7000元以上。

三是全面提升村庄基础设施。华夏幸福以住房安全保障为重点，对71个村庄基础设施和公共服务设施改造提升，2018年帮扶涞源项目已集中竣工交付。投资7167万元，对23个深度贫困村进行“双基提升”，实施项目213个，已全部完工，农村面貌发生翻天覆地的变化。

四是广泛开展就业扶贫。围绕特色种养和家庭手工业，精心组织“春风行动”等一系列促就业活动。共举办劳动力培训班82期，培训劳动力3520人；开展引导性培训、实用技术培训、致富带头人培训12066人次。举办大型招聘会9场，达成就业意向3779人；贫困劳动力输出就业1253人、就近就地就业1258人，成功创业103人。

五是大力实施科技扶贫。依托河北省蛋肉鸡产业技术体系等优质平台，成立3个县级农业科技服务团队，推行科技特派员制度。河北农大科教兴农中心23名专家与23个深度贫困村全程对接。全面开展农技推广，培训新型职业农民107人。建成食用菌种植示范基地4个、标准化中药材种植基地3个、市级农业科技园区3家。

六是积极开展金融扶贫。构建县、乡、村三级金融服务网络，提升金融服务能力。2018年，全县金融机构发放个人扶贫贷款余额7129.58万元，产业扶贫贷款余额4.89亿元，扶贫项目贷款余额7.59亿元，其中扶贫小额信贷放款223户、1090.28万元。

4. 突出关键环节，机制保障到位

积极拓宽工作思路，创新工作机制，确保脱贫攻坚各项重点举措落到实处、见到实效。重点建立了五项机制。

一是精准识别和动态管理机制。我们紧紧抓住列入河北省精准识别“回头看”试点县的契机，严格把握“精准解剖、试点先行、全面推开”原则，坚持不下指标、不定规模、实事求是，围绕“贫困户、低保户、特

困户、搬迁户、危房户”五个群体，2017年5~8月，对全县285个行政村来了一次彻底的“回头看”。制定出台了《贫困人口建档立卡和动态管理服务办法》，建立贫困人口有进有出的动态管理机制。严格按照“两不愁三保障”和国家现行扶贫标准，综合考虑“六不评”，按照“两公示一比对一公告”程序，开展识别纳入；认真开展贫困人口月收入登记、信息变更等动态管理走访服务工作；聚焦贫困村退出6项标准、贫困户退出6项标准，严格履行村评议、乡审核、县审定“两公示一公告”程序，扎实开展精准脱贫退出，确保应纳尽纳、应退尽退，有效防止了错评、漏评、错退现象。

二是巩固提升机制。研究制定了《关于建立健全脱贫巩固提升机制的意见》，对脱贫村、脱贫户做到财政扶持力度不减、产业扶持政策不变、帮扶工作队伍不撤，全面巩固脱贫成果。2018年，全县223笔扶贫小额信贷中，脱贫继续享受政策涉及137户，发放贷款675.1万元；65岁以下贫困劳动力培训中，脱贫享受政策涉及16个乡镇、1554户，贫困群众发展动力持续增强，脱贫成效更加稳固。

三是精准防贫机制。紧紧锁定“因病、因学、因灾、因房”四大致贫隐患，积极探索政府主导、社会参与、市场化运作的防贫模式。研究制定了《精准防贫机制实施方案》，按全县农村人口10%的比例框定防贫人数，县财政按每人每年200元的标准，为处于贫困边缘的农村低收入户和人均收入不高不稳的脱贫户购买防贫保险，对因病、因学、因灾、危房改造等造成收入骤减或支出骤增的，按照一定比例发放防贫救助保险金，有力确保了减贫的可持续性。目前，对符合条件的22户农户发放了救助资金，理赔金额总计11.89万元。

四是精准帮扶机制。借助“东西部协作”“中直单位定点帮扶”“五包一”“三包一”“千企帮千村”等各类帮扶平台，全面加快脱贫进程。2018年，北京丰台区、航天科技集团及“五包一”“三包一”单位、各级驻村工作队，共实施帮扶项目476个，落实帮扶资金6亿元，发放扶贫贷款12.31亿元。精准落实“一包一”帮扶机制，协调和安排各级帮扶干部7684名，对所有帮扶对象进行结对帮扶，做到“五必知五必到”，帮扶资料“七上墙”，开展好“八项工作”，有力推动了各项脱贫举措落地见效。

五是资金管控机制。研究制定了《扶贫资金使用监督办法》《统筹整合使用财政涉农资金实施管理办法》等一系列制度，强化资金监管，确保资金安全。2018 年涞源县投入专项扶贫资金 33513 万元，其中县级财政扶贫资金 4520 万元，比 2017 年多投入 1077 万元，累计支出 33473.8 万元，报账率 99.88%；整合涉农资金 45637.43 万元，累计支出 45581.33 万元，报账率 99.88%。

三　特色工作

在脱贫攻坚工作中，涞源县委、县政府奋发进取，真抓实干，努力探索攻克坚中之坚、确保持续减贫的有效路径，一些做法产生了良好的社会效果。

一是安置片区与产业园区“两区同建”。坚持易地搬迁扶贫安置片区与产业园区同步规划、同步建设、同步使用。在 19 个集中安置区旁边，都建设了扶贫车间或扶贫产业园，其中县城和白石山安置区旁边的扶贫产业园，可提供就业岗位 4500 个，实现了“打工不用往外走，挣钱就在家门口，生产生活两不误，创业就业稳增收”。2018 年 12 月 12～15 日，中国经济导报等 6 家媒体，对涞源县易地搬迁扶贫工作进行了专题采访。

二是因地制宜发展特色脱贫产业。坚持把产业扶贫作为实现稳定脱贫的根本途径和长久之策，立足涞源资源禀赋，充分尊重群众意愿，全面实施“四大产业”扶贫工程，实现了由“输血式”扶贫向“造血式”扶贫的转变。特别是引进黑龙江北味集团、天津宝迪集团、北京德青源集团、河北玖兴牧业等实力强、信誉好、全产业链的大型企业集团，与涞源县合作发展特色种养产业，经营风险全部由企业承担，贫困群众积极参与、主动脱贫的内生动力持续增强。

三是建立多渠道利益联结机制。将贫困群众全方位嵌入产业链条，确保持续稳定增收，主要采取“五个一批”措施。按劳按股分配一批。政府主导产业培育，行业龙头企业承担市场风险，乡村引导贫困户成立种养合作社。贫困户以量化到户的涉农整合资金或以政府贴息的扶贫小额贷款入股合作社，贫困户既投资又投劳，全面参与，按股分红，按劳取酬。公益岗位扶持一批。通过光伏收益和北京帮扶资金等，为有劳动能力的贫困人口提供保洁、护路、护林、防火等公益岗位，帮扶弱劳动力、无劳动力的贫困家庭，通过改善自身生产生活环境获得奖补，激发内生动力。资产收益覆盖一批。贫困户以量化到户的财政扶贫资金入股具有经营优势的农副产品生产企业，实施资产收益项目，保底分红，持续增收。就业务工增收一批。通过培育各类脱贫产业，创设就业岗位，吸纳有劳动能力的贫困群众到企业务工，实现就业增收。自主创业致富一批。制定出台支持创新创业的优惠政策，鼓励贫困群众自我发展、自主创业，实现脱贫致富。

四是创新扶贫政策宣传方式。围绕提高扶贫政策知晓率和扶贫工作满意度，增强贫困群众的内生动力和感恩意识，涞源在传统宣传方式全覆盖的基础上，为全县所有贫困户定制发放了扶贫政策播放机，用深入浅出、通俗易懂的语言，随时随地、不间断地进行政策宣传。政策播放机的启用，彻底打破了人力宣传的时空限制，群众边干活边学习，政策宣传的反复性、选择性、持续性、精准性更强，真正实现了政策宣传无盲区、贫困群众全覆盖。

第十一章　顺平县脱贫攻坚综合案例

第一节　顺平县基本情况

顺平县是河北省保定市西部的一个县城，占地总面积达到712平方公里，包括山地、丘陵、平原三种地形，分别各占1/3。顺平辖5镇5乡、1个省级经济开发区、237个行政村，总人口数32万人（其中根据2014年普查数据农村人口数26.9万人），耕地面积29.7万亩。顺平有着悠久的历史和深厚的文化底蕴，为人所熟知的尧帝就是顺平人，顺平人民的性格也都十分淳厚质朴。据历史资料记载，尧帝出生于顺平县伊祁山，县内至今仍有尧城村、尧母洞、丹朱大王子城等遗存。除此之外，顺平还是革命老区，胡耀邦、聂荣臻、杨成武等历史名人诞生于此地。顺平生产的桃子和苹果享有盛名，顺平还因此被冠以“中国桃乡”“中国苹果之乡”，在顺平，果木种养的面积能够达到35.4万亩，年产量有10.7亿斤，产值达14亿元，是名副其实的林果大县。顺平也被称为“中国肠衣之乡”，顺平每年出口大量肠衣产品，占到世界肠衣产品的45%。顺平是保定核心功能区和生态环境支撑区，县域区位优势明显，生态文化旅游资源丰富，特别是保定七一路贯通后，东起雄安新区，西至顺平县，横穿整个保定市，是一条连接白洋淀和太行山的山水大道。结合区位资源等优势，顺平县确定了西部做优做强林果旅游、东部产城教融合发展，打造保西新城的思路定位。

顺平县委、县政府抓紧发展机遇，引进实施恒天天鹅、中国建材、顺安远大、维尔铸造等一批大项目，县域经济发展势头良好。在公布的2018年前三个季度数据中经济实现增速7.6%，全县生产总值达38.98亿元。

截至10月底，财政收入累计完成6.6亿元，增速13.7%；累计实现一般公共预算财政收入3.8亿元，增速12.4%。在这些数据中，顺平实现的增速均位于全市前5名。

顺平全县范围内建档立卡贫困村126个，其中贫困人口共计9133户22661人。自2014年开始，县委、县政府将全县广大的党员干部群众团结动员起来，对习近平总书记关于扶贫脱贫工作的重要论述进行全面的了解和深入的学习。全县精心谋划，周密部署，创新机制，精准施策，集中最大的精力、最好的资源、最强的力量，坚决打赢脱贫攻坚战。扶贫资金投入力度增大，据统计累计投入12.29亿元，其中上级专项扶贫资金及整合涉农资金5.1亿元、县本级投入1.2亿元、国开行融资4.83亿元、北京对口帮扶资金1.16亿元，重点将各项扶贫工作做到位，全面加紧教育、医疗、民政、金融等保障措施与政策落实，产业就业覆盖率达到100%。数据显示，自2014年到2017年，农民的年人均可支配收入平均增幅11.7%，2018年农民人均可支配收入达到7752元，贫困群众基本生活得到有效保障，贫困村基础条件极大改善，后续巩固提升机制全面建立，精准扶贫取得显著成效。截至目前，126个贫困村全部脱贫出列，7860户20029人实现脱贫，剩余未脱贫1272户2632人，贫困发生率降至0.98%。经省级验收评估，顺平县“两不愁三保障”脱贫人口一个不落，全部实现，漏评率和错退率均为0，整县脱贫标准的主要和参考指标均已达到。

第二节　脱贫攻坚工作开展情况

一　全县发动，全力推进，积极构建精准扶贫脱贫大格局

脱贫攻坚即使充满挑战，也是我们必须无条件完成的任务，必须借助全县上下的力量，认认真真、仔仔细细地下功夫，保证脱贫攻坚能够获得扎实的成果。一是组织领导体系坚强有力。建立“1+21+10”组织领导架构，县委书记、县长任县领导小组双组长，组成21个专项工作

小组，责至个人，由县级领导负责带头推进专项任务落实；按乡镇划分10个战区，分别由县委常委和县人大主任、政协主席任指挥长，全县237个行政村全部安排县级领导分包；10个乡镇分别成立扶贫办，每个村都设立精准扶贫工作室，精准对接落实各项脱贫任务。在此基础上，全县各级机关、企事业单位、社会力量全面发动，全力参与，形成了职责明晰、上下协调、合力推进的大扶贫格局。二是脱贫攻坚责任层层压实。每项任务指标都明确县级领导负责，“一岗双责”；实行县委书记分管常委、常委分管乡镇、县级领导分管科局、科局长分管帮扶责任人和工作队、乡镇党委书记分管乡村干部的机制；全县237个村必须有工作队驻扎，由单位一把手牵头带领；安排3681名机关干部结对帮扶贫困户，对省、市机关所包贫困户，安排849名县直干部作为第二帮扶责任人。县、乡、村逐级签订脱贫责任书，坚持县委书记、县长带头，突出抓县级领导，一级带一级，层层落实责任，把脱贫攻坚合力凝聚到最大。三是工作推进机制强力高效。建立了日督导、周例会、月总结、季核查推进机制，每周定期听取战区、专班汇报，每月召开一次擂台赛，每季度一次解剖核查，成立县脱贫办，统筹县督导检查力量，将监督和指导做到常态化。实行全覆盖日志式管理，从县级领导到驻村干部，把每天的扶贫工作都记录到日志上，全程留痕、全程检查，县委书记、县长不定期抽查。落实清单式管理、台账式推进，制定县级领导、21个专班、驻村工作队和帮扶责任人3个责任清单，逐级建立工作台账，精准指导，靶向推进，定期要账，点对点落实到位。从2014年以来，全县三级干部大会共开展6次，县委常委会和常委扩大会46次，政府常务会和政府专题会48次、领导小组会议40次，同时经常召开调度会，对脱贫攻坚进行研究、部署、调度和盯办。县委书记切实履行第一责任人责任，坚持经常研究调度督导扶贫工作，带头下乡调研指导，走访贫困村103个。为即时了解相关动态，即时传达信息，组建县脱贫攻坚微信群，做到动态实时更新。今年7月20日，启动百日攻坚决战行动，实行战时管理，取消节假日休息，全县上下加班加点、昼夜工作，县级领导全部驻乡驻村，县乡两级干部全部入村入户，逐户核查比对，逐一解决问题，全面完善提高。

二 龙头带动，多元支撑，全力实现产业扶贫多重覆盖

脱贫攻坚不是一时的，顺平县坚持将发展产业作为脱贫的主要攻克点，累计安排资金 5.2 亿元，加大力度建设多种产业扶贫项目，如特色种植养殖、光伏、家庭手工业等。一是顶层设计规划引领。根据地理领域的相关特点以及产业相关基础，专门邀请中国农大、河北农大和省农科院等多位专家开展座谈会，在会中论证产业扶贫今后的发展方向，有合理依据地编制出《顺平县产业扶贫规划》，将产业分成主导产业和辅助产业，主导产业主要有三大项，包括林果、设施果蔬和规模养殖；而辅助产业分为两项，包括林下、山地蔬菜。通过督促现代化园区建设，让贫困户参与产业发展与建设，来实现脱贫。二是扩大产业片区覆盖。建成的四大林果片区总面积达到 32.9 万亩，主要种植苹果、鲜桃、柿子和杏李（子）。其 151 个村（其中 87 个贫困村）全部覆盖产业区，惠及 11.8 万人，每年平均增加收入 1500 元。发展种植蔬菜、瓜果、草莓 10 万亩，覆盖 102 个贫困村，贫困人口 4327 户、11325 人。建设家庭手工业示范带。其中从业人员有 1.1 万人，解决部分就业问题并且增加人民收入；安排补助资金 318.9 万元，115 个家庭手工业摊点和扶贫车间都因此受惠，530 户贫困户不仅得到工作机会，而且实现了收入的增长。顺平县与农业部签订了《环京津产业扶贫帮扶合作协议》，通过技术援助、品质提升、品牌打造、平台营销，带动全县林果等特色产业实现销售溢价。三是突出产业龙头带动。培育建造了 1 个省级园区（顺农）、5 个市级园区（盘古、望蕊、金线河、常兴果蔬、尧舜草莓）和 10 个县级现代农业园区，总面积达 7 万亩，带动 49 个贫困村 2548 户贫困户，采取多重增收方式，如薪资收入、果品收入、股份红利等。培育农民合作社、家庭农场等新型经营主体 1306 家（其中国家级合作社 3 个、省级 6 个、市级 4 个，省级龙头企业 5 家、市级 14 家，家庭农场 15 家），辐射带动 126 个贫困村 9125 户贫困户，实现人均增收 1200 元。借势省市旅发大会，推进全域旅游发展，完成投资 13.2 亿元，打造白银坨、享水溪等 11 个精品景区，通过土地房屋等资源入股、发展农家乐、打工收入等方式，带动 22 个村、437 户、2117 人实现增收。

四是着力构建多元支撑。投入资金1800万元，建立“平台+承接企业+贫困户”利益联结机制，带动4603户、10102名贫困群众稳定增收，每户每年保底收益976.5元。实施光伏产业扶贫。建设光伏扶贫电站是光伏产业扶贫的主要项目，共投资5747.04万元，其中完成光伏发电7.582兆瓦，72个贫困村、1268户贫困户都从中得到了此项目所带来的收益，受到群众好评，在对每户贫困户的年平均收入进行调查统计时，结果显示每户增加3000元。努力建设“互联网+现代农业”平台，将192.2万元作为本项目的专项投入资金，落实电商服务站村级全覆盖，培养农村电子商务人才5425人，累计达成交易金额8600万元，这一举措让800户贫困群众实现增收。

三　强化投入，改进民生，全面提升贫困村基础设施

贫困村环境和生产生活条件的发展相辅相成，是扶贫工作的重要组成部分，要坚持全面推进此工作。一是贫困村基础设施提升工程。投资6.2亿元，对126个贫困村基础设施集中改造提升，完成道路硬化124万平方米，安装路灯10668盏，新打深井60眼、浅井845眼，铺设饮水管网26万米，修建蓄水池24座、桥梁65座，建成图书阅览室117个、文化活动室和文化广场各110个，各项退出指标高质量完成。二是道路硬化工程。与省交通厅签订了《加快贫困地区农村公路发展共建协议》，实施道路建设项目55个，总规模为159公里，目前126个贫困村全部通硬化路。三是饮水安全工程。通过近几年坚持不懈地努力，累计投资8810万元，实施了154个村的饮水安全工程。饮水安全一直是村民关注的问题，这些工程的实施使16.96万人消除对饮水安全的忧虑，全县农村实行集中供水，比例达到97.39%，贫困户水质测量全部达标。四是村级卫生室建设工程。2009年以来，通过国家医改政策扶持，237个行政村完成了卫生室建设。结合贫困村基础设施提升工程，新建卫生室92个、修缮15个、设备配套19个。五是文化进村工程。全县126个贫困村全面建成综合文化服务中心，其中包括农村书屋、文体广场、文化科普宣传栏和多功能活动室，保证满足每个村民对于文化的渴求。六是安全用电工程。2014年以来累计投

资 4.03 亿元，完成 237 个行政村电网改造，通动力电行政村比例达到 100%，实现了农村稳定用电、安全用电。七是通宽带通广播电视工程。237 个行政村光纤宽带和 4G 信号全面覆盖，全县广播电视实现全部入户，一家不落。八是农村环卫全覆盖工程。投入 2548 万元，采取政府购买社会化服务的模式，对 237 个行政村实施环境卫生市场化保洁，对农村历史积存垃圾进行了彻底清理；每村都安排特定的保洁员，每天进行一次普通清除，同时全天要做到巡回保洁，垃圾箱、清运车等保洁设备配套齐全，环境卫生设施全面达标。九是贫困村集体收入全覆盖工程。安排项目资金 2140 万元，为 126 个贫困村每村建设一座 18.35 千瓦光伏电站，产权和收益划为村集体所有。相关数据显示，实现了 126 个贫困村集体收入全部稳定在 2 万元以上。

四　多点发力，全面覆盖，统筹抓好重大政策措施落实

坚持把落实重大政策措施作为实现稳定脱贫的重要保障，精准施策，统筹用力，实现教育、医疗、住房、就业等保障政策应享尽享、全面覆盖。一是教育扶贫全面落实。把贫困家庭学生的数据全部整合，建立数据库，全县建档立卡贫困学生 3027 人，义务阶段的贫困家庭学生全部入学，无辍学学生。全面落实教育救助政策，发放学前资助、寄宿生补助、国家助学金等各类资助 3288.29 万元，资助贫困家庭学生 16453 人次；落实高中阶段“三免一助”政策 2584 人次，资助金额 850.21 万元，政策落实率达 100%。在此基础上，顺平县通过“审计长奖学金”和社会助学捐赠资金，资助困难学生 3307 人次，为 629 名大学新生办理了助学贷款，金额共计 657 万元。2014 年以来，累计投入资金 6593 万元，实施 95 个中小学改薄项目，投入 7550 万元进行设备购置；招聘教师 680 名，引进外来优秀教师 54 名，乡村学校教学条件得到明显改善。二是健康扶贫全员覆盖。全额资助建档立卡贫困人口参加医疗保险，2017～2018 年共资助 1553 万元，贫困人口参保率和政府资助率均达到 100%。“基本医疗保险、大病保险、医疗救助”三者构成多重保障。同时，取消了建档立卡贫困户门诊大病、慢性病和医疗救助起付线，累计接收贫困人口就医 21547 人次，用于提高

医疗保障待遇2593.21万元，合规费用实际报销比例达96.15%；全县享受慢性病报销贫困患者3313人次；实行异地就医直接结算203例，报销金额为272.99万元。全面实行先诊疗后付费和“一站式、一窗口、一票制”结算，接收先诊疗后付费贫困患者7490人次，平均来看，实际报销比例达到了92.02%；实施“三个一批”，其中大病患者161人，救治进展达到100%；为惠及贫困慢性病患者，成立241个家庭医生签约服务团队；强化政策兜底保障，提高医疗救助标准7123人次，发放救助资金387.45万元，有效地减轻了贫困患者的就医负担。三是就业扶贫成效显著。成立县长任组长的技能培训领导小组，整合人社、发改等12个部门的培训资源，大力实施就业扶贫职业技能培训工程，实施培训就业项目11个，开办技能培训和创业培训班26期，组织开展了春风行动和2次专场招聘会，建立全县就业台账和跟踪服务卡。截至目前，共培训出农村致富带头人378人，实施技能培训8091人次，“雨露计划”培训1511人次，设置扶贫专岗244个，聘用生态护林员102名，帮助3471名贫困劳动力实现稳定就业。四是安全住房保障有力。坚持农村危房“应改尽改”原则，实施多轮次全县范围大摸排，确保符合条件的贫困户全部落实危房改造政策。2014年以来，上级共下达危房改造任务2370户，实际完成改造3039户，拨付补助资金4790.43万元，全县农户安全住房比例达到100%。五是易地搬迁全部完成。严格按照程序和标准，确定易地搬迁人口119户444人，其中建档立卡贫困户118户441人，同步搬迁1户3人，人口精准率100%。在县城附近选择交通便利、就医就学就业条件完善的优质地块，集中建设了搬迁安置小区，占地22.66亩，建成搬迁安置房146套，人均25平方米，投资2664万元，目前已拨付2620.02万元，资金拨付率98%。“一户一策”建立后续扶持台账，资金收益覆盖59户220人，每户保底分红976.5元；通过光伏扶贫扶持贫困户37户136人，每户平均增加收入3000元；对接北京项目带动59户227人，金融扶贫13户60人，就业培训33人，转移就业163人，实现后续产业就业扶持全覆盖、117户435人稳定脱贫。六是兜底保障逐步完善，推进扶贫和低保两项制度有效衔接。截至目前，全县农村低保对象2836户4065人，保障面1.71%（其中建档立卡贫困人口1889户3095人，在全部建档立卡人口中，比例达到13.6%）；农村特困人员 2171 户 2177 人（其中建档立卡贫困人口 1578 户 1584 人）。提高各项标准，低保标准达到每年 3700 元，人均补差标准达到每月 212.3 元，农村特困人员基本生活费达到每月 400 元。各项标准均达到或超出省定标准。实行政府资助贫困人口参加城乡居民养老保险，符合条件的 11126 人全部由政府代缴参保，参保率、代缴率均达到 100%；60 周岁及以上人员 7166 人，养老金全部及时、足额发放到个人手中。

五　暖心帮扶，扶志扶智，广泛激发脱贫攻坚内生动力

坚持把政府放到主导地位，鼓励社会广泛参与，开展多种形式的帮扶服务活动。一是扶贫协作助力强劲。2016～2018 年，实施北京石景山区对口帮扶项目 31 个，帮扶资金达 1.26 亿元，70 个村的交通状况和 3 万亩耕地的灌溉条件得到改善；10 个乡镇卫生院的医疗设备配套齐全，设备水平明显上升；充分发挥扶贫资金的作用，3040 户贫困群众享受到保底分红。农业农村部和石景山区共同帮助顺平县搭建农超对接平台，顺平县农副产品成功进入北京高端市场，提升了附加值和品牌影响力，群众发展产业的基础条件和积极性明显提高。二是政策宣传形式丰富。在城乡显著部位广泛设置扶贫宣传牌、文化墙和标语，出动 12 台宣传车巡村宣传，利用农村大喇叭工程每天定时宣传，为村民普及相关扶贫政策。邀请保定市艺术剧院专家老师，根据顺平县扶贫帮扶典型事例，创编了精准扶贫情景剧、快板等剧目，组建 2 支文艺宣传队，开展“携手脱贫奔小康”主题下乡巡演 68 场，让 4 万名群众在家门口感知精准扶贫，激发脱贫致富的内生动力。三是帮扶活动温馨带动。开展千名干部下基层活动，3661 名干部深入一线，开展政策宣传及帮扶暖心行动，帮助解决问题 6554 件；开展农村党员带头致富、带头帮困、带头做群众工作的“三带头”活动，194 名农村党员干部领办创办了农民专业合作社，3479 名党员与建档立卡贫困户结对，对贫困群众进行帮扶；237 个行政村全部安排县内企业包联，捐赠资金 960.08 万元，让贫困群众感受到热切的爱护和关心。四是典型培树成效明显。在扶贫工作的前线上，最能观察出干部做事成效。对表现出色的 21 名驻村干部进行了提拔，对 40 名优秀驻村第一书记和 20 名优秀

村党支部书记进行了表彰，把全县各级干部干实事好事的热情充分地激发出来。大力弘扬孝道文化，将“孝”这一美德传承下去，并开展“最美孝顺好儿女”评比活动，隆重表彰了20名孝顺好儿女，并印制风采录、光荣榜发放张贴到乡村、社区和学校，在全县范围内塑造尊敬和孝敬老人的美好家风。

六　探索创新，破解难题，努力提高扶贫针对性精准度

坚持把扶贫脱贫实际成效作为工作标准，吃透上级政策精神，遵从群众意愿需求，立足县域实际，大胆探索精准扶贫新举措、新模式。一是推行“补助式”产业扶贫。为使产业扶贫项目更符合贫困群众的实际需求，结合顺平县产业特色，科学编制了12项产业扶贫项目菜单，对于有劳动能力能够做到自主增加收入的贫困户，重点提供种养、手工、旅游等帮扶项目。充分考虑到完全或部分丧失劳动能力的贫困户，重点安排财政资金收益扶贫、入股新型农业经营主体、光伏发电等项目。到现在为止，已为1944户贫困户落实补助资金246万元，实现发展产业项目增收。二是创新金融扶贫模式。针对顺平县林果产业规模大、畜牧养殖覆盖面广、涉及群众多的实际，为有效降低产业发展风险，按照政府主导、商业运作，财政补贴、群众受益的模式，政府与保险公司联手，县政府投入2800万元创立保险基金，按照3：7比例与保险公司进行联办共保，引导农户和生产经营主体自愿投保。共为2950户贫困户理赔1352万元，有效防止了因灾致贫返贫，受到了群众的一致称赞。为破解贫困群众致富无门路、发展缺资金难题，顺平县实施“政银企户保”金融扶贫，降低门槛、简化程序、减少成本，发放产业扶贫贷款8045万元，75家企业和合作社得到政府的鼓励支持，不仅解决部分贫困户就业问题，还为4747户贫困户创造收入、增加收入；扶贫小额信贷发放3300万元，710户贫困户通过此项措施发展致富项目，实现稳步脱贫。三是实施村容户貌提高行动。通过企业捐助和县财政投入，筹集资金1821万元，集中开展村容户貌专项提升行动，逐村逐户进行摸排，一对一专人盯办落实，一户一策进行整治，237个村和所有贫困户村容户貌，全部达到“七无六有八要”标准。通过多种宣传形式，引

导村民遵守村规民约，自觉把农村环境卫生维护好。四是创新驻村工作管理机制。在河北农业大学对468名驻村干部进行了为期8天的扶贫专项政策培训；探索建立驻村干部管理“七项机制”“七条禁令”和“协调沟通、对接衔接、服务关爱”三项机制，实行帮扶责任人“逢五必进”制度，让村民深刻感受到政府的可靠与温暖。《中国组织人事报》《河北扶贫工作通讯》刊发了顺平县驻村帮扶工作经验做法。

七　深化举措，精准防贫，扎实做好后续巩固提升工作

坚持“脱贫不脱政策”，科学规划、健全机制，突出精准，持续用力，抓好脱贫群众后续扶持和脱贫成效巩固提升工作。一是建立长效机制。认真贯彻落实中共中央国务院《关于打赢脱贫攻坚战的决定》《关于打赢脱贫攻坚战三年行动的指导意见》等指导文件，制定出台了《关于建立健全脱贫巩固提升机制的意见》《关于打赢脱贫攻坚战三年行动计划（2018～2020年）》《关于建立精准防贫机制的实施意见》《精准防贫保险救助工作实施方案》等专门文件，实施6大专项行动，落实5大保障措施，建立15项脱贫巩固提升机制。10个乡镇和126个贫困村全部制定了《三年行动计划》，22个县直部门结合各自职能，制定了后续巩固提升和精准防贫工作专件。二是落实防贫措施。建立全县后续巩固提升工作台账，扶持措施精准到户到人，光伏扶贫1167户2510人，资金收益扶持4603户10102人，园区、合作社带动2501户6006人，金融扶贫带动4747户，稳定就业2435户3471人，民政兜底保障3467户4679人，实现了后续帮扶多重措施覆盖。筹资220万元，以此作为精准防贫保险救助项目的启动资金，并且全部建档立卡贫困户按照每人投保50元的标准。截止到现在，已经帮助贫困群众160人次，光保险救助基金的发放就达到了75万元。这一举措在避免因病、因学、因灾返贫方面有很好的作用。建立了《2018～2020年脱贫攻坚项目库》，纳入产业就业扶贫、资产收益扶贫、金融扶贫、光伏扶贫、基础设施建设等项目1600个，成立多重长期有效的机制，实现了贫困人民能够持续增加收入的美好期望。三是强化监测管理。建立数据共享机制，通过多部门、多渠道扶贫信息汇聚，纵向贯通县、乡、村、户、人，横向

关联教育、卫生、医疗、住房、交通等行业部门多元数据。强化脱贫村、脱贫户监测管理，将后续帮扶举措落实到位，确保脱贫质量。

第三节　未来工作方向

毋庸置疑，顺平县的脱贫攻坚工作在各个方面都起到了一定的作用与积极影响，但是通过观察，还是存在一些困难和不足。总的来讲，主要表现在两方面：一是脱贫攻坚任务依然艰巨，目前剩余的贫困户大多数有年龄大、身体弱、有疾病或身体残疾等特征，他们自身发展能力不足，目前享受的政策还不足以保障其稳定脱贫，需要多点支撑的稳定增收措施。二是顺平县财力较弱，自身“造血”能力、带动能力、“反哺”能力有待进一步加强，实现全面小康社会目标，还需要付出艰辛的努力。

为解决上述问题，顺平县将工作重点放在以下四个方面：一是更进一步提高政治站位，首先要做的就是将脱贫攻坚当作必须完成的政治任务。持续深化县、乡、村三级主体责任，提高工作状态，始终保持工作高效有力，抓好各项工作，坚决把脱贫攻坚战打赢打好。二是大力培育富民产业。坚持把发展富民产业作为重中之重，深化林果特色片区、现代农业园区、扶贫龙头企业带动的扶贫产业发展格局，与贫困户建立更加稳固的利益联结机制，在增强扶贫产业造血功能、提高产业化水平、提升稳定增收能力等方面持续发力，让贫困户的收入能够在一定程度上稳定增加，将脱贫成效稳定住，努力做到脱贫不返贫。三是将乡村振兴战略贯彻到底。与乡村振兴有效衔接，加大资金投入，进一步加快水、电、路等基础建设，继续加强教育、卫生、文化等基本公共服务，在做到脱贫稳定达到标准的基础上进行全方面提升，惠及更多群众。四是精准施策，高质量完成任务。将开发式扶贫和保障性扶贫同等看待，二者齐头并进，下大力抓好后两年 1284 户 2642 人的脱贫任务，综合考虑三年后工作，通过全面深化和建立多层面、多角度、全方位的脱贫巩固机制，切实把脱贫成果巩固好、维护好、管理好。

第十二章　魏县脱贫攻坚综合案例

第一节　基本情况简介

魏县地处河北省的南边，河北、山东、河南三省交会的区域，县域面积达863.6平方公里，辖22个乡镇（街道）、561个村（居委会），人口总数为105万人，其中拥有乡村户籍的人口占大部分，有84万人。魏县以其独特的自然环境以及显著的治理成效被联合国地名专家组赋予“千年古县”的美誉，魏县还是中国鸭梨之乡、国家园林县城、全国绿化模范县等。

魏县从第一次被评为贫困县到现在已经有30多年了。最早曾入选第一批国家级贫困县，也曾被列入国家的“八七脱贫计划”；随着国家的发展，人民生活水平虽有所改善，但魏县依旧是脱离不了贫困，随后又被列为新时期国家扶贫开发工作的重点县。魏县几十年都没有摆脱贫困，也没有脱离国家的贫困政策。

魏县贫困是多个方面的原因共同作用的结果，而在这些原因中主要是：农业生产条件太差，全县1/3以上的耕地都处于黑龙港流域的苦水区，这使得农民种地难、收成少、产品特色不突出；产业弱，工业基础薄弱，产业人员缺乏专业培训，经济基础差，农村基础设施不健全；农村人口就医意识薄弱，很多人都是身体撑不下去了才去看医生，以致农村人口大病、慢性病发病率较高，因病致贫返贫的问题突出，是需要重点关注的方面等。2017年，建档立卡的“回头看”重新对魏县贫困人口的脱贫、返贫致贫以及返贫致贫的原因等情况进行了调查、核实和记录，结果显示全县的建档立卡对象总计24270户94252人，其中因病致贫的人就占到了1/3。

党的十八大以来，魏县始终坚持习近平新时代中国特色社会主义的指导思想，始终坚信脱贫攻坚是统揽经济社会发展全局的重要一环，把脱贫攻坚的工作作为全县最大、最重要的工作，下足“绣花”功夫，重点围绕“扶持谁、谁来扶、怎么扶、如何退、怎样防”五方面的内容来部署工作，凝聚来自各方的力量以打好“八大硬仗”。2017 年底，全县的脱贫攻坚工作完成得非常成功，成效凸显。经过一年的脱贫工作之后，全县的建档立卡贫困人口较年初有明显下降，仅有 1824 户 5230 人。该年 7 月中旬，魏县接受了国家第三方的评估验收。

在积极推动脱贫攻坚工作和减少贫困存量工作的同时，魏县也不忘认真学习和贯彻习近平总书记关于精准扶贫脱贫的战略思想。结合邯郸市委提出的“未贫要防”的工作部署，立足县情实际，坚持试点先行开展工作，并建立精准防贫工作机制，从源头筑起贫困发生的“截流闸”和“拦水坝”，巩固了脱贫成果。

魏县的脱贫探索过程和脱贫实践成效，引起了上级领导的重视和媒体的特别关注，新华社和《中国改革报》《河北日报》等主流新闻媒体对魏县的成功案例予以充分报道，其中新华社以《河北魏县探索建立精准防贫机制》为题在国内动态清样第 870 期进行刊发，文章发布后得到了国扶办主任刘永富同志的关注并对此进行了重要批示，国扶办调研组成员专程来到魏县进行调研，并对魏县的精准防贫工作给予肯定，同时指出：“你们的工作是落实习近平总书记重要指示精神的具体体现，你们的探索为国家制定 2020 年后相关政策提供了途径，做法很好，值得肯定。”

第二节　脱贫攻坚背景

在脱贫攻坚工作开展的过程中，魏县出现了贫困户数量“边减边增”“边脱边返”的现象，这个问题一定程度上阻碍其脱贫成效的体现。这种现象出现的主要原因是处于低收入边缘的群体，即使他们已经符合脱贫标准，但是如果家庭出现重大突发事件造成高额支出就会致贫返贫。对于这些群众必须进行主动防控，否则会严重影响脱贫攻坚的成效。

如何推动积极消除贫困存量和有效控制贫困增量的工作同时进行？在2017年全国两会上，“防贫”在习近平总书记的讲话中多次提到，可见党中央领导高度重视人民的贫困问题。他指出，防止返贫的重要性和继续攻坚是一样的，即使是已经成功脱贫摘帽的县、村、户，也需要继续巩固并逐步增强“造血”的功能，建立脱贫长效机制。这足够说明返贫现象已经引起党中央的高度重视，并提出了解决之道。

同年4月邯郸市两会期间，市委书记高宏志在参加魏县代表团讨论时，也更加明确提出“未贫要防”的工作要求，并将魏县作为防贫工作试点。是时，魏县正值脱贫攻坚的关键时期。为此，魏县坚持把精准防贫与脱贫攻坚同安排、共部署、齐推进，成立专门的领导组织，启动相关工作，开启精准防贫机制的探索之路。

工作中，魏县坚持开发式扶贫与保障性扶贫相结合，成立了专门的领导小组和专门的课题，立足“为谁防、谁来防、防什么、怎样防”这四项内容来落实工作，组织相关人员进行深入调研，充分探讨，明确工作的思路和方向。通过调研我们了解到，在推进脱贫攻坚中，除有效保障剩余贫困对象实现脱贫外，受大病、教育、灾害等因素影响，还有两类群体需要特别关注。一类贫困对象虽然已经成功脱贫，收入等各方面也符合脱贫标准，但是收入还是不稳定，一旦家庭出现突发事件，如家庭成员发生大病，出现失火、交通事故等意外情况，仅凭一家之力很难解决，很容易导致返贫的问题。这一类群体我们叫非高标准脱贫户。另一类贫困群体虽然不符合建档立卡条件，但处于贫困线的边缘，基本没有存款。这样的话，一旦发生一些突发的情况，也很容易被纳入贫困的序列。这类群体被称为非贫低收入户。所谓的“两非”户就包括这类人群和非高标准脱贫户人群。

防贫的重点找到了，当地又针对性地进行了广泛座谈、深入调研和大数据分析，得出结论：患重大疾病是“两非”人群返贫致贫的最主要风险。根据2016年贫困人口的情况，新识别的贫困户有3000户，其中因病致贫的有1074户，占比35.8%；返贫的有251户，其中因病返贫的有87户，占比34.6%。比如，双井镇永东村村民王景民，属非高标准脱贫户，于2016年患脑血栓，医疗费的总额高达27093.01元，其中自付金额为

15049.27 元。家中共有 3 口人，年收入 13108 元，人均收入 4360 元。王景民患病后，除了全年收入花光，还负债 2000 元，一下子又陷入贫困状态。尽管因学、因灾致贫返贫与因病致贫返贫相比占比较低（据统计均不足 1%），但“两非”人群一旦发生这样的情况，也同样会不同程度地影响一个家庭的生活状况。例如，牙里镇南长兴村村民王现群，属非贫低收入户，于 2016 年底家中发生火灾，造成损失 20000 元，民政救助 2000 元。家中共有 6 口人，全年收入不到 30000 元，刨除受灾损失，人均收入降为 2000 元，从非贫户变为贫困户。魏县是人口大县，农村人口有 80 多万人，处于贫困边缘的“两非”人口相对较多，做好防贫工作尤为重要。

在掌握开展精准防贫工作的第一手材料后，又经多次研讨论证，魏县确立了 24 字精准防贫原则，重点突出意外风险防范和增强造血功能两个方面的内容，经相关人员和部门的反复推敲，最终制定了符合现状的解决实际问题的精准防贫工作实施方案。在此基础上，当地政府积极探索，创新实践，试点工作取得实质性进展，率先在全市全省开辟出一条精准防贫之路。

第三节　主要做法

魏县探索建立精准防贫机制的做法，主要内容概括为“12343”。

一　“1”，创设一项“保险”，扩大保障效益

为了降低返贫致贫的风险，魏县选择为贫困人口买“保险”。而对于魏县来讲，为非高标准脱贫户购买保险，还比较容易操作；而要为非贫低收入户购买保险，则对象难以确定，操作起来难度很大。同时，为“两非”人群每户每人都购买保险，县财力也不允许。

为了设计一种新型保险，即为一类人买的保险，在受益面不缩小的情况下，减少投保面，提高保障作用，缓解财政压力，魏县相关部门与县内的多家保险公司进行商讨。最终与太平洋财险公司进行合作，随后创设了

全国第一份“精准防贫保险”。

这个400万元的保险金，其实就是政府注入保险公司的风险补偿金，受保对象发生了相应情况，保险公司就会从中按规定进行支付，当然也会按照发放的保险金总额的15%提取相应的服务费。依照协议规定，保险金实行“多退少补”，即不够用了，政府再注入，没有用完，余额结转下一年度。不仅做到了“少花钱、多办事”，而且促进了保险的创新。2017年11月6日，棘针寨乡义井村非贫低收入户李明臣患病，因病成功领取了6208元的全国第一笔精准防贫保险补偿金，解了燃眉之急。截至目前，魏县共监测相关对象8178人，经核实符合因病因学因灾救助条件的有742人，发放防贫保险金758.21万元。

二 “2”，划定两条“界线”，找准防贫对象

一条是防贫监测线，主要看负担水平。防贫要精准，首先要确定对象，这是精准防贫工作面临的首要问题，也是一大难题。一方面，发生意外情况导致骤贫、返贫时间不固定，不好事前框定；另一方面，由于防贫工作尚属探索阶段，没有既定标准。针对这个问题，经过反复讨论研究之后进行了大胆的创新，将“先行收入核算框定”变为“后台数据预警监测”，即根据“大数据”分析结果，对因病、因学、因灾产生的花费进行精准分类和划线区分，如果“两非”户的花费超过这条线，就会纳入防贫监测对象，然后启动防贫预警，并及时实施定向跟踪。

经过相关部门的相关人员深入调查和大数据的精准分析之后，魏县对防贫检测线是这样确定的：在因病防贫上，非高标准脱贫户，以自费5000元为标准线；非贫低收入户，以自费20000元为标准线。在因学防贫上，“两非”户都以8000元为标准线，因为助学贷款最高额为8000元，8000元以内魏县鼓励贫困学生走助学贷款之路，8000元以上部分按比例给予救助，这样避免大包大揽、形成福利陷阱。在因灾防贫上，确定“两非”户都以10000元为标准线，对于边缘户来讲，10000元已经不是小数目。

同时，县、乡、村三级为了防止个别对象没有被大数据监测到而出现漏查、漏报的问题及时推出应对方法，即接受农户的自行申报，经调查审

核通过的同样可纳入防贫范围。2020 年 7 月国检过后，又建立了月排查制度，即每个月都要组织乡村的干部人员对农村户籍人口进行全面的排查，一旦发现有家庭存在返贫致贫的风险，相关部门就会及时将其纳入防贫对象。这样通过多条腿走路，确保了防贫对象全覆盖。此外，为提升各个流程的工作效率，在县防贫中心设立了单独的申报窗口，在保险公司、有关银行也设立了处理防贫业务的防贫专柜，尽可能为人民群众提供方便。

另一条是“防贫保障线”，主要是看收入水平。经评定，河北省 2017 年贫困线是 3200 元。结合县情，以现行农村扶贫标准的 1.5 倍设置“防贫保障线”，即 4800 元为保障线。家庭年人均可支配收入如果低于这条保障线，就会被纳入防贫范围，经有关负责部门调查后，符合救助条件的就会及时将保险金发到对应账户中。

我们尽管制定了“防贫保障线”，4800 元是一个硬杠杠，但是对于稍高于这条线的，比如家庭人均收入 5000 元，而家里又发生了重大变故，花费数额较高，那该怎么办？魏县向社会发出倡议，借助社会的力量设立了“扶贫防贫救助基金”，用于保障边缘户生活，对于一些特殊情况，采取一事一议确定的救助额，从基金中支付。

三 “3”，瞄准三大“重点”，分类实施救助

针对全县多种致贫返贫因素，对每一类防贫对象的救助补偿进行了不同的区间划分，通过相应系统的审查、评议等程序的认定后，给予不同级别的救助补偿。

因病防贫上，当地对“两非”户分别核查救助。属于非高标准脱贫户的，分设 0.5 万元（含）以下、0.5 万 ~1.5 万元（含）、1.5 万 ~3.5 万元（含）、3.5 万元以上四个区间，分别按 30%、50%、70%、90% 的阶梯式比例进行防贫保险金的发放工作。比如，家住东代固镇东代固村现年 60 岁的村民高连所，因患肺癌，于 2017 年 8 月在邯郸市第一医院住院治疗，医疗费总额为 188324.31 元，刨除农合、大病医疗等报销费用，自付金额为 71945.35 元。高额的花费，让这个刚脱贫不久的家庭遭遇返贫的现实风险，全家人一筹莫展。按照防贫机制要求，通过县医保系统的监测结

果发现其自付费用超过0.5万元，遂被列为防贫监测对象，上报县防贫中心。随后县防贫中心委托保险公司派人主动上门，在其毫不知情的情况下进行核查。经查：高连所家中共有5口人，居住房屋为平瓦房，室内家具一般；儿子在本村做建筑工作，年收入为18000元；儿媳务农，在家照看上学的孩子；家中耕地3亩，年收入3000元，家庭人均收入为4200元，且名下无家用轿车、商品房等，综合评定符合防贫救助条件。经评议公示无异议后，保险公司遂给其家庭发放防贫保险金53700元。拿到这笔款项后，一家人还难以置信，感动得说不出话来。

属于非贫低收入户的，分设2万元（含）以下、2万~7万元（含）、7万~12万元（含）、12万元以上四个区间，也分别按30%、50%、70%、90%的阶梯式比例进行防贫保险金的发放工作。比如，家住德政镇德二村村民雷海林，现年58岁，因患肺癌2017年5月在石家庄胸科医院住院治疗，后期每半个月在邯郸市第二医院化疗一次，住院花费医疗费总额为86218.92元，自付费用为53069.04元。经查：雷海林家中2口人，家住平瓦房，室内家具陈列简单，妻子在家务农，家中耕地3亩，年收入3000元；两个儿子均已分户，长子在家务农，次子在天津收废品，每年的赡养费合计5000元，家庭年人均收入为4000元。经综合评定其符合防贫救助条件，经评议公示无异议后，发放保险救助金22534.52元，这在很大程度上缓解了家庭的压力。

因学防贫上，在学费中扣除0.8万元起付线后，分设0.3万元（含）以下、0.3万~0.5万元（含）、0.5万元及以上三个区间，分别按100%、80%、60%的阶梯式比例进行防贫保险金的发放工作。比如，家住边马乡二教村的曹焕杰，现年22岁，属非贫低收入户，2017年顺利考入河北科技学院，但是学费、住宿费、教科书费每年大约需要的费用高达15000元。经县教育部门监测，其学费超过8000元，上报县防贫中心。经查，其家中共有4口人，所居住房屋为平瓦房，室内家具陈列简单；父亲在建筑场地当小工，平均一年干6个月活，收入15000元左右；母亲患病，长年都需要花钱买药，而且不能干活，不能增加家庭收入；弟弟在家务农，耕地面积为4亩，年收入仅4000元，家庭年人均收入为4750元。经综合评定，其符合防贫救助条件，评议公示无异议后，发放防贫保险金4200元。

因灾防贫上，对于民政部门救助后的损失，分设 1 万元（含）以下、1 万～3 万元（含）、3 万元以上三个区间，分别按 40%、60%、80% 的阶梯式比例进行防贫保险金的发放工作。意外灾害有火灾、风灾、雨灾及交通事故等多种情况，交通事故由县交警部门监测上报，其他灾害由县乡民政部门监测上报，及时纳入核查对象。比如，沙口集乡斗门村栗万俊，精神有些问题，2017 年 8 月使用火炉做饭时不慎失火，损失 30000 多元，民政部门救助了 10000 元。经查：栗万俊所住房屋为平瓦房，家有耕地 2 亩，年收入 1700 元；儿子患有二级肢体残疾，无收入；二女儿在本地饭馆打工，年收入 18000 元；三女儿在外地务工，年收入 20000 元，家庭人均年收入 4411 元，评定公示后发放防贫保险金 10800 元。

四 "4"，采取"四方"联动，做到高效运转

人常说，治病救灾不能等。精准防贫也慢不得！为了让防贫对象在需要帮助的时候能够获得来自国家利好政策的及时救助补偿，魏县始终坚持县、乡、村和第三方"四方"联动，建立了"五步工作法"。

一是信息收集。由村、镇、县的各个部门，结合各自的职能，每月都要对人口进行监测，并及时向县防贫中心上报监测到的不同致贫因素导致贫困的防贫对象的有关信息。对于农户自行向县乡村申报的，随接收随报告。

二是调查核实。县防贫中心接收到防贫对象的相关信息后，通过委托书的形式交给太平洋财险公司，也就是所谓的"第三方"。然后太平洋财险公司就会组织工作人员走访每户防贫对象，采取"四看、一算、一核、一评"的方式，对防贫对象的家庭人口、收入、重大风险等内容进行核实验证。"四看"，即看住房、看家用、看大件、看儿女；"一算"，即算收入；"一核"，即核信息，由相关部门对相应的房产、经营、车辆等情况进行逐一比对；"一评"，即评估家庭整体情况，将调查取证的结果完整反馈到县防贫中心，并对符合发放防贫保险金给出公正客观的意见。

三是评议公示。对于"第三方"拟列入保险金发放对象的，县防贫中心以乡镇为单位进行任务转交，由乡镇按村进行分解，由村"两委"的人

员进行评议，并在村内明显的地方将结果公示五天，如果没有异议，就会将人员名单连同相关信息资料上交乡镇，乡镇再上报到县防贫中心。

四是审批备案。县防贫中心对于乡镇上报的结果进行公正审批、及时备案，并将发放防贫保险金的任务及时通知到保险公司。

五是资金发放。县保险公司将防贫保险金根据符合条件的审批名单直接打到对应人口提供的银行账户上，并及时将有关凭证上报县防贫中心。

开展防贫工作是大好事，但好事要办好，绝不能马马虎虎，不该补的补了，该得的得不到。所以，设置运转程序还是必要的。在实际工作中，有关部门明确分工、各有侧重，相互配合、协调联动，运转非常流畅，对于当月监测到的防贫对象，会很快把保险金发放到其中，时长不会超过一个月。

五　“3”，借助“三种途径”，增强造血功能

授人以鱼，不如授人以渔。建立防贫保险只是暂时兜住了贫困底线，在遇到突发情况下，防止这部分群众掉到贫困线以下。长远来看，自身的“造血”功能才是最重要最持久的，才是增加收入的根本。为此，当地针对不同返贫、致贫潜在因素，从发展产业和帮助就业两方面来帮助当地人民，通过干部帮扶，量身定制、因户施策，千方百计提高群众收入，提升其抗击风险的能力。目前，魏县主要采取了三种途径。

一是产业扶持。对于有创业或发展产业愿望的防贫对象，属于非高标准脱贫户的，采用“小额贴息贷款”进行创业扶持；属于非贫低收入户的，由县“扶贫防贫救助基金”，为其提供 2 万元以内 2 年期无息创业助业金，目的为贫困户发展致富产业，为他们提供增加收入的机会进而远离贫困。特别值得一提的是，当地还针对性地建立了高效实用的“庭院经济”扶持模式，主要做法是：依托绿珍等龙头企业，优选食用菌等生产周期短、成本低、见效快的优势产业，结合庭院经济投资小、见效快、风险低等发展特点，充分利用防贫对象房前屋后的闲置土地，因需发展各具特色的庭院种植、养殖业，把他们庭院的“方寸地”建成脱贫致富的“增收园”。比如，沙口集乡刘屯村的王张风一家，是结对帮扶的贫困户，她本

人 70 多岁，身体残疾，儿子离异且患有慢性病，孙子、孙女也都在上小学，经济负担很重，是典型的因病、因残、因学致贫，该贫困户的屋外破败不堪，屋内也没有一件拿得出手的家具。当地县委书记第一次到她家，看到这种情况，首先拿出了自己一个月工资，帮他把家里简单整修了一下。然后利用他家院子比较大的特点，协调绿珍食用菌公司帮其建成了一座 81 平方米的蘑菇棚，发展“庭院式”杏鲍菇大棚种植。该公司免费提供废菌棒，并提供种植技术指导，对于种出的成品菇，公司负责回收，建大棚的钱从收益里分期扣除。一个棚一年能收三四茬杏鲍菇，一茬收 3000 斤左右，一茬能卖 5000 多块钱，一年收入近 20000 元，除还掉建大棚的钱，极大地改善了她家的经济状况。之所以让扶持对象还掉建大棚的钱，一来让这种模式可复制，二来避免福利陷阱。

二是就业引导。其中重点通过两种模式：其一，劳务输出模式。魏县常年在外务工的人员非常多，务工人员的流动性也很大，所以其劳务输出服务体系也比较健全。对于防贫对象有劳动能力、务工意愿的，主动帮其联系就业岗位外出务工，增加工资性收入。其二，“扶贫微工厂”模式。这是在就业扶贫中又一创新性模式，主要是紧跟京津冀协同发展政策发展步伐，支持鼓励在外务工人员回乡创业，在贫困村建立“生产车间”或“分工厂”，大力发展箱包、服装、毛绒玩具等加工产业，让群众在家门口实现就业增收。目前，该模式已被国扶办认定为产业就业扶贫典型案例在全国推广，并入选《脱贫攻坚 100 计》第 1 计。对于防贫对象中的妇女、老人等半劳力、弱劳力，优先就近分配，给予他们增加收入的机会。截止到现在，全县共建设 252 家“扶贫微工厂”，共为 14000 多人提供就业机会，解决就业问题，其中有 3200 多“两非”人口就业，每人年均收入增加 1.8 万元。得到了群众的连连称赞。

三是兜底分红。对于一无劳力、二无技术的防贫对象，在加强五保、低保、残疾补助等政策兜底的同时，通过分红方式实现增收。一方面，魏县实施“量资入股”模式，整合涉农资金和扶贫资金，采用贫困户权益、村集体股份入股经济实力较强的企业的模式，提高分红收益。对确定的受益对象，多少有点劳动能力的，一般要担任村内治安员、民调员、保洁员等，力所能及地付出一些劳动，营造“扶贫不扶懒汉”“劳动高尚、脱贫光荣”的良好氛围；对于确实没有一点劳动能力的，则直接分红。另一方面，魏县及时抓住了被列为“全国光伏扶贫工程试点县”这一发展机遇，实现建设的24个贫困村的光伏电站能够全部并网发电，让无劳力防贫对象实现分红增收。

第四节　取得成效

通过一年多的探索与实践证明：精准防贫机制在精准防止返贫和新增贫困人口方面发挥了积极作用，也得到了广大群众的普遍欢迎。主要表现在以下几个方面。

一是有效防止了断崖效应。对处在贫困线边缘、存在致贫风险的“两非”户，对他们实行动态监测、提前干预。一旦“两非”户的人有掉到贫困线以下的趋势，防贫机制就会立即发挥作用来阻挡这部分人返贫，这就有效防止了断崖效应。开展精准防贫试点工作之后，经调查，在2017年魏县新增贫困户42户，比2016年下降98.6%；返贫户35户，与2016年的返贫数据相比，下降了86%。

二是有效提升了脱贫积极性。对于一些建档立卡贫困群众而言，脱贫之后，到2020年前依然是可以享受目前的扶贫政策，防贫机制的建成又为贫困人口和脱贫人口支起了一把保障伞。同时，魏县也推行了一些积极的生活模式，比如，设立“爱心超市”、参与扶贫和公益活动积分奖励制度等，这些都在一定程度上为居民创造了良好的条件。

三是有效促进了社会公平。在建档立卡辨别贫困人口的过程中，有一些不公平的问题。建立防贫机制后，这些徘徊在贫困线以上的人群都被纳入防贫对象，发生困难时，能够及时得到政府或相关部门的帮助，享受国家的利好政策，同时有效地促进社会公平，进而提升党和政府的公信力。不少非贫低收入户反映，有了精准防贫政策，即使没评上贫困户，心里也踏实多了。特别是在防贫工作开展之初，有的受助群众第一次接到保险公司的电话，还以为是推销保险或者诈骗的，后来才知道是政府在帮他们，群众打心眼里感谢政府。

四是有效降低了廉政风险。为保障防贫工作精准化实施，当地通过市场化的办法购买“第三方”服务，并通过协议的形式，建立相关约束机制。比如，县防贫中心每月按一定比例，原则上不低于5%，随机进行抽查，每发现1户错发漏发现象，扣除0.1%的服务费，年度内出现差错累计达到20人次及以上的，协议当即废止并扣发全部应付服务费；1户不错不漏的，所付服务费增加5%，以此避免了“优亲厚友”等不良现象发生。同时，要经过核查、评议、公示等多个环节，保险金实行银行化发放，有效避免了乡村两级暗箱操作、借机揩油现象。

第五节 魏县脱贫攻坚启示

一 “控增量”应成为脱贫攻坚战的新课题

据国家统计数据，从2012年到2017年末为止，全国农村贫困人口累计减少了6853万人，贫困发生率降至3.1%。当前，脱贫攻坚关注的不应该仅仅是减贫速度，更应该关注向脱贫质量的转变。脱贫成果的稳定性以及致贫返贫的有效遏制程度都是衡量脱贫质量的重要维度，对于已经成功脱贫摘帽的县来说更应如此。但实事求是讲，在当前农村，因为受大病、灾害等大额开支影响，返贫致贫现象时有发生，如果不采取有效措施加以防控，势必会导致边“减”边“增”、边“脱”边“返”，影响脱贫成效。

二 搞防贫要注重在“增效率”上下功夫

一是用好“监测线”。在防贫工作中，难点不在于资金的发放和相关政策的落实，难点是需要对防贫项目的识别。按照以往精准识别的经验，通常要逐一入户调查并进行收入核算。以魏县为例，农村人口有80多万人，按10%的比例计算防贫对象，还达8万人之多，而且魏县作为劳务人口输出大县，群体的流动性比较强，“事先确定”的识别方法就比较适用，这种方法需要对全部人口纯收入情况的调查频繁一些，一般每年都会调查一次，这必将导致非常高的行政成本。如果我们能有效借助“监测线”，主动进行监测，再采用“事后审定”的方法进行精准识别，核查的工作量便会大大降低，随之行政成本也会得到有效缩减。二是用好“大数据”。毋庸置疑，我国已经进入“互联网时代”，网络技术的普及与运用，不仅大大方便了人们的生产、生活，而且对我们工作效率的提高和工作精准度的提高也有极大的促进作用。将防贫工作纳入互联网管理，利用医疗、教育、民政、交通等部门的大数据信息共享，进行随时随地的监测，通过大数据后台智能分析的结果有针对性地为自付医疗费用金额过高、家庭教育费用过大、遭受灾害事故等需要帮助的人群，采取“一对一”个性化补助措施。三是用好“第三方”。现如今，“放管服”改革在全国开展的效果非常明显，行政效率有很大提高。防贫工作引入“第三方”，从一定程度上讲也是推动政府职能转变的一个有效举措。魏县在一年多的精准防贫工作实践中，通过购买服务，不仅可以发挥保险公司等第三方机构在政策执行、评估认定等环节的专业化作用，还极大解脱了县、乡、村干部的精力。这几年当地搞脱贫攻坚，都是夜以继日，相关工作人员星期天、节假日都没有休息过，用市场化的办法引入“第三方”，能使脱贫工作如虎添翼、力量倍增。

三　在防贫成效上应当更加注重“提质量”

脱贫工作圆满完成之后，防贫工作也开展起来，目的是防未贫。确切地说，魏县建立精准防贫机制的过程也是积极探索、不断实践的过程，为的就是使防贫的成效更加明显和精准，防贫的质量更高。比如，在《精准防贫工作实施方案》的制定过程中，当地曾多次进行座谈、调研、大数据分析，即便是该《方案》确定后，根据工作实践，并经县扶贫开发领导小组会议研究，又将“防贫救助比例”做出新的调整，去除了原有的防贫“起付线”，并将防贫救助金发放比例由“直线式”改为“阶梯式”等，目的就是让防贫更加切实、更加有效。所以，各地在具体实施过程中，应结合各自实际与工作实践，选择切实可行的防贫路径。

魏县在探索建立精准防贫机制的过程中，可以将一些做法的要点归纳为以下六条。

一是在防止贫困重点上，对于非高标准脱贫户和非贫低收入户，可以概括成“两非”户。

二是在保障手段上，创造一种新的保险，即“精准防贫保险”，实现比保险覆盖全部贫困群众，让贫困群众共享保险。

三是在对象确定上，划出两条界线。一条是监测线：在因病防贫方面，对非高标准脱贫户来说，将界线确定为5000元自费；对非贫低收入户来说，将界线确定为20000元自费。在因学防贫方面，对“两非”户都将界线划分到8000元。在因灾防贫方面，“两非”户都将界线划分到10000元。另一条是“保障线”，该线为现行农村扶贫标准的1.5倍，比扶贫线高的，进入防贫范围。

四是在保障内容上，瞄准三大“重点”，即三大导致贫困的因素，包括因病、因学以及因灾，对于这些主要致贫因素划分不同区间实施救助。

五是在运转机制上，采取“四方”联动，即县、乡、村和第三方（保险公司）按“五步工作法”行事，协调联动，高效运转。

六是在促进增收上，借助三种途径，即通过产业扶持、就业引导、兜底分红，提高“两非”群体家庭收入，增强其自身造血功能。

第十三章 故城县脱贫攻坚综合案例

第一节 故城县扶贫开发现状

一 故城县基本情况

故城县自南到北跨越 61 公里，由西向东横卧 33 公里，全县占地总面积为 941 平方千米。截至 2014 年底，全县总人口为 52.53 万人，其中农业人口为 42.71 万（约占总人口的 81.3%），主体是汉族人口。

故城县是传统的农业地区，全县位于黑龙港流域，处于低洼地势，土壤盐碱化现象严重，自然灾害频发，自然环境条件不利，缺乏资源。全县 13 个乡镇的贫困人口有 4.3 万，其中年人均纯收入在 2300 元以下的有 4.1 万人，分布在 538 个行政村。

二 故城县扶贫开发取得的成效

面对复杂多变的外部环境和艰巨繁重的发展任务，故城县全县上下认真学习习近平总书记系列讲话精神，深入贯彻落实中央、省和市的各项决策部署，同心同向，拼搏奋斗，社会全面发展取得了新成就。全县经济实力显著增强，三次产业结构调整步伐加快，城乡面貌明显改观，改革开放步伐加快，生态环境建设成效显著，人民生活水平稳步提高，社会各项事业蓬勃发展。

经济实力显著增强。2011 年以来，故城县经济持续正向增长，尤其是在主要经济指标方面增速持续稳步提升，其中全部财政收入、公共财政预算收入、规模以上工业增加值、固定资产投资等多个指标增速位居全市前列。2015 年全县生产总值达到 96.9 亿元。“十二五”期间年均增长率超过 10%，达到 11.8%，其中人均生产总值 19285 元，接近两万元大关，年均增长 8.06%；全部财政收入 10.02 亿元，在十几年间增加了两倍多，公共财政预算收入 5.76 亿元，年均增长 32.7%；其他指标如社会消费品零售总额也增速明显，年均增长超过 10%，达到 13.6%，全面完成“十二五”目标任务。

结构调整步伐加快。三次产业比由 2010 年的 32.8：35.3：31.9 调整为 2015 年的 23.1：30.9：46，产业结构逐步改善。其中，非农产业增加值占比逐年提高，达到 76.9%，产业内部结构更趋合理。蔬菜、林果、禽畜等重点产业产值稳步提升，2015 年农业产业化经营率达 62% 以上。故城县着力培育以工业为主导的产业，并实现了突破，2015 年服装服饰、车辆装备制造、新能源新材料三大类主导产业的企业总量达到 1500 家，5 年增长 5 倍多。与此同时，以商贸、物流、电子商务等为主的生活和生产性服务业也得到了快速发展，2015 年服务业实现增加值 44.6 亿元。

城乡面貌明显改观。坚持县城、特色镇和中心村为重点的统筹一体化发展理念，县城扩容升级步伐加快，基础设施建设加速推进，农村面貌明显改观。县城城建持续不断投入超过 120 亿元，在很大程度上提高了县城的功能品位。“十二五”期间故城县在城乡交通基础设施建设方面持续投入 30.6 亿元，是上一个五年计划的 3 倍多，实现了衡德高速路段中的故城支线及连接线建成通车，邢德路养护改造工程全面完工，农村公路翻修、改造达 387 公里，建设里程全市第一，进一步展现和发挥了故城县作为交通枢纽的功能和优势。农村面貌改造提升累计投入 15 亿元，涌现出大曹庄、前沙岗、尹里村等一批升级版的现代农村，乡村面貌有效改观。2015 年城镇化率实现进一步提升，达到 41.57%。

改革开放步伐加快。行政审批、农村土地流转、商事制度、医药卫生等重点领域改革取得阶段性成效。行政审批制度着力做到“简、放、优、限”，“三个平台、两个代办”建设完善提升。进一步便民促商，落实工商营业执照相关改革，通过“三个清单”的编制改善了故城县的营商环境，探索搭建中介与招投标交易平台，为全市提供经验。深入实施医药卫生体制改革，新农合得到巩固提高，公立医院改革扎实推进，基本药物制度进一步深化，故城县被确定为全省第一批基层医药卫生体制综合试点县之一。创新投融资机制改革，对外开放成效显著，五年累计进出口总额超37亿美元。承接京津产业转移步伐加快，招商引资取得新突破，泰国正大、冀中能源、新希望六和等一批名企落户故城。

生态环境建设成效显著。2011年以来，在保证经济持续增长的前提下，严格控制经济增长带来的单位能耗，全县每万元GDP能耗累计降低超过18%，连年完成省下达的节能减排任务。加大大气污染防治行动等专项行动开展，生态治理不断加强，空气污染物不断减少，空气质量得到提高。县城区和重点园区污水和垃圾处理体系基本建成，生活生产污水处理能力明显增强。奥冠、同心、海清等一批重点企业在节能环保方面采用先进的技术和设备，起到示范带头作用。生态工程建设加速推进，地下水超采综合治理工作顺利实施，造林绿化提前实现“一人一亩林”目标。

三　故城县扶贫开发工作面临的严峻挑战

故城县地处黑龙港流域，偏离山脉与海洋，矿产资源缺乏，自然条件不利，作为传统农业地区，其自然灾害频发，而且地下水位持续下降，伴随而来的是农业生产成本逐年增加，缺少便利的水资源严重制约了故城县农村经济的发展。基础设施和生产生活条件长期得不到应有改善是故城县脱贫攻坚面临的严峻挑战。

第一，农田水利基础设施建设滞后，现有田间水利工程年久失修，且配套不尽合理，缺少节水设施等因素，是制约农业增产、农民增收的主要问题。

第二，村民行路难问题依然存在，通村公路及村内主要街道急需硬化，目前，遇有雨雪天气，道路泥泞，根本无法行走，农副产品运输困难。

第三，农业生产用电保障率不高，变压器、高低压输电线路不足，遇抗旱灌溉用电高峰期，限荷停电时有发生。

第四，人、畜安全饮水问题还没有得到解决，浅层淡水量不足，且存在不同程度的水质污染，深层淡水含氟量超标，急需除氟、净化等设备对水资源进一步处理。

四 故城县扶贫开发工作的战略定位与目标任务

1. 战略定位

故城县交通便利，位于交通枢纽上，地处平原地区，具有优越的地理位置，同时土地资源充足，生态资源丰富，历史文化底蕴深厚，其历史最早可追溯到夏商周时期。“十三五”时期，故城县应强化在京津冀协同发展中“一城两区四基地”的发展定位，即大运河生态休闲文化产业带重要节点城市，优质绿色农副产品供应区、现代物流产业集中延伸区，服装服饰产业转移基地、装备制造科技成果承接转移基地、高端食品生产加工基地、新能源新材料研发应用基地。

2. 目标任务

“十三五”目标的设定，紧紧围绕“增比进位、效益提升、跨越图强”的总体目标，即经济要保持快速增长，在主要的经济指标方面，增速要比全市平均水平高，力争实现总量进位；发展质量和效益提高，全部财政收入占地区生产总值比重与公共财政预算收入占全部财政收入比重均得到进一步提升；提前实现两个指标的翻番，即提前实现地区生产总值翻一番，提前实现城乡居民收入翻一番，两项指标的数据基准年均为2010年，最终在2020年底实现全面小康社会的奋斗目标，做到不掉队。故城县重点从经济发展、结构调整、科技创新、深化改革、环境保护和民生改善等方面，提出以下设想。

经济实力实现新跨越。在经济保持持续健康增长的前提下，着重提高发展质量和经济效益。主要经济指标在全市总量晋位，全县经济发展水平和档次得到全面提升，如期全面建成小康社会。“十三五”期间，地区生产总值年均增长9%以上，提前比2010年翻一番，进一步缩小了人均生产总值与全市平均水平的差距；全部财政收入占比进一步加大，公共财政预算收入年均增长10%以上。投资金额持续增长，消费水平逐步提高，并最终形成经济增长依靠投资与消费两者协调拉动的新格局。

经济结构持续优化。经济发展方式转型成效明显，现代农业加快发展，农业基础地位进一步加强，工业主导产业和特色优势产业进一步发展壮大，战略性新兴产业和现代服务业发展取得新突破，产业结构进一步协调，实现经济绿色可持续发展。

科技创新支撑有力。推动经济增长由要素拉动向创新驱动转变，强化京津冀协同创新，完善体制机制和政策保障，研发投入比重进一步提高。突破一批产业共性关键技术，打造一批具有潜力的优势企业，要求企业自主掌握或研发的知识产权并且能形成较高的品牌价值，形成以企业为主体的创新体系，科技进步的经济贡献率明显提升。

生态环境明显改善。城乡环境综合整治深入推进，大气、水、土壤污染治理取得良好成效，地下水超采治理等重点生态修复工程深入实施，生态安全保障体系基本建成，空气质量明显改善。资源综合利用率和废弃物处理率稳步提高，清洁生产和资源循环利用体系初步建立，可持续发展水平进一步提升。城市中建成区的绿化率水平提升到40%以上，争取达到45%。

人民生活水平明显提高。进一步提高城乡居民收入水平，使该指标的增长超过地区经济增长，提前比2010年翻一番。教育、医疗、养老等城乡基本公共服务平均水平稳步提高，社会保障体系更加健全，人民生活质量、健康水平、居住环境显著提升。现行标准下，农村贫困人口实现脱贫，省级扶贫开发重点县“摘帽”。

第二节　故城县主要扶贫举措

一　发展产业扶贫

故城县推进产业技术创新，在“中国制造2025”战略的指引下，稳步推进，积极落实，加快京津技术成果转化，推动产业结构向中高端转型。坚持“有中生新”，对待传统产业，采取符合时代发展要求的新技术、新工艺、新式装备加以改造，实现变革提升。增强产业核心竞争力和可持续发展能力。重点在服装服饰、车辆装备制造业、新能源新材料等领域掌握一批优势技术、关键技术和先进技术。坚持“无中生有”，围绕电子信息、节能环保、智能装备等领域，实施一批重大创新工程，建设一批战略性新兴产业项目和重点科技支撑项目。

全面提升发展平台。持续加大基础设施建设力度，并做好配套设施建设，保证功能的完整发挥，提升园区吸附力和承载力。创新园区合作模式，积极引入战略投资者，全力抓好北京磁源“园中园”、北京九鼎产业园、北京房山产业园、正大食品产业园、宏泰产业园、故城（青云店）等承接北京产业转移示范区建设，并在此基础上深化对园区定位、发展规划、发展目标的认识。高新技术产业开发区，目标是收入持续增长，主营业务部分所获得总收入要达到100亿元，并且要在2017年将该开发区建设为省级开发区。营东工业园，以裘皮裘革产业为主攻方向，加快产业集聚、提升产业水平、增强产业竞争力，主营业务收入突破100亿元。东大洼现代农业示范区，大力发展现代农业，提升科技含量，利用科学技术发展农业全产业链项目，进一步提高经济效益，同时注重生态效益，列入国家级现代农业示范区、国家级现代农业科技示范园区。

把握重点发展方向。围绕新能源新材料、高端装备制造、节能环保等重点产业，培育新的增长点，谋划实施一批战略性新兴产业项目和科技支撑重点项目，着力推进天工机器人、博得轨道交通设备、冀中能源智能矿用装备等项目投产达效。把高新技术产业开发区作为培育发展战略性新兴产业的重要载体，引导人才、技术、资金、土地等资源向战略性新兴产业领域集聚。

加大产业扶持力度。设立战略性新兴产业发展基金，重点用于技术先进、市场前景广阔、发展潜力大，处于起步阶段的项目前期培育和企业创新能力建设。重点加大对青竹、奥冠、同心、金宝等龙头企业培育力度，支持企业做大做强，带动新兴产业规模水平上新台阶。

1. 发展特色农业扶贫

积极创建农业发展新格局。立足北京、天津、石家庄、济南等大中城市的消费需求，以优质绿色农副产品为重点，着力打造农业发展新格局。

突出做好东大洼现代农业示范区建设，确保将其打造成为国家级农业示范园区。充分发挥沿运河优势，大力发展设施蔬菜产业，建设百里设施蔬菜产业带。大力发展西瓜、蔬菜等设施农业种植产业，打造南部设施农业种植片区；大力发展奶牛、生猪、肉鸭等设施农业养殖产业，打造北部设施农业养殖片区。

积极提升农业产业化水平。立足精品，积极发展禽类、生猪、牛、羊养殖，培育一批农业新型经营主体，大力引进和培育农业产业化龙头企业，围绕泰国正大集团肉鸡养殖和新希望六和生猪养殖等大项目，建立农业养殖、加工全产业链发展模式，提升农业产业化水平。

培育龙头企业，以龙头企业引领农业发展。围绕企业关心的政策、信息、人才等方面进行调研，根据调研结果切实回应企业实际诉求，寻求办法积极解决，为企业提供便利。可以灵活采用多种主体如企业、生产合作社、农户等共同参与的发展模式，协调发展，共同进步。根据实际情况进行创新，保证贫困户的入股分红，建立持续稳定的增收渠道，增加收入来源，带动一批贫困户彻底脱贫。为进一步促进现代化农业发展，创新打造"农业+"发展模式，推行"农业+市场""农业+旅游"模式，推进与加工、旅游、电子商务等产业合作，促进三次产业良性融合发展。

2. 发展特色畜牧业扶贫

故城县畜牧业在农民增收和扶贫开发工作中的地位越来越重要，并且具有显著的特点，已经成为民营资本投资的一个重要领域。故城县的经济发展水平不高，生产和生活的基础条件差，单纯地依靠传统种植业摆脱贫困是行不通的。只有把脱贫增收的着力点放在畜牧业上，把它当作脱贫致富的主导产业，才能走上发家致富的道路。

故城县突出生态资源优势，按照"以生猪生产为主，家禽扩规模，牛、羊兼顾"的发展思路，改革原有的畜牧产业结构，增加畜牧品种，满足市场多元化需求，引进先进技术提升现有畜牧业的生产水平，大力引导并推动广大农户增收致富。2016~2020 年故城县畜牧业效益提高，全县规模养殖场（小区）达到 1000 个，总投资 5000 万元，进一步提升畜牧业的产值至 30 亿元。

3. 发展加工制造业扶贫

（1）农林产品加工。提升农产品、畜牧产品的本地区加工水平，拓展加工深度，延长加工相关的产业链。到2020年底，故城县已建立1个大型饲料加工厂，供应本县养殖户养殖畜禽，并适当满足周边地区需求。该厂地理位置选在养殖密集区的西半屯镇与武官寨镇交界处，投资2500万元。建造集宰杀、分割、速冻于一体的小型家禽屠宰场1个，地理位置选在交通较为发达的西半屯镇的南部，依托建国镇与山东交界处大桥的地理位置优势，汇集周边县区及本县的家禽屠宰业务，家禽屠宰分割后方便运往山东进行深加工，其占地200亩，投资3000万元。

（2）现代轻纺业。裘皮裘革产业是故城县的主导产业之一，是特色优势产业，该产业关联度高、吸纳就业能力强，是劳动技术密集型产业，在壮大县域经济、促进就业、增加出口等方面均起到积极作用。故城县基于延长完善产业链、增强企业竞争力并发展本地企业品牌的意识，不断提升本地企业品牌的商业价值，建设完善服务平台。以兆鑫集团和兴弘嘉集团为龙头企业，带动周边产业链条发展，形成完整的产业链；引导服装企业做大做强，开发服装品牌，发展服装加工系列产品，逐步发展出口加工，扩大生产规模。如果裘皮裘革产业每年按25%的增速，那么到2020年底销售收入将达到520亿元。

（3）发展机械工业。故城县机械工业产品主要包括同业公司的冶金设备、金良公司的工程机械、同心公司的风机配件、同德公司的罗茨风机、天工科技公司的专用机械设备以及章林的铸造业产品等。下一步同业公司将新上冶金设备制造项目并同时扩大原产品产能，金良公司将新上工程车架项目，同德公司将继续扩大罗茨风机产能，天工公司以新增的专用机械设备项目为依托扩产增效，同时章林铸造属下的一批发展势头良好、规模不断扩大的企业也将以工业项目区为依托征地搞技改、扩能增效。下一步故城县机械工业将进一步加强技术创新及自主创新能力，致力于将传统产品向高、精、尖方向升级，力促产业结构优化升级，扶持骨干企业扩大产品出口，力争企业上市，进一步做大单体，做强群体。“十三五”期间，如果按照全县工业年增速25%来计算，那么到2020年销售收入达到110亿元。

（4）车辆装备制造业。故城县以高新区、衡德工业园为主平台，以星月、众成、正大、赛之顺、株丕特、博得、奥冠等企业为核心，以汽车配件和轨道交通车辆部件为重点，加快推进关联企业向“高、精、尖、优、特、新”方向迈进，建设中国北方地区最大的车辆装备制造业基地。

4. 资产收益扶贫

市场在资源配置中起着决定性作用。故城县在扶贫过程中充分利用市场，调动市场主体参与者的积极性，在其基础上合理整合并配置好各种类型的扶贫开发资源，由政府、市场、社会等多主体协同推进。针对以前扶贫资金分散到户难度大、效益低的问题，按照“资本到户、权益到户、效益到户”原则，贫困村成立合作组织，贫困户自愿将到户扶贫资金入股村合作组织，村合作组织再将扶贫资金打捆，集中入股到故城县益民农业发展有限公司，用于泰国正大集团现代农业全产业链项目，每年贫困户可获得保底分红，比例为入股资金的9%。平均每户获得分红股金大约为1.2万元。

二　旅游开发扶贫

加强旅游设施建设。旅游资源的开发与利用离不开交通基础设施的建设，针对主要景区，故城县加快公路建设，确保公路可以直达主要景区，方便游客进入景区；为了提高景区之间的关联性，实现协同发展，故城县修建了景区间公路，串联了各个景区的旅游资源，提升旅游价值。同时，加快景区设施建设。充分利用贫困地区的旅游资源和区位优势，发展一批客栈、民宿、度假乡村、旅游小镇、民族特色村镇等乡村旅游新业态。引导贫困农户通过直接参与旅游经营、发展农宅合作，提供接待服务、销售土特产品等多种途径提高收入水平。深度挖掘现代农业园区、特色产业生产加工基地的生态休闲、农事体验、旅游观光、文化传承、科技教育等多种价值。

以营东皮草文化产业园区为突破口，大力发展裘皮裘革服饰，切实转变传统营销手段，在当地旅游业发展的基础上，抓住机会进一步做大做响运河裘都品牌。另外，大力宣传龙凤贡面、甘陵春酒、故城三豆、郭庄煊饼、卷卷、面筋、熏肉等当地特色食品，形成特色食品产业。

三 就业创业扶贫

就业扶贫是从根本上解决贫困的一项重要举措。针对此，故城县不断扩大和稳定就业，推行相较之前更加积极的就业政策。职业教育是解决就业的先行之策，可以保障就业的数量与质量，针对职业培训与企业就业针对性不强的问题，创新职业学校、社会职业培训机构与当地企业联合互动的模式，既满足了企业的用人需求，提升了企业效益，也使得就业者更快投入适应工作，实现收入的增长。与此同时，针对贫困劳动力面临的失业风险，完善失业保险制度，提高失业保险覆盖率和统筹层次，发挥好对预防失业和促进就业的保障作用。大力倡导全民，尤其是农村人口素质教育，提高其就业增收的思想意识，确保“十三五”期间完成城镇新增就业1.8万人，城镇登记失业率控制在4.5%以内。

1. 提升贫困人口的综合素质

加强职业培训与宣传法律知识并举。县政府应该加强对贫困人口劳动技能培训力度，不应该“纸上谈兵”，要积极落实相关的扶贫政策，并引导贫困劳动力参加。一方面，可以鼓励相关的职业技术学校扩大招生，加强对农村青年劳动力的职业教育，切实改善青壮年劳动力失业的局面；另一方面，要加大技能培训宣传力度，鼓励村民积极参与技能培训讲座，鼓励一些优秀的、具有丰富经验的种植业、养殖业的人员多多与村民交流；同时，还可以宣传劳动维权意识，及时派人讲解相关法律法规知识、务工常识和维权保护等基本常识，既可以帮助贫困劳动力保障自身的权益，又能引导他们更好地履行自身的义务。

加强贫困地区人才培养建设。人才是摆脱贫困的关键因素，要实施“走出去”与“引进来”相结合的措施，既要鼓励当地优秀的青年人才走出去开阔视野，又要引进一批“高精尖”专项人才，完善农村地区的人才队伍建设，使农村地区的人才具备农村地区发展所需的专业技能，切实地为农村地区发展服务。通过加强人才培养，可以更快地实现农业现代化、经营现代化，带动贫困地区经济发展，提高居民收入水平，为进一步脱贫夯实基础。

推广农业技术培训。故城县村民目前仍有大部分以种植业为生，要积极推进农业技术培训，增强种植业科学化、现代化，普及农业新成果和良种良法，鼓励农业专家积极下乡对农民近距离普及相关耕种知识，有针对性地讲解，做到因地制宜发展特色农业，积极引导农民利用现代科学技术以及知识改善种植状况，脱贫致富。推广农业技术培训，使故城县群众基本掌握1～2门实用生产技术，促进粮食高产量、高质量，解决农村经济和温饱问题。

2. 实施人才创新工程

加强人才平台载体建设，改进人才引进方式，在专业人才引进的同时，更要引进与人才相配套的发展项目，确保人才引之即用。围绕主导产业和战略性新兴产业发展，加强创业平台建设，发挥优势企业的主体作用，加大政府支持力度，积极引进和培养创新创业领军人才。完善人才流动配置，开展与京津等发达地区人才合作交流，积极与京津高校、科研院所对接，努力营造支持高层次人才创业创新的宽松政策环境。依托县职教中心，以主导产业为方向，加大对产业工人培训力度，打造创新发展的人才队伍。

四 文化产业扶贫

1. 发挥传统文化在市场中的作用

故城县要依托自身独特的传统文化，在做好文化传承的同时，注重发挥文化品牌的经济效益，重点发展一批具有当地文化特色的产业，2020年，实现企业生产总值达到全县GDP的8%；同时还要发挥以下几方面的优势并创新。

（1）龙凤贡面

龙凤贡面是在省政策的支持下开办的重点扶贫产业，一方面要注重利用好政策优势，加快发展龙凤贡面的产量，不断扩大小麦的种植、收购，形成龙凤贡面的产销一体化，一方面可以增加当地种植业的收入，另一方面可以依托特色文化食品产业带动经济的发展。

（2）青竹颜料

青竹颜料作为故城县产品创新的代表，在国内同行业中长期处于领先位置。在今后的发展中，其要更加注重创新、永续发展，相关的产业要在特色发展的基础上，制定“走出去”战略，使得品牌能够获得更广泛的认同。除此之外，还要注重产业的多元化发展，在生产青竹颜料的同时，可以延伸到文具用品、美术用品方面。在2020年，做到国内美术颜料代表品牌并得到国民的普遍认可，实现销售收入亿元的增长。

（3）甘陵春酒

酒文化作为中国传统文化之一，在文化产业中具有重要的地位，故城县要依托酒业这个具有传承意义的文化产业，大力发展企业规模，一方面要研发高品质白酒；另一方面更要注重对文化的传承，弘扬“甘陵春”的文化底蕴。在企业厂区内建成“甘陵春酒”展览馆，进行保护性实物展览、文献展览。

2. 加强历史文化和自然遗产的保护与开发

首先积极发展红色旅游文化，加强“四·二九”烈士陵园的保护，投资建成革命烈士教育礼堂和节振国等抗日英雄纪念馆。通过红色旅游产业增强民族自信心与荣誉感，还可以促进故城县经济的发展，增加地方收入。其次注重保护历史文化遗产，在开发文化资源的同时应注重保护。未来十年内，抓住大运河申遗的历史机遇，在大运河郑口挑水坝大堤外侧，拟投资1.5亿元，建成运河遗址公园和运河民俗博物馆各1处；依托政策扶持，加大投资力度，拟投资5000万元，恢复庆林寺原始寺院，使其与运河遗址公园、运河民俗博物馆等一道形成旅游景点；投入足够资金，加大省级文物保护单位十二里教堂等一批文物遗产的保护与维修。

3. 发展民族工艺品

大力支持恢复景泰蓝工艺品制作工艺，2020年末已建成景泰蓝制作工艺保护中心。

五　发展教育扶贫

研究发现，贫困现象在一定程度上会在代际遗传，而解决这种问题最有效的方式就是教育。教育扶贫不仅仅指义务教育阶段的教育扶贫，更指一个人完整的教育阶段，包括学前教育与义务教育及之后的高中教育，这三个阶段应该协调发展，有序过渡，保证教育扶贫的质量。未来十年，故城县重心放在教育资源的整合方面，发现问题及时处理，增加学校建设数量，提高学校建设质量，形成“一城三区”（县城高教园区、乡镇八大学区、特教幼教教学区）的新格局，进一步打造公平、高质、创新为主要特点的教育。

1. 提升基础教育水平

提质发展义务教育。义务教育是实现教育扶贫、解决代际贫困遗传的一个重要抓手，在此阶段要更加重视公平与均衡。实施农村寄宿制学校标准化建设工程，对农村地区中小学的薄弱破旧学校加以改造，推进学校基础设施建设标准化。加强对乡村教师的支持力度，完善教育优势资源支持薄弱学校机制。力争在全面建成小康社会收官之年，实现小学、初中阶段适龄儿童和青少年百分之百入学率。确保义务教育得到全面落实。

扩大学前教育。学前教育主要是指幼儿园教育，由于幼儿园多为私立创办，管理水平参差不齐，针对该问题，相关部门要加强监管，制定规范，从而保证相应的教学质量，提高幼儿的学前受教育水平。推进幼儿阶段教育现代化进程，进一步规范管理，促进其有序发展。到 2020 年，学前入园率达到 100%，城区公办幼儿园普遍达到省二级一类以上办学标准，社区幼托机构规范发展，建设具有一定规模、管理规范、设施达标的公办幼儿园 15 所，基本实现每乡镇都有 2～3 所规范化、高标准幼儿园。

大力发展好高中阶段教育。加大贫困地区高中突破工程和基础薄弱普通高中建设项目实施力度，改建翻新旧校舍与建设新校舍并举，着力改善寄宿生活条件，建设教学专用教室、特色功能教室，持续改善学习条件；建设生物化学实验室，兴建校图书馆，拓展学习资源。大力充实、完善各学科的课程教学资源。加强郑口中学建设，完善高级中学配套设施，进一步提升普通高中办学条件。到 2020 年，全县中学生中考升学率进一步提高，超过 90%，高标准向高中教育阶段过渡。

加快乡村教师队伍建设进度。中小学教师“省培计划”重点向故城县这类贫困地区倾斜，提升教学水平，增强教师留校意愿，实施经济困难地区补充教师经费资助计划，完善教师资源配置。

2. 降低贫困家庭学生就学负担

针对贫困地区、贫困家庭上学负担，落实好奖助学金扶持相关政策，主要是扩大助学金的覆盖范围与提升资助标准，最大限度地保证贫困学生在义务教育阶段均能顺利就学。除此之外，贫困地区学生的营养状况也需要改善。针对此问题，应扩大营养改善的覆盖面，实现贫困地区义务教育阶段的学校全覆盖。继续抓好普通高中贫困学生资助工作，认真落实普通高中、大学、中职学校“三免一补”政策。对于农村留守儿童，要按照“以家庭为主、以乡村为主、以教育为主”的原则，进一步做好留守儿童关爱服务工作，关注留守儿童心理健康，重视留守儿童基础教育，保障留守儿童接受义务教育的权利和义务，保障留守儿童健康成长。

3. 加快发展现代职业教育

根据国家大力发展职业教育的要求，进一步促进教育资源整合，实现职业教育“集团化发展”，更好服务“一城三区”经济发展，拟将县职教中心搬迁至郑口中学以南实行新建。提升职业教育类学校的招生数量，培养适合本地区经济发展的技术人才，做好教育与社会的有效衔接。2020年，初步建成集职教、科研、新增劳动力培训、新农民培训为一体的国家职业教育改革试验区，公民终身教育体系基本形成。

六　健康保障扶贫

按照“保基本、强基层、建机制”的总体要求，实行相应的改革，完善农村医疗卫生服务体系，提升服务能力，稳步提高健康水平。“十三五”期间，规划实施农村医疗卫生事业建设项目4项，新建县中医院、县妇幼保健院和医疗垃圾处理站，同时进行信息化建设。拟投资总额2.3亿元。

2016~2020年，从故城县实际出发，逐步建立一个适应故城县经济发展水平、适应人民健康需求、以政府为主导的疾病预防控制服务体系。到2020年，故城县疾控各项业务工作指标达到全省先进水平，疾病预防控制体系进一步完善，使疾病预防控制机构整体履职能力得到进一步增强。

1. 加强重点疾病防治

加强对农村重大疾病防控技术的支持和指导，强化预防接种管理，保持免疫规划疫苗高接种率。加强重点地方病和慢性病监测与防治能力建设，做好癌症早诊早治工作，建立健全慢性病综合防治机制。

2. 全面提升妇幼健康服务水平

充分意识到妇幼健康对整体民生的重要性，着力建设针对妇幼群体的专项服务机构，针对现有的机构进行改革，加强管理，使其符合现代发展要求。在这个过程中，针对保健方面，要做好群体与个体的有机融合，着力实施免费孕前优生健康检查项目、增补叶酸预防神经管缺陷项目、儿童营养改善项目和新生儿疾病筛查项目。全县妇女总和生育率保持在1.8左右，符合政策生育率达到90%。

七　社会保障兜底

脱贫攻坚是“十三五”时期主要政治任务，是第一民生工程，而社会保障兜底扶贫则是打赢脱贫攻坚战、建成全面小康社会的关键。

1. 健全社会保障制度

保障社会保障制度全民参与，做到在社保政策上不落下一人，同时进一步改革机关事业单位的社保制度。完善职工社会保险参与工作，重视职工社会保险参与程度低的就业群体，其中主要包括农民进城务工人员，广大非公有制经济组织从业人员及个体工商户等，实现法定人群全覆盖。落实统一的城乡居民基本养老保险制度，完善城乡居民基本医疗保险制度，稳步提高社保待遇。加大对公办养老机构资金投入，进一步完善对民办养老服务机构的政策扶持和激励机制，积极应对人口老龄化。

2. 建立完善社会化养老服务体系

切实提高老年人晚年生活质量，在社会服务方面，向老年人倾斜，优待老年人。切实解决老年人生活困难，细分老年人生活困难原因，例如年龄过大导致的生活能力下降或丧失、因病致残等，针对不同情况的老年人建立相应的救助政策，在城市发挥社区的力量，通过不断地宣传教化，引导建立尊老、敬老等价值观念，增强人们的责任意识，推动居家养老。

2016～2020年，故城县全县城镇、农村老年人100%被纳入社会保障和社会救助体系，落实城镇“三无”老年人和农村五保对象最低生活全额保障，促进农村特困老年人在养老、医疗等方面的困难能得到及时有效保障和救助。继续实施百岁以上老年人高龄津贴政策，根据有关政策和实际情况，适度降低高龄津贴年龄界线，2016～2020年为80岁以上老年人发放老龄补贴，并根据情况适时提高补贴标准。

3. 完善残疾人扶贫开发制度

全面贯彻国家新时期残疾人扶贫工作方针，针对关系残疾人群切身利益的问题加以解决，主要任务是持续提高残疾人群的收入水平，持续改善残疾人群的生活质量，推动更多残疾人脱贫致富、共享小康生活。“十二五”期间，针对残疾人群中的低收入者，帮助其尽快解决温饱，摆脱饥饿。继续巩固扶贫成果，改善残疾人生活环境。到2020年末，扶持3500名农村残疾人脱贫，采取切实有效的措施扶助11000名残疾人向富裕型小康水平迈进。采取的重点措施如下。

（1）深化认识，加强统一领导。要对残疾人扶贫在整体扶贫工作中的地位有着清醒的认识，认识到其重要性，同时残疾人扶贫工作在整体扶贫工作进程中更具紧迫性。全县要统一贯彻落实对残疾人的扶贫开发措施，促进故城县残疾人扶贫开发工作顺利进行。

（2）对低收入残疾人采取以直接扶贫为主的方式，探寻适合残疾人群从事的产业，重点挖掘劳动强度低、工艺流程简单的种植业、小商品加工业与一些传统的家庭副业，使低收入残疾人群可以真正投入工作，创造真正的经济。

（3）开展科技扶贫工作。利用科学技术使贫困残疾人口真正参与工作，通过其自身努力提高收入，发挥价值。重点应放在对残疾人群的技术培训上，充分依托各界力量，根据本地区实际需要与贫困残疾人群实际能力，培训实用技术，投入生产，从根本上解决残疾人群的贫困问题。

第十四章　易县脱贫攻坚综合案例

第一节　易县脱贫攻坚现状

实地走访发现，易县脱贫面临四大攻坚难题：一是脱贫攻坚任务依然艰巨。易县属于国定贫困县，也是片区县，脱贫压力大、任务重，虽然经过近几年来的大力帮扶，贫困人口规模下降明显，但是剩余贫困群众 3812 人属于深度贫困人口，自身发展能力更差，持续稳定增收有压力，所以解决深度贫困人口的脱贫问题更加困难。二是易县的经济社会处在升级转型的关键阶段，易县的经济实力较弱，并且在全面小康的大背景下，县域自身经济、带动贫困户的能力均需要提升。三是 162 个贫困村基础设施维护还需进一步加大力度，后续保障资金还有很大缺口。四是非贫困村需进一步完善基础设施。非贫困村由于没有明确的支持政策，基础设施长期得不到维护和管理，道路、广场、水利等基础设施明显落后于贫困村，其基础设施投入亟待加强。

第二节　易县脱贫攻坚工作主要举措

一　主体责任落实

易县县委、县政府始终把脱贫攻坚作为第一政治工程、第一责任工程、第一民生工程来抓，易县努力构建脱贫攻坚的组织化体系，用活攻坚组织保障这根指挥棒。一是构建最坚强的决策指挥体系。领导小组呈“双组长”模式，任用县委书记或县长作为一个组长，再让分管的县领导作为另一个组长来统筹规划，组建“一办十四组”；全县按区域被划分为9大战区，建立战区统筹调度推进制度，由县人大、县政协主要领导和县委常委负责牵头，对漏洞工作及时进行解决，并且领导各项工作进行。二是建立最有力的工作推进机制。县委常委会或扶贫开发领导小组会议每周召开一次，全县大会在出现重大全局事项时召开。易县仅2017年，组织召开全县三级干部大会4次、县委常委会14次、扶贫开发领导小组会议12次，各种调度会百余次，对脱贫攻坚进行全面安排；先后出台多项文件，例如《关于进一步推进脱贫攻坚工作的实施意见》《关于大干四十天打赢脱贫攻坚战的实施意见》等总体部署文件5个，关于工作队和帮扶责任人管理、卫生整治等专项文件25个。三是锻造最稳固的基层组织。对162个贫困村的两委班子进行全面整改提升，7个贫困村党支部进行了提前换届，对8名村支书进行了调整，10个班子不健全的贫困村启动完成了村委会换届，提高了农村管理者的综合水平。同时，投入资金170万元，为22个乡镇121个村配备、更换了办公桌椅，粉刷装修了36个贫困村村级活动场所，贫困村办公条件得到明显改善。四是派驻优秀的帮扶队伍。从易县抽调优秀的干部，派出贫困村精准脱贫驻村工作队162个、非贫困村帮扶工作队306个，落实帮扶责任人5241人。驻村工作队以村为家，兢兢业业，14个驻村工作队、14位第一书记、27位驻村干部得到省、市表彰。五是开展最严厉的督导问责行动。县委、县政府与乡镇、部门签订责任书，层层加压，把压力传导到每名党员干部。成立了扶贫领域监督执纪问责工作领导小组，加强对各乡镇、县直部门及驻村工作队督导管理，通报乡镇、县直部门12次，对16个驻村工作队做出了约谈主要领导的处理，召回了2名驻村干部。对39名党员干部扶贫工作的失职问题进行了追责。建立不同层面的微信群平台5个，工作进展及时展现，发现问题及时通报，领导要求及时传达。

二　保障政策落实

1. 教育扶贫

2014年以来易县全面实施薄弱学校改造、山区寄宿制学校建设、义务教育学校三年行动，累计投入5.13亿元改善学校办学条件，实施了30余所学校的新改扩建及维修改造和12.7万平方米运动场地的新改扩建工程；在偏远山区农村中小学新建13个塑胶操场，建设了占地82.5亩的九年一贯制学校，解决了3360个学生的就学问题；对38所学校的环境以及硬件设施进行改进。2015~2017年，易县共将生活补助2353.46万元发放给4.18万人次贫困寄宿中小学生；发放普通高中国家助学金1363.3万元，资助14088人次；发放中等职业学校国家助学金803.275万元，资助8032人次；中等职业学校免学费11215人次，共免资金897.2万元；高职中建档立卡学生享受“三免一助”2332人次，“三免”金额201.1万元、助学金274.8万元；实施“雨露计划”，覆盖1897人，落实资金569.1万元。

2. 危房改造

遵循“科学规划、政府引导、群众自愿、统筹发展”的准则，解决了经济困难农户住房安全问题。对需要补助的对象坚持公正的、公开的审核程序。同时，建立健全公示制度，积极创新工作方式，探索和积累危改经验。易县全体人民已搬出危房。

3. 健康扶贫

易县医疗条件逐渐改善，全县现有医院57家（县级有两家综合医院），每个乡镇每个村都有标准化的卫生所，数量分别达到27所和469所。易县还与河北省荣军医院开展医疗救助合作，重度精神病人能够得到免费医疗救治。易县针对全县因病致贫率高的情况，以方便就医、看得起病、不因病返贫为原则，将医疗政策落实变得制度化、人性化。一是全部贫困人口参保，县财政承担全部贫困人口的参保费用，保障了全体贫困人口的参保。二是实行四重保障，即大病保险救助、基本医疗保险救助、民政医疗救助以及医疗商业保险补偿。三是建立商业保险防返贫机制，为防止大病报销后自费部分高造成返贫，县财政拿出250余万元对全县所有贫困户按照每人55元的标准全部上了商业保险，大病保险住院报销后可再报销自费部分5000元，全县报销比例达到了95%以上。四是让服务更便捷，在医疗上实现“一站式”服务，使贫困户有病能医。五是推行便民措施，建立医疗代办制度。易县在全省率先推广了“医疗代办服务”制度，在县乡村分别建立了医疗代办服务机构，安排了代办人员，对贫困户提供询医问药、代办报销费用服务，作为典型经验在全省推广。2017 年易县为贫困户建立电子健康档案 44571 份，2637 人次享受到了该政策。补偿救助资金共计 1967.09 万元，其中，基本医疗保险救助 663.42 万元、大病保险救助 672.73 万元、民政医疗救助 630.94 万元，报销比例已达 95% 左右。

三　后续扶持巩固提升

为了进一步落实“脱贫不脱政策”的要求，从抓脱贫群众后续扶持巩固着手，易县制定出台了《贫困退出扶贫产业巩固提升发展规划》《脱贫攻坚后续帮扶及巩固提升规划》等五个专门文件；12 个县直部门制定了后续扶持政策专门文件，28 个乡镇、468 个行政村分别制定了 2018 ~2020 年三年脱贫攻坚实施计划。

第三节　易县脱贫攻坚进展和成效

一　项目引领，产业为本，突出念好脱贫攻坚“致富经”

易县“从扶贫切入、从产业入手”，投入 2.7 亿元将产业作为脱贫的重要手段，三年来共实施了 542 个产业来带动脱贫。

一是进行顶层设计谋划产业发展。从易县的地理、资源和产业特色出发，进行顶层设计，精准落实富民产业，本着扶贫抓产业、产业抓片区、片区育龙头、龙头带基地、基地连农户的思路，在全县建立了八大产业片区，扶贫产业呈现出“以短养长、长短结合、众星捧月”的发展新局面，实现产业在贫困地区的全覆盖。

二是创新机制引领扶贫。易县创新推广了七种扶贫产业模式，将贫困户利益与产业紧密地连接到一起：①“片区 + 扶贫”：发挥集约效应，实现优势互补，在全县打造了八大产业片区，由梁格庄、清西陵、易水湖旅游及相关产业片区，白马经济观赏型花卉苗木及特色种植产业片区等片区构成。②“园区 + 扶贫”：易县注重发展现代农业，建设农业园区，推动产业覆盖全域，尤其是贫困区域。在全县34家园区中，省级农业园区有1个，市级园区有10个，市级精品特色园区有3个，县级农业园区有20个，覆盖了75个贫困村、1.6万贫困人口，实现了“县域有精品、乡乡有园区”的目标。③“龙头企业+扶贫”：易县开展了“千企帮千村扶万户”的扶贫助企活动，扶持发展较好的企业并将之与贫困村对接，进而带领贫困户一起发展产业，共同致富。④“合作社+扶贫”：全县成立七十多家贫困村扶贫合作社，全县有三万多人用土地、资金以及劳力入社，扩大了收入来源。⑤“旅游+扶贫”：围绕“狼牙山、易水湖、清西陵”等旅游景点，做好乡村旅游品牌，让“旅游+扶贫”发挥覆盖更多区域的带动作用。⑥“巢状市场+扶贫”：巢状市场源于坡仓乡桑岗村，该村通过与中国农业大学展开深度合作，实践推广了巢状市场小农户扶贫模式，搭建“农户与社区产消直接对接”的新平台，即社区居民在平台订购农产品，农户提供社区居民满意的农产品，让生产者安心生产，消费者放心消费，解决了生产者与消费者信誉缺失的问题。由于市场的扩大，易县6个乡镇22个贫困村，800户2000贫困人口的人均收入增加了1000元左右。⑦“资产收益+扶贫”。易县对无劳动能力群体和产业收益不高的贫困人口进行股权收益分配，政府安排财政扶贫资金7262万元注入有实力的中凯、百悦等旅游企业，每年收益不少于726万元，把股权收益分配给建档立卡贫困户，具有精准、风险低、可持续的特点，确保了贫困户收入稳定。

三是发展全域旅游带动脱贫。最近几年，易县着眼于“全域旅游、全景易州”的建设，并且将其与脱贫攻坚进行结合，让全域旅游带动易县贫困户经济稳定增长，推动脱贫攻坚成果稳固。易县的做法是：把景区打造成产业龙头，在易水湖景区和狼牙山景区通过发展特色的旅游项目，让3000多贫困人口参与旅游项目有关的工作，使其有了稳定的收入来源，并且让200户贫困户因此走上了致富的道路；清西陵5A级景区的建设涉及30多个贫困村、近万的贫困人口因为景区的建设找到了稳定的工作并实现稳定的增收。把贫困村打造成美丽乡村。在美丽乡村的号召下安格庄乡金坡村的环境焕然一新，打造出了易水湖带有独特风味的饮食一条街，使得“渔家乐”这一品牌在社会上具有较高的知名度，使乡村依靠旅游业脱贫致富。把交通主干道打造成景观大道。易县投资6100万元，对长约80公里的廊道进行绿化工作，在国道省道上实施美化工程，交通主干道周围也种植可观赏的经济作物，呈现出了一条亮丽的风景线。周边的农户也投入农家乐的创办、特色农产品的销售中，据统计，易县共有5100名贫困人口参与了农家乐乡村旅馆经济，5000多名贫困户通过销售杂粮、大枣、薯干等农副产品实现稳步脱贫，近8000名贫困人口以土地房产入股旅游发展公司，从中取得分红。易县将当地特色融入旅游发展中，更好帮助贫困户走脱贫之路。

四是发展特色产业增收到户。以贫困户增收为目标，大力发展旅游、林果等八大产业。①旅游产业。一百多个贫困村已建立采摘园，旅游产品有上百种，旅游产业项目飞速发展，乡村旅游收益节节攀升，尤其是清西陵、易水湖等景点的人均收入增加了近8000元。②林果产业。采取林粮、林药间作的方式，发展以“贺英牌”“牛岗牌”为主的三优富士苹果、薄皮核桃、樱桃、磨盘柿等特色林果产业，林果种植面积达到40.9万亩，辐射带动6686户9372名贫困人口，年人均增收200元。③养殖产业。重点发展以肉鹅、生态鸡、肉驴、肉牛、生猪等为主的养殖产业，全县养驴规模达到1.2万头，肉鹅存栏12万只，生猪存栏28万头，肉鸡存栏30万只，辐射带动3951户7737名贫困人口，年人均增收600元。④种植业。全县药材种植2000亩，红树莓种植1200亩，优质花生种植5700亩，食用菌种植规模200万棒，辐射带动2822户6435名贫困人口，年人均增收500元。⑤苗木花卉产业。各类苗木种植面积达4.5万亩，辐射带动了773户1959名贫困人口，年人均增收700元。⑥光伏产业。全县共有光伏发电142.76兆瓦。建立分布式光伏扶贫电站138个，贫困村的集体收入每年达到2.2万元以上。光伏产业带动作用明显，覆盖带动贫困户4409户，2020年人均增收800元。⑦电商产业。电商服务中心基本覆盖贫困村。⑧家庭手工业。突出箱包、砚台、铜雕、刺绣等家庭手工业拳头产品，辐射带动935户1855名贫困人口，年人均增收1000元。

五是多渠汇水、多点支撑，拓宽增收渠道。为防止“简单发钱养懒汉”，易县围绕产业、就业提升扶贫成效，增强贫困群众内生动力，建立了产业推进五字法，通过“引、联、稳、带、创”，实现多渠汇水、多点支撑提升贫困户脱贫质量。

（1）到户产业项目“引”。对有劳动能力的贫困户引导发展苹果、核桃、板栗、苗木、甘薯、花生等种植和羊、鸡等养殖项目，通过送苗子、送种子、送技术和补贴等方式，鼓励贫困户参与生产经营，使“农民变技师”，更好地脱贫致富。到户产业覆盖贫困户5543户，占贫困户的30%，年人均增收336元。

（2）资产收益项目“联”。县内的众多优秀企业直接发放与贫困户建立联系，收益直接发放到贫困户手中。资产收益项目覆盖贫困户15895户，企业带贫率达到86%，年人均增收210元。

（3）土地流转“稳”。全县有152个村3357户贫困户土地被流转，占贫困户比例为18.17%，每亩土地流转金800～1300元，收入稳定可持续，同时能劳者还可以务工就业，补贴家用。通过签订土地流转协议实现稳定的土地流转、稳定的土地流转收入、稳定的务工就业渠道，即实现了“三稳”。

（4）务工就业“带”。一是易县旅游企业和生态农业园区发展较好，优先带动贫困户务工就业，覆盖贫困户797户，年人均增收4000元。二是优先安排贫困户公益岗位，安排生态护林员84人，安排村级保洁员136人，年人均增收7000元。三是依托县人力资源市场，搭建用工对接平台，带动贫困劳动力务工就业。其中乡（镇）内务工5510人，乡（镇）外县内务工80人，县外省内务工805人，省外务工3664人，年人均增收5000元。

（5）商业带动“创”。贫困户可以在景区中寻找商机，将农产品转变为商品，进行自主创业，增加自身收入。参与该活动的贫困户达2000多户，每年每户人均收入能够增加近15000元。

目前，全县建档立卡贫困户每户都有增收项目，实现了产业的全覆盖，贫困户收入中产业收入达1/3，就业收入达1/2。易县依托丰富多样的自然资源条件，对贫困户形成了“长短结合、多重覆盖”的扶贫产业格局，保障了贫困户的稳定增收、稳定脱贫和成果巩固提升。

二　多点发力，统筹推进，全面编织脱贫攻坚“保障网”

一是易地搬迁脱贫。易县已经实现建档立卡贫困人口200多人易地搬迁，同步易地搬迁600多人，共有800多人口实施易地搬迁。县委、县政府把易地搬迁扶贫作为扶贫工作一项硬任务，从搬迁政策宣传入手，入户发放易地搬迁扶贫宣传手册1万多份，入户实地核查，了解群众居住条件、搬迁意愿，认真执行户申请、村核准、乡申报与县把关的操作流程。目前，流井乡建新村集中安置项目已经全面竣工，26户搬迁户已全部入住，对6个鳏寡孤独户实行集中养老，建设了24张床位的幸福养老院；62户分散安置项目正在组织验收。并且，易县着眼于后续产业的进行，编制出台了《易县易地搬迁扶贫后续产业发展规划》，贫困户全员的产业发展得到政策的帮扶。

二是生态扶贫。易县秉持“生态为本、绿色优先、持续发展”的发展理念进行经济发展，已经投入1亿多元在营林护林项目上，重点实施造林、太行山绿化、公益林管理、森林防火、病虫害防治等项目，将林业项目的资金首先投入较为贫困的西部山区，以生态来扶贫，实现了每年10万亩造林的目标。森林覆盖率每年以1.3个百分点的速度递增，全县林果种植面积40.9万亩，林业总产值达到7.9亿元。遵循扶贫精神，将生态保护补偿资金在扶贫工作上高效化使用，以精准、自愿、公开、公平、公正为准则聘请84名贫困人口为护林员。

三是社会保障兜底扶贫。严格落实两线有效衔接，将农村低保标准提高至3504元/年，应保尽保，兜住贫困人口民生底线；依据“保基本、广覆盖、有弹性、可持续”准则，每月80岁及以上的老人都能用额外的补贴款来解决自身生活问题，社会养老保险在城乡全域覆盖。

四是对接扶贫。其一，加强组织领导：由一名县委常委领导牵头，成立了对接办，通过积极对接，与海淀区签约8个项目，涉及投资约2亿元。其二，加强人才交流：在教育上与优质地区学校进行合作，安排39名教师及7名干部到北京海淀区进行培训学习，进行人才培养，构建人才交流通道。其三，强化资金使用：与北京海淀区深入开展对接合作，对口帮扶资金6511.6万元，涉及17个项目，帮助3993户、11000建档立卡贫困人口脱贫。目前，为44个贫困村建设道路面积34.8971万平方米，全县162个贫困村建设了综合性文化服务中心文化科普宣传长廊，部分农家书屋配套了设备及器材等。其四，加强产业和劳务协作：与海淀区签约8个项目，涉及投资约2亿元；以各种活动来与北京铁路局结对，让43人由此获得工作。

五是电商扶贫。其一，健全了三级组织体系：如建立了县级公共服务中心，开设了京东·中国特产易县馆，配齐了400多个村级服务站等。其二，打造了一批易县品牌：如易州印象、恋上玫瑰、易水山珍、靠天收、蔡家峪等产品40多款，涵盖柿子深加工、干果、杂粮等系列产品。多次开展农村电子商务培训。如今，易县开设网店有600余家，每年销售收入达到了千万元以上。其三，开展了一系列电商活动：先后举办了"易县首届电商创业大赛""易县首届电商年货节"等多项电商活动。2017年10～11月开展第二届柿子采摘节活动，由县委书记代言，登录CCTV2，社会反响强烈。

六是金融扶贫。成立了易县金融服务中心，在24个乡镇设立了乡镇金融服务部，162个贫困村建立了贫困村金融扶贫服务站，三级金融扶贫网络已建成。建立了风险补偿基金、保险基金两个资金池。风险补偿金已开立专户存入签约合作银行。

三　强化投入，改进民生，集中打造脱贫攻坚"硬支撑"

结合美丽乡村，积极加快建设贫困地区基础设施。一是饮水安全工程。自2015年，累计投入2000多万元，解决4.37万名贫困群众的饮水安全问题。新打机井216眼，安装管道16.6万米，修建蓄水池11座、消毒设备36套，通过多年持之不懈的项目投入，实现了全县村村有饮水安全工程、水源供水保证率不低于95%、贫困户饮水安全比例100%的目标。二是道路硬化亮化工程。着力于村与村之间道路畅通项目，将乡村公路的老化、硬化问题作为重点解决对象。实施路面硬化530521平方米，贫困村全部通水泥路，村内主街道全部硬化。同步实施了亮化工程，安装路灯8875盏，亮化工程覆盖所有贫困村主街道。真正实现了村内主要街道硬化亮化率100%。易县可以通行车辆的公路里程已经达到1822公里，公路的密度高达71.9公里/百平方公里。三是文化进村工程。全县各村都建立了综合性文化服务中心，确保每个村都至少有一个多功能活动室、一个农家书屋、一个文化科普宣传长廊、一个文体广场，配发各类标识标牌604套、各类制度牌214套、农家书屋书柜228个、桌椅623套、报刊架104个、图书81000册、棋牌桌111个、电视机90台、影碟机105台、投影仪90套、音响320套、锣鼓镲125套、秧歌服2220套，有关体育健身的器材用具一共162套，让贫困户可以进行文体活动，满足了贫困户对多元文体活动的渴望。四是安全用电工程。易县注重农村电网机井用电设施的升级改造。投资1.96亿元，新建改造10千伏线路336.5公里、0.4千伏线路536.09公里，安装配变电设施467台，增容用电51.85兆伏，实现了农村稳定用电、安全用电。五是宽带入户工程。全县162个贫困村光纤宽带到村，实现了“三网合一”功能。六是财政保障工程：注重资金筹集问题，为脱贫攻坚做好准备。制定了《易县财政专项扶贫项目管理办法》，明确了扶贫资金项目立项、实施、验收等程序，全县共投入财政专项扶贫资金26457.75万元。明确了乡镇和相关部门职责、项目监管和责任追究，使扶贫资金使用更加精准。

四　暖心帮扶，提振精神，广泛激发脱贫攻坚“内动力”

立足服务帮扶贫困户，开展一系列活动，提振贫困户的精气神。一是开展卫生整治行动“提神”。易县筹资1100多万元，对所有贫困村的环境卫生进行了大清理，同时对垃圾池、垃圾箱等与卫生相关的设施进行了进一步完善，保障村村都有保洁员，并签订了协议。目前，易县各个贫困村环境卫生设施已达标，环境卫生能够长期有效保持。二是开展文化下乡“富脑”。宣传、文化部门精心编排了扶贫政策惠民的文艺节目，到各贫困村进行巡回演出，让群众看演出、过戏瘾。宣传、文化部门已经下乡演出295场，让65个贫困村居民不出村就能观赏戏曲等文化节目，丰富居民文化生活，激发了脱贫致富内生动力。三是开展帮扶活动“暖心”。在全县干部中开展温居暖心行动，发出了贫困帮扶动员令，全体驻村工作队员和帮扶责任人都到分包的贫困户家中，开展政策宣传及帮扶暖心行动，一方面宣传扶贫政策；另一方面提供必备生活用品救助，解决贫困户生活难题。四是开展培训活动“增智”。大力开展扶贫科学技术培训，几年来共举办相关培训班1500余场次，培训土专家3200名，培养新型职业农民

366 名、技术能手 2000 人，实现转移就业近万人，3 万多名贫困群众受益；让贫困户备感来自政府与党的关怀，促使贫困群众主动脱贫。

第四节　易县脱贫攻坚工作先进典型

一　以强有力的组织保障推进扶贫，压实脱贫责任

一是建立“一办十四组”指挥体系。全年瞄准脱贫摘帽总目标，全县上下联合发力、脱贫攻坚，在贫困退出领导小组的统领下，形成脱贫办、产教扶贫等 14 个推进团队，统筹推进脱贫。二是建立九大战区调度体系。全县划分 9 个战区，由县委常委、县人大、县政协主要领导牵头包片包村，形成九大战区指挥调度体系，督导推进扶贫。三是分级压实脱贫攻坚责任。在明确乡村脱贫主体责任的基础上，强化县级领导责任，36 个副县级领导同县委书记、县长签订了脱贫攻坚责任书，建立了以上率下、倒逼责任落实的机制。

二　以灵活的机制推进产业扶贫，提升脱贫质量

以顶层设计为总路线，精准实施以产业带领脱贫的战略，牢记扶贫抓产业、产业抓片区、片区育龙头、龙头带基地、基地连农户的思路，在易县形成了以八大产业片区格局，推行片区扶贫、园区扶贫、龙头企业扶贫、合作社扶贫、旅游扶贫、巢状市场扶贫、资产收益扶贫七种模式，形成了旅游、林果、养殖、种植、苗木花卉、光伏、电商、家庭手工业八大富民产业，形成了长短结合、以短养长的产业发展机制，实现贫困户产业全覆盖。巢状市场扶贫经验被推荐到国务院扶贫办，易县代表在全省农业农村会议上进行了全域旅游扶贫典型发言。

三　发挥山区自然优势，引导推广巢状市场小农户扶贫模式

中国农业大学与易县扶贫办合作，以易县坡仓乡桑岗村为试点，实践

推广了巢状市场小农户扶贫模式，即组织山区农户生产、城市社区居民消费的产消直接对接的扶贫模式，以“山区贫困小农户现在有什么”为出发点，通过把带有地方特色的农产品转变为可出售产业化的商品，顺应城市消费者对健康食品的追求，将巢状市场作为主要的商品交易形式，通过城市与乡村人口之间的互相信任，将社会财产转化为带动脱贫事业的资金。实现精准、稳定和可持续的脱贫成果，彰显共享、协调、绿色、创新的精准扶贫理念，搭建便于农户参与的新平台，达到平台订购、村民增收、社区消费者满意的目的，让生产者安心生产，购买者放心购买。具体做法：一是发挥山区自然资源优势，组织贫困户生产特色农产品，激发其内生动力。中国农业大学研究团队与桑岗村村委会合作，成立自助协会，动员贫困户成立生产小组，起初由中国农业大学引导，发展成熟后由农户自我管理，研究团队做好指导服务。二是依托社会网络发展消费群体，搭建产销平台。借助新媒体平台，逐渐发展壮大消费者群体，截至2017年底，仅桑岗村、宝石村两个村的直接消费者就有500个超过城市家庭。三是城乡对接，开展产品配送，实现互利双赢。城市人口根据每周的需要，在信息软件下单，农户按照购买者的要求，组织生产，及时发货，先后在北京、保定建立11个快递点，这种巢状市场的扶贫模式发挥了平台纽带连接的作用，也增强了山区农户与社区居民的互动、互信，促进山区经济增长。这种扶贫模式充分利用农户生产的资源优势，调动了农户生产的积极性，是精准扶贫的进一步深化。易县与中国农业大学深度合作，制定巢状市场发展规划，在现有6个乡镇22个村的基础上，全面覆盖山区乡村，这种模式已成为当地主要扶贫模式。

四　以严格的制度管理项目，发挥资金效益

一是建立项目库制度。在全省率先建立了项目储备库、在建项目库、项目效益跟踪库等三个项目库，2017年项目储备库有项目2162个、项目资金12.63926亿元；在建库有项目683个、项目资金2.557亿元，项目管理实施更精准。二是建立项目管理实施制度。项目安排坚持“七个优先”（产业项目优先、配套项目优先、深度贫困村优先、小型公益性和生产设

施建设优先、贫困退出达标建设优先、带动能力强的项目优先、落地快的项目优先），项目实施坚持“三个原则、四种模式”（三个原则：贫困户受益、催生内生动力、“政策兜底+产业扶持”，四种模式：直接扶持到户、入股合作社、入股龙头企业、资产收益扶贫），确保资金效益有保障，易县项目管理经验在全省扶贫办主任会上推广宣讲。2017 年整合资金 26672.34 万元，整合比例为 93%。

五　以全新的社会帮扶形式，激发内生动力

让贫困群众在教育、住房、医疗三项基本保障的落实中提升获得感、幸福感，再以全新的帮扶项目激发贫困户产生自我脱贫的动力。一是开展提神、富脑、暖心、增智专项帮扶行动：投资 1100 万元对 162 个村环境综合治理；开展文化下乡 295 场次，65 个贫困村的上万名群众文化生活得到了丰富；在全县干部中开展温居暖心行动，扶贫责任人每周入户一次，驻村工作队每天入户，一对一进行帮扶和政策宣传；举办培训班 1500 余场次，培训土专家 3200 名，培养新型职业农民 366 名，技术能手 2000 人，实现转移就业近万人。二是创新推进医疗代办服务制：深入推进健康扶贫专项行动，面对困难群众量身定制了医疗代办服务制度，162 个贫困村建起了村级医疗代办站，27 个乡镇卫生院设立了医疗代办服务处，3 家医院开设了医疗代办服务窗口，3000 余户贫困户从中受益，医疗代办服务制度在全省进行了推广，群众满意度普遍提升。

第十五章　威县脱贫攻坚综合案例

第一节　威县扶贫脱贫总体情况

威县的贫困状况可以概括为“一广、两多、三少、四难”。“一广”，即贫困人口分布广，贫困人口分布于所有乡镇507个行政村，97.1%的村有贫困人口。“两多”指生病所导致的贫困户多，在建档立卡贫困户中占到58%以上；低保救助人员多，建档立卡人口中享受低保、五保救助占比59.9%。“三少”，即文化设施少，80%的村没有文化广场，60%的村农家书屋有名无实；产业覆盖少，农业产业化经营率不到40%，梨果、葡萄等富民产业仅覆盖25个村，农民增收渠道窄；优秀人才少，农村致富需要有技能的优秀人才起带头作用，然而目前农村技能人才缺乏，人才密度指数低于全省5.2个百分点。“四难”，即出行难，全县1/2以上的村主街道没有硬化，70%的村主街道没有照明路灯；就医难，60%的村没有标准化卫生室，绝大多数村医没有经过正规培训；上学难，全县农村几乎没有达标公办幼儿园，30%的农村中小学校舍不达标，45%的学校缺少器材设备；饮水难，全县近1/4的村没有安装自来水管，群众安全饮水没保障。

针对上述状况，着眼保证现行标准下的脱贫质量，威县坚持实事求是，确定了“不错不漏、硬件达标、政策落实、保障有力、群众满意”总目标，依照社会治理理念、市场思维以及“产业、政策双扶持双兜底”的整体思路，实施了“四个动起来、四个全覆盖”路径，全党动员、全员压上，全力以赴、强力攻坚。截至目前，全县剩余贫困人口2438户、5494人（含自然减员110人），贫困发生率降至1.19%。全国范围的产业精准扶贫现场会设在威县进行实地观摩，并且“金鸡帮扶”项目作为中央政治局第39次学习的资料供扶贫工作各方进行集体学习；在2016年度河北省范围重点工作考核中，威县有31项扶贫重点工作排名第一；2017年度威县的脱贫攻坚工作在62个贫困县中成绩排名第二；在河北省县（市、区）委书记工作交流会、脱贫攻坚“擂台赛”、产业扶贫现场会上做典型发言。

第二节　威县退出指标完成情况

对照中办、国办《关于建立贫困退出机制的意见》和《河北省贫困退出工作实施细则》，威县较好完成了各项指标。

一　贫困户退出方面

依照“6项退出标准”的规定，按照贫困户提出申请—逐户测算人均收入—召开村民代表大会进行民主评议—公示后报乡政府审核—审核名单在村二次公示无异议后报县扶贫办复审—复审后县级新闻媒体和村公告“六步工作法”，驻扎在脱贫工作一线的工作人员要坚决做好贫困户退出工作，让群众认账，努力获得群众的认可。威县脱贫工作从2014年开展以来，已实现建档立卡贫困户7329户退出，仍处于建档立卡未脱贫的为2438户。

二　贫困村退出方面

对照“9项退出标准”（主要包括村内有基本环境卫生设施，有标准化村卫生室，有基本文化服务设施，村级组织健全且发挥作用明显，村集体经济收入高于2万元等），按照“乡初选、县审定、市核查”的程序，2014年以来，威县有147个贫困村退出，目前仍剩余贫困村34个。

三　威县退出指标完成情况

对照“7项退出指标”和国检评估验收方案，威县具体指标完成情况如下。

——“两率一度”达到贫困县的退出标准。以2014年底全县乡村户籍119875户461096人为基数，按目前全县剩余未脱贫人口5494人计算（未剔除自然减员110人），贫困发生率1.19%。市初检核查和省退出验收检查评估，未发现错退、漏评。

——群众认可度高于90%。市初检核查抽样596户，群众认可度95%以上。省验收评估抽样1089户贫困户，认可度94.31%。

——脱贫攻坚任务部署落实。建立由书记以及县长任组长的“双组长”组织模式，同时也确定由县委副书记兼任脱贫办主任专职抓脱贫，将责任落实到多个层级，逐渐构建农村扶贫工作体制，由县乡村三级书记共同抓扶贫。为了确保工作、政策、责任的“三落实”，三级干部大会每年召开一次，使得扶贫工作小组能够高效调度，便于沟通和协调。

——“两不愁三保障”政策落实到位。深入实施民政兜底、扶贫助学、基本医疗、饮水安全、住房安全、社会保障“六个全覆盖”工程。建档立卡贫困群众基本医疗保险参保率、子女享受教育扶贫政策比例、产业就业政策稳定增收比例、安全饮水和住房安全比例均达到100%。

——基础设施和公共服务全覆盖。实施畅通出行、文化惠民、设施达标、环境治理、智慧建设“五大工程”，2021年县政府出资1亿元，按照贫困村建设标准打造341个非贫困村，补齐公共服务短板，解决了硬件建设不充分、不均衡问题。

——后续帮扶及巩固提升措施完善。坚持问题导向，优化政策供给，制定了《威县“十三五”脱贫攻坚规划》《关于做好精准脱贫后续帮扶及巩固提升的实施意见》《脱贫攻坚三年行动计划（2018～2020）》，强化到村到户到人的精准帮扶举措。

第三节　威县“两不愁三保障”政策落实情况

威县在坚定不移落实中央和省市规定的同时，下足绣花功夫，创新扶贫模式，实施“七大攻坚战”，做到“七个到村到户”，变“大水漫灌”

为“精准滴灌”，确保贫困群众高标准实现“两不愁三保障”。

一　实施基础工作攻坚战，巩固帮扶到村到户全覆盖成果

只有把贫困人口和致贫原因搞清楚，才能做到真正的扶贫与脱贫。为此，应健全完善“三项机制”。一是精准识别机制。开展建档立卡“回头看”，做到“三个一”。①制定一套识别方案。制定《威县农村贫困人口建档立卡“回头看”工作方案》等“1+4+1”方案，形成识别—建档—追责的监管机制，使省市“两率一度”回头看工作更加具体化。②设计一套识别模式。每村绘制住户分布图，一次入户摸清贫困户、低保户、危房户、特困户“四个底数”并精准识别。同时，绘制基础设施建设图，明确路、灯、广场等设施建设安装位置，做到一目了然。③建立一套联动体制。建立领导驻村解剖、工作队留痕、部门比对信息、群众评议打分“四级联动”机制。开展“我到基层住一晚”活动，县级领导带头按照每人分包 2 个村、每村 3 户的标准，逐户走访、逐项算账；在全省率先研发精准扶贫大数据平台，通过手机 App 客户端 GPS 定位，动态记录贫困户底数、致贫原因、帮扶措施、收入情况等，做到过程留痕；建立与公安、民政、人社等部门数据信息共享机制；严格把握“两不愁、三保障”识别标准，最大限度上减少失误，全县未出现识别退出引发的信访案件。二是驻村帮扶机制。成立精准脱贫驻村干部管理办公室，常态化开展“三查两看一提升”（查工作纪律、工作作风、工作落实情况，看帮扶成效、群众公认，提升贫困村发展能力）管理机制，建立县直单位与帮扶村捆绑责任制，变工作队驻村为单位联村，形成单位做后盾、班子成员做表率、一把手负总责的工作体系。三是档案模板机制。制定扶贫手册填写模板，细化帮扶“五项内容”，明确 2014～2018 年度具体工作要求，细化 4 类 28 项 74 个注意事项和 34 项到户到人贫困户应该享受的政策清单，做到基础信息、填写内容、逻辑关系“三个清楚”。

二　实施产业扶贫攻坚战，巩固产业到村到户全覆盖成果

产业扶贫和绿色减贫是扶贫工作的重中之重，在“产业为基、机制突

破”思路指引下，要不断探索利益联结机制，让贫困地区的人们拥有产业带动脱贫的“金饭碗”，具体做法有：一是培育富民产业。考虑到以往“一棉独大”和产业覆盖低的现象，全县努力打造“三带三园”的总体布局，并且聘请中科院专家为总体的发展布局编制现代农业规划，实现了对贫困村、户近90%的覆盖率，同时也提高了当地农业产业化经营效率，从过去的43.7%提高到65.1%。二是创新联结机制。对“金鸡”模式的整体概念进行复制并且有所创新发展，全县在探索中逐渐形成白羽、金牛、威梨、根力多等“五大资产收益扶贫模式”，覆盖14655名贫困群众，促进了人力、资金和机制的联合发展。同时，在探索中还提出了“三权分置”制度来保障利益的合理分配。威县有181个重点村，如果每个村增加4万元的整体收入，就能够补充贫困村的公益事业维护所需要的支出以及在“特惠岗位”上所需要的支出。三是培育“三金”农民。按照“262”（龙头企业占20%，合作社和家庭农场占60%，分散经营占20%）原则，实现了流转土地共计49.41万亩，土地的流转率达到47.97%，成功实现了“一份土地挣三份收益”，使14.5万名农村劳动者不再只是在土地上劳作，如今人年均增收达到了2万元。四是拓展合作模式。制定了《支持农民合作社加快发展意见》，对“土地+资金、工资+效益提成、资产自有+统一管理、联合经营”等农民专业合作社建设新模式进行了探索。在这一模式的引领下，威县建成了118家“示范社”，也因此被评为全省农村股份合作制经济示范县。在这5年（2015~2020）的建设中，贫困地区的年人均收入提高了近14%，农民小轿车的拥有量也以每年1.1万辆的速度增加，在提高农民幸福感的同时，也助力城乡一体化发展。五是做强经营主体。按照“四化”的整体方向，对农业供给侧结构进行改革。同时出台《农业领域招商优惠政策》，建设了一批重大的基础设施，涌现出市级以上具有产业化的龙头企业共36家，产业结构不断优化，由2012年的44.1∶31.5∶24.4逐渐调整到2017年的30.1∶34.1∶35.7。六是拓宽覆盖领域。全县积极推动电商扶贫，获得国家“电子商务进农村综合示范县”的称号，使将近1560户贫困户摆脱贫困；努力推进光伏太阳能扶贫工作，在全县培育了42个示范村，其中包括327个示范户，光伏太阳能扶贫的落实使得每户年收益平均达到了2800元；在全县鼓励手工业扶贫，共有30个粗布纺织和箱包制作等示范村涌现，使产业对贫困村、户全面覆盖。

三　实施政策落实攻坚战，巩固政策到村到户全覆盖成果

实施民政兜底、扶贫助学、基本医疗、安全饮水、住房安全、社会保障“六个全覆盖”工程，高标准确保群众实现“两不愁三保障”。一是民政兜底全覆盖。坚持低保线与扶贫线“两线合一”，13574 人建档立卡贫困人口享受低保救助，占全部建档立卡贫困人口的 59.3%，2019 年每人每月平均补差 186.7 元，高出省定标准 11.7 元。2017 年全县发放低保救助金 3762 万元、五保供养金 1307 万元、残疾人补贴 313 万元，民政兜底做到应保尽保、应扶尽扶。二是扶贫助学全覆盖。威县以减少贫困代际传递为目标，2012 年以来投资 11.8 亿元，改扩建危旧校舍 89 所，更新教学设备 125 件（套），被评为全国“两基”教育工作先进县、全国教育质量监测工作先进县。2016 年以来，累计发放国家专项救助资金 597.2 万元，救助 4369 人次；发放学前资助资金 31.3 万元，救助 396 人；发放“两免一补”资金 253.8 万元；救助 2978 人；发放“三免一助”资金 182.1 万元，救助 479 人；发放“雨露计划”资金 130.05 万元，救助 516 人。同时，落实普惠性救助政策，2014 年以来发放资金 6018 万元，累计资助 5.93 万人，全县无一名学生因贫辍学，2017 年威县被教育部和河北省认定为义务教育发展基本均衡县。三是基本医疗全覆盖。落实先诊疗后付费、“一站式”报销服务，在省市“三个一批”基础上，创新“五个一批”管理服务，解决因病致贫返贫问题。①住院报销一批，县内住院合规报销 90%（2020 年 4 月 19 日后市内报销 95%），基本医疗报销封顶线为 15 万元。2017 年住院 4070 人次，基本医疗报销为 162.99 万元。2018 年住院 2375 人次，基本医疗报销为 100.13 万元。②大病救助一批，不设起付线，封顶线为 50 万元。2017 年救助 4070 人次，通过免除起付线、提高报销比例等政策，为普通群众多报销 132.32 万元。2018 年救助 2375 人次，为普通群众多报销 87.47 万元。同时，对患有 9 类大病的贫困患者实行集中救治，去年以来 159 人次享受该政策，报销 226.71 万元。③慢性病救助一批，门诊慢性病不设起付线，18 种普通慢性病封顶线为 6000 元，报销 75%；4 种重大慢

性病封顶线15万元，报销90%（2020年4月19日后市内报销95%）。2017年救助3600人次，报销181.87万元，其中建档立卡贫困人口救助315人次、报销29.89万元。④“家庭病床”管理一批，对长期住院且非病危慢性病贫困患者，创新设立“家庭病床”，根据病种报销75%～90%后再救助80%，2019年以来该政策救助2119人次，除正常报销外又为贫困户减轻负担127.14万元。⑤“签约医生”服务一批，对长期服药的贫困患者，提供“爱心助贫包”，合规药品基本医疗报销70%（年度限额500元），个人自付部分由医疗救助基金再报销80%。去年以来共签约4912人，除正常报销外又为贫困户减轻负担221.04万元。“家庭病床”成为威县去年向全省推广的6项改革经验之一，顺利通过省专家组评估。四是饮水安全全覆盖。2014年以来，投资5600万元解决121个村的饮水安全问题，其中投资2565万元解决了50个贫困村的饮水安全问题。2017年又投资272.8万元，对15个乡镇47个贫困村的农业水利设施进行维修、养护，更换3个贫困村饮水安全管道。目前，全县522个村全部实现安全饮水，水质检测全部合格。五是安全住房全覆盖。2014年以来，常态化开展农户住房安全隐患大排查，争取上级资金3258万元修建危房2782户。2020年又把399户未脱贫户危房列入上级资金改造计划，现已全部完工，入住165户；对不符合危房改造政策但是唯一住房的，按照2019年新建补贴2.3万元、修缮补助8000元的标准，由县财政出资进行改造。县财政列入专项预算1000万元，对随时排查发现的住房安全隐患问题，立整立改，今年以来利用县财政资金改造危房156户。同时，对仍居住在危险住房，但有多处住房的农户，做思想工作劝其搬入安全住房，确保全县所有群众住房安全。六是社会保障全覆盖。县财政出资为符合条件的贫困人口缴纳医疗保险和养老保险，参保率均达到100%。县财政出资380万元为建档立卡贫困群众购买商业补充保险，为4.8万名年收入4000元以下的临界边缘群众缴纳防贫保险，构建精准防贫长效机制。2019年商业补充险惠及1720名贫困群众，支出77.78万元；防贫保险惠及329名边缘群众，支出125.67万元。同时，鼓励社会力量开办敬老院，引进资金1亿元，兴建3个大型农村敬老院、27个农村社区敬老院；创新“医养结合”模式，鼓励医疗机构在敬老院内开设医务室或就诊点，建成3家“医养结合”养老机构和1个医养中心，邢台市在威县召开现场观摩会。

四　实施基础设施攻坚战，巩固公共服务到村到户全覆盖成果

在用好各项扶贫脱贫政策的同时，威县政府勒紧裤腰带，全面提升农村基础设施和公共服务水平。一是坚持规划强引领。高标准编制城乡“1+3+N+180”（“县城+3个卫星镇+N个重点镇+180个中心村”）总体规划和镇村体系规划，大力度推进“七个一体化”，威县获得“河北省人居环境奖”等殊荣。二是硬件建设高标准。投资1.26亿元，高标准完成181个贫困村主街道硬化、亮化工程，县财政又出资1亿元按照贫困村标准，完成341个非贫困村主街道硬化49.6万平方米，安装路灯1.13万盏。投资1100万元完成181个贫困村文化设施建设，县财政投资2900余万元建设341个非贫困村文化广场、农家书屋、科普长廊，让农村群众也都享受到城里人的基本公共文化服务，威县因此被评为全国群众文化工作先进单位。三是医疗公共服务全覆盖。投资498万元新建91个标准化卫生室，全县卫生室全部达到“三室分离”；投资640万元新建5个乡镇卫生院，投资2.35亿元建设县医院门诊楼、中医院病房楼、妇幼保健院综合楼。四是路网建设全通畅。坚持“精准扶贫，交通先行”，投资3.45亿元新建农村道路294.7公里，特别是按照“产业规划到哪里，道路就通到哪里”的原则；投资1.62亿元建设97.7公里的西沙河梨产业带等路网，惠及74个贫困村8万名群众，该道路成为连接外界的致富路、小康路；投资5.1亿元建设城区道路63.8公里，是新中国成立前城区道路总长的1倍多，还开通了15条城乡公交线路。实施“智慧威县”建设，投资1.35亿元铺设1800多公里光缆覆盖所有乡村，522个村通电、通光纤宽带，4G网络实现全覆盖。同时，不断提升用电质量，多次进行农网改造，彻底解决了线径细、电压低问题，全县农村未发生重大安全用电事故。五是环境卫生大改善。县财政每年投资4400万元把522个村环境卫生全部外包，实现城乡环卫一体化运营，彻底解决垃圾“围村”和村内“脏乱差”问题。正在开展“空心村”治理、“厕所革命”，补齐农村人居环境短板。

五　实施激发内动力攻坚战，巩固就业到村到户全覆盖成果

坚持扶贫与扶志相结合，树立通过双手勤劳致富的鲜明导向。一是强化技能培训。依托教育部定点帮扶支持的职教园区，开展家政服务、建筑装饰等就业创业技能培训26期，惠及2500多人次，让有劳动能力的贫困群众都学到一技之长。探索“订单培训＋生活补贴”“学校＋企业＋贫困学生”培训模式，实现“职教一人、就业一人、脱贫一户”，威县该做法在《人民日报》海外版刊发。实施农民职称评定改革试点，评定“农民技术员”“农民技师”148人，激发贫困群众学科技用科技的积极性，探索专业化农民培育新路径。二是扶持创业就业。优先安排贫困群众中有劳动能力的就业，每年举办“春风行动”，仅2017年就有40余家用工企业、6家培训机构参加对接洽谈，150余名贫困群众当场签约。依托县人力资源市场，探索了集用工、就业、咨询、培训于一体的“就业用工服务110”，助推群众就业、企业招工。制定建档立卡贫困群众自主创业特殊扶持政策，采取入驻创业孵化园、减免房租水电费、职业介绍等一系列举措，降低贫困群众创业门槛。6年来2478人到县内工业园区企业打工，1.1万人到龙头企业和合作社打工，有劳动能力的贫困群众都实现了充分就业。三是强化金融扶持。搭建投融资平台、担保平台、土地流转平台、普惠金融平台“四大平台”，专门设立县属国有农投公司，为13家涉农企业融资3.04亿元，6723户贫困户获益；结合“威梨”扶贫模式，探索政－银－企－户－保“梨想贷”“永不分梨”贷款，加大扶贫小额信贷政策入户宣传，为2家合作社及352户贫困户贷款1677万元。四是培树典型示范。在县电视台、威县报开辟“扶贫工作在路上”“脱贫攻坚进行时”“时代先锋”等专栏，培树了贫困残疾人创业典型——王运报、贫困户脱贫典型——孙福爱等样板，营造脱贫光荣的浓厚氛围。

六　实施社会参与攻坚战，巩固帮扶到村到户全覆盖成果

一是探索公益扶贫模式。威县成立公益志愿者协会和18个分会，开展

“善行威县，扶贫惠民”等志愿服务活动，6年来捐赠扶贫济困款物折合1000余万元。二是推广孝道文化。复制推广远近闻名的孙家寨孝亲敬老家风，把赡养老人纳入村规民约，开展“好媳妇”“好婆婆”“好儿女”等评选，引导群众形成尊老敬老、移风易俗新风尚，建成250个尊老敬老示范村。三是举办爱心捐助活动。开展“扶贫先扶智，我为威县做贡献——爱心捐书活动”，获捐图书15万册，目前全县各村农家书屋都达到了标准要求。在县城人流密集地方和住宅小区，安装衣物捐助箱，捐献衣物达3万余件。四是发挥企业示范效应。深化“百企帮百村”活动，引导42家民营企业与贫困村结成帮扶对子，培育主导产业、增强造血功能，全省“千企帮千村”现场会在威县召开。

七　实施党建脱贫攻坚战，巩固组织影响到村到户全覆盖脱贫成果

威县坚持抓党建促脱贫攻坚，做到“五个加力”，切实把党的政治优势充分发挥出来。一是主体责任加力。调整充实书记、县长任“双组长”的扶贫开发模式和脱贫工作，建立三级书记抓脱贫责任体系，层层签订责任状。仅去年以来，就召开6次脱贫攻坚三级干部大会和16次常委扩大会、18次领导小组议事会，今年又举办4期脱贫攻坚主体责任“擂台赛”，评议打分、晾晒工作成绩。二是驻村帮扶加力。坚持从科级以上干部中遴选脱贫攻坚工作队长、第一书记，从脱贫攻坚一线选拔优秀干部，181个重点村老队员不撤离、新队员压上，341个非贫困村全部派驻督导联系人，全县实现所有农村、所有贫困户分包联系“全覆盖”，全县64.2%的科级干部、71.6%的党政机关和事业单位干部工作做到了脱贫攻坚一线。三是政策宣传加力。编印《脱贫攻坚资料汇编》《脱贫攻坚知识手册（口袋书）》，通过以考促学、视频提问等方式检验干部群众政策掌握落实情况。建立乡村微信群539个，实现村村全覆盖，定期推送扶贫政策，使党声政声送下去、民情民意传上来。四是激励问责加力。坚持内激动力与外严问责两手抓，提拔重用30名脱贫攻坚一线表现突出的干部，后备干部队伍中参与脱贫攻坚工作的占到70%；出台《容错纠错实施办法》，为担当者担

责、给干事者撑腰；制定《领导干部能上能下实施细则》，明确脱贫攻坚6种“下”的情形，形成能者上、庸者让、劣者下的鲜明导向。五是基层组织加力。加强村级党组织标准化、制度化、智慧化“三化”建设，深入开展“脱贫攻坚党旗红”活动，村级党组织各项建设内容达到标准要求，邢台市在威县召开现场观摩会。

第四节　威县脱贫攻坚工作初步成效及展望

2018年以来，结合国家考核河北反馈意见、省验收评估和专项检查组督导发现的问题，威县常态化开展精准识别、产业覆盖、政策落实、硬件达标、档案资料“五个查找”活动，县级领导以上率下，没有特殊任务每天深入村户开展“五个一”活动，通过帮干一天农活、查验一次政策落实情况、解决一个实际问题、进行一次谈心交流、开展一次收入调查，在全省脱贫攻坚“擂台赛”上做典型发言。脱贫攻坚工作顺利推进，使全县经济社会快速发展。一是群众生活水平显著提升。2017年城乡居民收入分别达到22221元、8083元，是2012年的1.6、1.7倍。贫困群众年人均纯收入增长14%以上，农村小型轿车年均增加1.1万辆，县城楼房没有库存，43%的购房者为农村居民。二是社会治理水平显著提升。将脱贫攻坚政策、程序、结果向社会和群众公开，让人人熟知政策、了解政策，增强全社会的公开、公正、公平意识，人人都按规矩、依据相应程序办事。三是干部工作方法显著改进。各级干部真心实意进村入户帮扶群众，与群众同吃同住同劳动，密切了党群干群关系，许多群众发自内心感叹：党的老传统又回来了！四是村风民风显著提升。坚持移风易俗，制定村规民约，成立红白理事会，开展孝亲敬老等评选活动，形成了互帮互助、赡养老人的新风尚。五是群众获得感显著提升。践行以人民为中心的发展理念，坚持人财物向脱贫攻坚主战场倾斜，大力开展环境卫生治理，补齐公共服务的短板，让改革发展成果惠及更多群众。六是党的执政基础更加稳固。各级党组织和党员干部冲在脱贫攻坚一线，基层党组织的凝聚力得到进一步加强，党员干部先锋模范作用得到充分发挥。

威县将以验收评估为新的起点，坚持问题导向、目标导向、效果导向，着眼“后三年”、更瞄准“三年后”，以省政府批准综改试点延长深化3年为契机，启动实施乡村振兴战略，探索创新群众增收和扶贫脱贫长效机制：一是坚持绿色引领，促进产业振兴。按照绿色可持续方向，继续加大梨产业工作力度，完善产业规划、创新政策机制，在扩大规模、提质增效上实现新突破；加快君乐宝三牧和深加工项目建设进度，谋划推进四牧、五牧建设，力争早日建成；抓好食用菌发展，聘请首席专家、建设专业队伍、实施品牌运作，提升产品质量和档次。二是深化绿色治理，促进生态提质。创新实施“五方握手”（县政府、科研院所、龙头企业、金融机构、保险公司）行动，建成君乐宝沼气、优净有机肥、根力多聚能肥等项目，形成“畜－肥－果（菜）”生态循环链条。持续实施造林绿化，同步深化水、绿、路、旅游、产业“五网合一”，推动实现“绿色减贫”。三是打造绿色链条，促进群众增收。坚持三产融合理念，实施好投资20亿元的宏博肉鸡熟食、德清源蛋肉加工、君乐宝乳制品、冷链物流等延链项目；编制全域旅游规划，实施总投资115亿元的现代农业公园、特色小镇群等旅游项目；实施好以电商为龙头的手工业扶贫，出台优惠政策，鼓励引导群众脱贫致富。四是建设绿色家园，促进生态宜居。按照“产业兴旺、生态宜居、乡风文明、治理有效、生活富裕”的总要求，加快推进在建新民居，加快推进“厕所革命”，确保乡村全面振兴，努力实现农业强、农村美、农民富的景象。五是创新社会治理，促进乡风文明。继续深化以基层党组织为龙头的社会治理，深入开展移风易俗活动，推广复制孝道文化，深化“爱威县、献良策、做贡献”活动，以党风带政风促民风传家风，弘扬正能量，激发精气神。

第十六章　河北省脱贫攻坚典型材料

第一节　河北脱贫攻坚优秀企业

河北玖兴农牧发展涞源有限公司是涞源县扶贫重点龙头企业，其母公司是国家农业综合开发产业化经营项目单位、河北省农业产业化经营重点关注的龙头企业，2018 年被评为河北省扶贫龙头企业。农业部对公司生产的产品“玖兴鸡肉”给予高度的认可。该企业是一家农牧科技型企业，覆盖了肉种鸡、培育雏鸡、孵化肉鸡、饲养屠宰加工、饲料生产等多个环节，实现了生产加工一体化。其资产雄厚，业绩良好。

该企业贯彻落实中央的“五位一体”和“四个全面”的布局，主动作为，积极投入涞源县脱贫攻坚工作中，发挥了显著的带贫减贫作用。

一　典型示范，带动一村

乌龙沟乡邓庄村是涞源县一个贫困村，地理位置偏僻，2016 年全村人口 583 人，其中贫困人口有 318 人，贫困人口超过全村人口一半。脱贫致富是邓庄村贫困群众几辈人的愿望，而面对自然资源条件差、基础设施薄弱的状况，乡亲们和村干部一筹莫展。所幸河北玖兴农牧发展有限公司将“扶贫鸡”项目带到了邓庄村。2016 年，玖兴农牧企业与邓庄村签订合作养殖肉鸡协议，该协议覆盖全村 318 名贫困群众。玖兴公司为邓庄村建设了一栋养殖大棚，通过规范化托管运营，几个月三批肉鸡养殖下来纯收益 20 多万元，刨除各项费用和扩大养殖规模资金，318 名贫困群众每人得到了 300 元的分红，握着“扶贫鸡”项目换来的真金白银，贫困群众第一次看到了脱贫致富的曙光，乡村干部也认定了这条脱贫的路子。保定市委书记聂瑞平在涞源县调研脱贫攻坚工作时，专程到邓庄村进行了肉鸡养殖调研，对肉鸡养殖扶贫模式给予了充分肯定。涞源县委、县政府决定将邓庄村玖兴养鸡项目作为典型进行培树和推广。

二　全面实施，辐射带动整县

为使贫困群众早日脱贫致富，涞源县委、县政府结合实际适时提出了“三种三养”产业规划。为进一步推广玖兴养鸡项目带贫减贫经验，2018年3月，《战略扶贫合作协议书》为涞源县政府与河北玖兴农牧发展有限公司的合作打下了坚实的基础，该协议计划由双方共同投资13亿元，建设集各个环节的一体化畜牧业，实现整体产业“一条龙”，该项目计划扶持3万名贫困人口，实现人均增收3200元。同时，利用扶贫整合资金，依托玖兴先进技术和规范管理，在县域内贫困村投资建设500栋鸡舍，由玖兴公司托管代养，11116户村民参与其中。至此，玖兴公司在涞源县养鸡扶贫产业布局基本完成。截至2018年底，玖兴养鸡500栋到村鸡舍项目已开工建设155栋，核心区项目工程已过半。

三　创新模式，打造全产业链

河北玖兴农牧发展有限公司实力雄厚，依托多年规模化发展造就的品牌优势、技术优势、资金优势、市场优势，为涞源县脱贫攻坚带来了曙光。公司采用“五统一、三固定、五带动”的肉鸡委托饲养模式，实现了放养基地贫困户利益联结全覆盖。雏鸡的供应、兽药、饲料、服务、结算统一由公司负责；将鸡雏鸡苗、养殖饲料、成鸡回收等环节的价格统一制定。其在脱贫攻坚方面发挥如下作用：一是带动有劳动能力贫困户通过技术培训直接参与玖兴核心区或放养基地的生产，解决就业；二是通过整合到村到户项目资金建设鸡舍，带动贫困户参与合作社（互助组）项目，稳定获得收益分红；三是通过玖兴养鸡的规模化发展，大量饲料的需求支持贫困户发展农业生产，解决涞源县玉米等农作物的销路，带动贫困户获得稳定收入；四是通过养殖饲料及成品的物流运输，带动部分村民灵活就业；五是通过发展一体化畜牧业，实现整体产业一条龙，最大限度上为村民托底，解决了贫困户所担心的事情，贫困户从此可以更加积极地参与其中。

即将建成的涞源核心区屠宰生产线全部采用荷兰进口先进设备，全部投产后年屠宰量预计可跻身全国前十。玖兴公司通过践行企业社会责任，助推涞源脱贫攻坚，这片热土成为河北玖兴农牧发展有限公司着力打造的大本营，同时也为公司发展掀开了崭新的篇章。

第二节　涞源县易地搬迁扶贫实践总结

涞源县是河北省西北部一个山区，素有八山一水一分田之称，全县占地面积广阔。2015 年底，全县 27 万人口中有 1/5 的贫困人口，建档立卡搬迁贫困人口有 14147 人（连同同步搬迁的人口共有 19597 人）。

2016 年 4 月 6 日，河北省在涞源县召开了易地扶贫搬迁现场会，拉开了易地扶贫搬迁的序幕。作为全省易地扶贫搬迁的“当头炮”和主战场，涞源县委、县政府始终把搬迁工作作为助推脱贫的一条最有效的路径强力推进，通过因地制宜、科学规划、精准施策，逐步实现了“搬得出去，居住舒心，稳住不返，进而致富”的目标。

一　“搬得出”上重谋划，确保搬迁群众住上好房子

1. 精准对象，科学规划

搬迁工作贵在精准，首先需要解决好“要搬谁、往哪里搬?”的问题。在确定搬迁人口是否符合搬迁条件时，来源县委、县政府充分借鉴全省精准识别“回头看”工作的相关宝贵经验，县乡村三级干部齐上阵，对照“四看一比”标准，首先确定了迁出位置；严格落实“十步工作法”，通过“户申请、村审查、乡审核、县把关”程序，精准确定了 19 个集中安置区，实现了“科学选址”。

2. 压茬推进，稳步实施

涞源县委、县政府按照“因地制宜、群众自愿、集中选址、产业配套”的原则，综合当地水土资源分布情况以及经济发展水平相对较高、交通相对便利的区域，集中建设安置地点，分批推进。两批集中安置房规划建筑总面积近60万平方米，计划搬迁贫困人口两万余人，最晚于2019年10月份安置入住。

3. 高标设计，高质建设

为了使搬迁群众能够住上暖心的搬迁房，涞源县聘请北京建筑设计研究院、北方工程设计研究院等具有甲级资质的设计单位，对居民安置片区各项生活基础设施进行专业规划及设计。充分考虑搬迁群众户型、面积需求，结合政策要求、安置区地形、村庄风貌、建筑成本等各方面条件，严格执行建档立卡贫困人口人均住房面积规定。通过招投标选定建设集团，统一建设安置区房屋和配套公共服务设施。施工过程中，实行“四制”管理，严把工程规划设计、材料设备采购、现场施工监理、工程竣工验收“四个关口”，监管建设全过程，打造安全放心工程。

二　“稳得住”上下功夫，确保搬迁群众形成好风气

1. 完善设施，提升服务

建立“村党组织为基础、社区服务为纽带、居民自治为核心”的管理措施。建立解决居民生活难题的服务站点，将两委干部纳入统一组织管理；设立“有事做”服务中心，为搬迁人员寻找相应的工作岗位，对有想法没技术的人员提供技能培训；建立文明社区的规章制度，改变群众以前的不良习惯，使其加速适应新的环境；设立服务中心、安保室、便民超市，打通运输服务系统，群众感觉生活很舒心。数字化扶贫追踪系统在安置区落地，时刻关注他们的经济收入、生活条件、就业求学等情况，关心爱护搬迁家庭，让他们有生活在一个大家庭的幸福感。

2. 自愿选择，政策共享

深化城乡户籍改革，打破原有户籍制度，让易地扶贫搬迁群众自主选择保留农村户籍或转为城镇居民，由农村户籍改成城镇居民的，合理保留

其土地承包经营权、宅基地使用权和集体收益分配权，并与当地居民享受同等教育、医疗、卫生、养老待遇；国有用地性质安置区，登记搬迁群众依法办理国有的建设用地使用权及房屋所有权，根据年龄情况及搬迁群众意愿，制定城乡居民基本养老保险的参保标准；建立健全搬迁群众与迁入地群众同等待遇的教育资助政策、医疗保障政策、就业扶持政策、创业扶持政策、贫困救助政策等，全面完成相关保障政策并轨，保证群众过上和谐幸福生活。

3. 激发动力，安居乐业

随着大批群众搬入新居，很大一部分过去在农村生活多年的人民群众一时难以习惯新的社区生活，逐步暴露出一些问题，例如部分老人无法独立操作新型防盗门锁，故而搬迁之后不敢离开家中；有的居民不会使用社区配套设施，尤其是卫生设施，例如家用抽水马桶、分类垃圾站等。针对上述情况，涞源县组织 30 余名“巾帼志愿者”，挨家挨户进行入户走访，在手把手教他们使用日常生活设施的同时，积极宣传党的十九大精神和相关扶贫政策，让他们感受党和政府的关怀与温暖。同时，开展一系列宣传活动，帮助搬迁群众养成文明好习惯，树立良好家风。

三　“能致富”上觅良策，确保搬迁群众过上好日子

1. 两区同建，培训就业

在组织贫困户搬迁的同时，县委、县政府始终贯彻“两区同建”政策，搬迁安置区建设到哪里，产业园区伴随着安置区移动，确保搬迁、产业覆盖、增收脱贫一一对应，同步实施。将劳动密集型产业园区建设在搬迁群众集中的县城和白石山两个安置区周边，真正做到“就业零距离、打工零风险、创业零成本”，把县城、白石山产业园企业的订单承揽过来，促进具有劳动能力的搬迁群众培训上岗就业。“有事做”服务中心积极开展政策宣传、技能培训，发放宣传资料 3 万余份，发布信息 400 余条；举办适合搬迁人员的实用技术培训班 6 期，参训人员达 1000 余人；结合东西部劳务协作在安置区设立岗位 55 个，实现了“打工就在家门口，足不出户挣薪金”。

2. 致富有路，家企同乐

涞源县制定了脱贫攻坚“四大富民工程”。目前，150 兆瓦集中式光伏电站和 56.143 兆瓦村级光伏扶贫电站保证了 14147 名建档立卡搬迁贫困人口的供电问题，户年均增收 3000 元以上；其中涞源县城工业园区先期入驻了一家电子商务有限公司、一家箱包加工厂、一家服装厂 3 家企业，促进了 300 多名建档立卡贫困人口就业，大大提高了他们的收入；白石山产业园区已入驻的北京绿山谷芽菜项目，累计吸纳 136 名建档立卡贫困人口就业，人均年增收 2100 元；宝迪养猪项目累计 25 个搬迁村入股，辐射带动 721 户建档立卡搬迁户，户均增收 900 元/年；华超食用菌种植有限公司食用菌项目 2 个搬迁村入股，辐射带动 93 户建档立卡搬迁户，户均增收 2180 元/年；玖兴农牧养鸡项目累计帮助 6980 名建档立卡搬迁人口，户均增收 3000 元/年。同时，为了鼓励更多劳动密集型优质企业主动参与到脱贫攻坚中来，县政府制定出台了《涞源县手工业发展相关扶持政策》，对用工带动贫困户占比达到 30% 的企业进行奖补。目前，县城安置区盛英智谷产业园三家入驻企业已落实奖补资金 223.4 万元，极大激发了企业自身发展和带贫积极性。

3. 拆旧复垦，坐享红利

全县易地扶贫搬迁村共 43 个，占地 5340 亩，其中 5112 亩是与城乡建设用地指标挂钩实施的，预计新增 4061 亩，除去易地搬迁安置区用地，可节余用地指标 3246 亩。其中，将占地面积 228 亩的上庄乡衙庭村，白石山镇南石盆、雀儿林、十八堰村等景观较好的村庄旧址予以保留，引入华中集团等有资质企业打造田园综合体；将占地面积 390 亩、处于生态涵养区范围内的东团堡乡箭杆河、连巴岭村以及塔崖驿乡榆树台村部分地块复垦为林地；将涞源镇水泉、扯拽沟村作为涞源县宝迪养猪、玖兴养鸡项目集中放养基地；对东团堡乡连巴岭、箭杆河村，塔崖驿乡榆树台、北铺村，留家庄乡黑石沟、四角台村，北石佛乡赵家井村，金家井乡东沟村 8 个村庄的搬迁旧址实施拆除复垦。

面对脱贫攻坚“五个一批”最难啃的硬骨头，涞源县委、县政府通过科学谋划、多措并举、统筹推进，破解了诸多难题，探索出一条通过易地扶贫搬迁的有效路径，有序推进搬迁户和搬迁村“农民变市民、村委会改居委会”进程，真正让建档立卡搬迁群众挪出穷窝窝，拔掉穷根根，种上富苗苗。

第三节　涞源县牛栏村农村基础设施改造提升案例

在涞源县城北部的金家井乡有一个四面环山的小村庄——牛栏村，远远看去，村子干净整洁，布局错落有致，白墙灰瓦、炊烟袅袅；走进位于村北新建的村委会，墙上贴着改造前的村貌照片，破旧不堪的土坯房杂乱无章地排列着，窄窄的羊肠小路坑坑洼洼，晴天尘土飞扬，雨天满路泥泞，现在的村子比之前发生了质的变化。这样的变化同样发生在黄土岭、斜山、十八盘等众多村庄，这样的变化得益于北京的对口帮扶，得益于华夏幸福集团的无私援建，得益于党中央的好政策。

一　北京对口帮扶，促进基础设施改造提升

作为北京对口帮扶整村拆建村，牛栏村按照每人25平方米的标准进行安置，63套住房（建筑面积4310平方米）主体及给排水等配套设施建设完工，具备了入住条件，在村农户已搬入居住，新居的饮水、通信、取暖、排污等日常基础设施均已妥善安置到位，在新建村委会门前还设有村民活动中心和文化广场，健身器材、文化器材一应俱全，农家书屋各种书籍应有尽有。还有一系列创业援助项目，鼓励贫困户积极转型。整村拆建改造的村如此，其他改造提升的村也会在扶贫政策支持下，通过使用整合资金对基础设施和基本公共服务进行提升。

除了妥善安置好搬迁村民，牛栏村还在大力开拓发展路径，通过一系列鼓励政策及大力招商引资，使得搬迁村民的“钱包”真正鼓起来，“腰杆子”真正挺起来，真正实现“搬一家富一家，富一家带一家”，使村民真正过上好日子！搬迁之后，牛栏村两委还与村民积极协商，最终制定出“两近两远”发展目标，“两近”为近期发展光伏发电产业和畜牧业，“两远”则为远期发展旅游业和药材种植业，进一步拓宽增收渠道。

涞源县作为北京市丰台区对口援建县，2018 年实施京冀扶贫协作项目 10 个，总投资 17719 万元，申请帮扶资金 5523 万元，其中，北京帮扶资金 4523 万元、河北省配套资金 1000 万元，资金用于产业和劳务协作项目占比 67.69%，帮扶资金全部用于扶贫项目建设，并向深度贫困乡、村倾斜。项目全部完工后，服务了 800 名贫困人口，预计稳定增加 3880 名建档立卡贫困人口的收入。目前，已完工项目 5 个，在建 5 个，计划 2019 年 5 月前全部完成。除此以外，丰涞两地把产业扶贫协作作为关键，在产业合作、劳务协作、教育对接等领域开展了多层次、全方位的协作。

二　华夏幸福援建，助力基础设施改造提升

华夏幸福集团选择涞源县作为帮扶对象，实施对口帮扶整县脱贫工作。在签订《华夏幸福对口帮扶涞源县整县脱贫框架协议》后，华夏幸福一切以群众满意为目标，充分发挥公司资源优势，真正做好涞源扶贫工作。

华夏幸福集团在充分考虑村庄历史风貌、风俗习惯和风土人情之后，本着“一切以群众满意”为原则，开展安置工作、对危旧房屋进行改造、建设用电用水等多种基础设施。华夏幸福集团初期规划，在三年时间内完成约 100 万平方米的安置房建设，用以承接涞源县 188 个村庄的外迁。另外，华夏幸福集团还将大力建设一系列基础设施与公共服务设施，并利用自身在产业发展方面积累的资源优势，在帮助贫困人口外迁的同时为扶贫项目、各项产业注入新鲜的血液。

三　上级政策支持，推动基础设施改造提升

按照《村庄基础设施和公共服务提升工程三年行动实施方案》要求，对所有村庄实施一系列专项治理行动：要解决农村人吃水的问题；农业生产灌溉基本设施显著提升；每个村建设一条柏油马路，可以直通家家户户，营运客车全面覆盖行政村；基本实现供电，平均每户享受不低于 2000 伏安电容量；智能电表全覆盖，农村机井全覆盖，行政村通动力电全覆盖，4G 网络全覆盖；对困难家庭危房进行改造，到 2019 年对符合易地扶

贫搬迁条件的农村人口，全部纳入搬迁计划，从根本上改善农村住房条件；尽可能将农户农炊改造；尽量实现无害化卫生厕所全覆盖，基本实现可循环资源再利用。达到产业发达、生态良好、乡村和谐、治理高效、生活安康要求。

实现幼儿教育全覆盖，适龄幼儿能在本村或者邻村就近入园、接受三年学前教育。新建和完善村卫生保障。2019 年 8 月底前将大力推进危房改造和“暖心房”行动，确保全县所有住危房户住房安全。

在整合华夏幸福、社会帮扶、“双基提升”等资源条件下，对农村基础设施进行改良提升，确保村民生活条件良好，去除糟粕习俗，文化兴盛，建成产业进步、景色宜人的新美丽乡村。

第四节　涞源县脱贫攻坚优秀干部

邓庄村处于涞源县东北部，与县城有 40 公里的路程，是市级深度贫困村，人均耕地仅 0.5 亩，村民主要靠传统农业维持生计，贫困一直是邓庄村的村情，也是邓庄村党支部书记张军的一块“心病”。随着近年来国家政策的深入推进，在县委、县政府的正确领导下，邓庄村党支部书记张军带领村“两委”一班人，结合实际，探索出了一条产业扶贫奔小康的致富之路。省委组织部原副部长谢振学称他“思想很解放，有超前意识”；市委书记聂瑞平称他“精神风貌好”；县委书记李自贤称他是“全县农村党支部书记的楷模”；县长周峰把邓庄村定格为脱贫榜样，把张军书记定格为脱贫攻坚的标兵；张军就是邓庄村全体村民心目中的一面旗帜。

一　先试先行，勇于担当，积极引进战略合作者

邓庄村贫困程度较深、耕地少、产业结构单一，没有立村富民的产业，全村群众一直在温饱线上徘徊。张军书记一直把改变村容村貌、带领群众脱贫致富作为个人的人生追求目标，多次与县乡沟通，多次到县外学

习考察，寻求脱贫致富的门路，但一直未果。2016年，随着国家、省、市驻村帮扶工作扎实开展，市银监办驻村帮扶邓庄村。张军书记看到了希望，多次与驻村工作队沟通联系、汇报工作，并主动邀请驻村工作队多次参加村“两委”会、党员会、村民代表会，认真分析贫困根源，广泛征求贫困户意见，凝聚村民智慧，寻找脱贫出路。2016年6月，张军书记从驻村工作队得到一条令他兴奋的消息，定兴的玖兴牧业肉鸡养殖项目对雏鸡供应、兽药、饲料、统一技术服务及回收结算进行统一管理；产业风险较低，回报周期短、见效快，非常符合当前邓庄村的实际情况。在驻村工作队牵线搭桥下，张军书记立即组织村两委干部、党员代表到定兴玖兴农牧发展有限公司实地参观考察，并多次组织召开村两委会研究，最终确定发展肉鸡养殖产业。2016年7月，在多方努力下，邓庄村与河北玖兴农牧发展有限公司签订框架协议，“山沟沟里引来了金凤凰”，邓庄村全体村民昂首阔步，迈出了脱贫攻坚的新步伐。

二　身先士卒，冲锋在前，走出一条产业扶贫路

最开始开展工作肯定有一定的困难，需要付出艰辛的努力。在建鸡场之初，征地过程中就遇到了难题，有的村民不同意，有的想多要租金，有的怕鸡场倒闭了恢复不了耕地，有的认为补偿不合理，等等。张军带领“两委”干部耐心与村民一对一沟通，不厌其烦，最终得到了群众的认可和支持。刚解决了用地，又遇到了资金不足的难题，作为支部书记，张军义不容辞，率先行动，带动村“两委”干部个人垫资，共筹集资金14.8万元，配套了电、路、水、升温和降温等设施，项目得以正常进行。在张军书记的带领下，邓庄村“两委”一班人不怕困难，积极与县、乡和各职能部门沟通，争取最大支持，历时115天，将所有难题解决，自动化标准鸡舍建成投产。

鸡场投产后，因第一次尝试担心养殖不成功，张军带领村干部不辞辛苦，从鸡场投放鸡苗，到鸡舍日常温度湿度调控、饲料添加，再到设备的日常维护以及鸡出栏时的守夜护场，全程跟踪、全程服务，是真正把整个扶贫产业当作自家的产业去用心、去操持。在他的影响下，村干部、一线

的工作人员坚持在一线，干在一线，拼在一线，矢志不渝。

付出总有回报。第一批肉鸡养殖成功、净利润5万多元，到2017年底共养殖肉鸡六批、净利润20.38万元，2018年3月邓庄村每个贫困人口得到300元分红，之后每年的分红都增加，取得了不错的效果。目前，合作社肉鸡养殖技术已趋成熟，该村肉鸡养殖的成功，为全乡乃至全县起到了典型示范作用。

三　心系百姓，孜孜以求，带领全村脱贫致富奔小康

邓庄村的第一步发展取得了一定成效，但张军书记并不满意，他一心牵挂着百姓，不忘群众，一心想让群众过得更好，积极贯彻落实“四大扶贫工程”的要求，积极争跑，扩大规模，追求脱贫产业更大发展。2018年，邓庄村争取扶贫资金147万元，又新建了80米×16米的标准化鸡舍1栋，两栋鸡舍可以保证贫困户每人每年额外增加收入1600元。

鸡舍盖起来了，肉鸡养起来了，分红拿到手了，张军书记的心却静不下来。他提出“不等不靠，用自己的双手脱贫致富”，组织村“两委”干部一户一户做群众思想工作，组织有劳动能力的人员主动参加县内技能培训，提升自身素质，提高脱贫能力，促进群众从内心转变思想，形成了“我要脱贫”的共识。在张军书记的领导下，村“两委”共同努力，全村群众共同奋斗，在村内又发展家庭手工车间2家，通过扶贫小额信贷发展鸡舍3栋，预计2019年底可实现净收入90万元，户均增收1万元。可张军还是不满足，依托本村的山场资源、光伏产业政策，积极跑动争取，建设村级光伏电站1座。

至此，邓庄村实现了养鸡、车间、光伏三项产业“覆盖”，实现了有劳动能力的人有活干，无劳动能力的人有收入，全村所有贫困群众有分红的目标。

产业扩大了规模，车间和光伏产业使百姓有了收入，全村的百姓都参与到脱贫攻坚的大潮之中，60岁的张军终于笑了。但在他心中，脱贫攻坚永远在路上，致富的道路没有终点，他将依然带领邓庄“两委”一班人、带领全村百姓，走上致富的新路径。

第五节　涞源县脱贫攻坚优秀村民

孙二东，是涞源贫困县大道沟村一名贫困农民，他响应党的号召，积极落实国家、省、市产业扶贫政策，一步步自我发展，创立了涞源县六旺川生态养殖有限公司。吃水不忘挖井人，他通过发展绿色养殖产业，积极引领大道沟村群众发展特色脱贫产业，带动周边村民走上了一条特色发展的脱贫攻坚致富路，他自己也成了涞源家喻户晓的致富“领头羊”。2018年，孙二东的事迹被央视七套军事农业频道“聚焦三农”“致富经”栏目两次报道，其本人也获得“河北省脱贫攻坚奋进奖”。

一　起步，建设现代化农业企业

他从小在村里长大，深深体会到了什么是贫困，贫困意味着什么。摆脱贫困，一直是他的梦想。在北京打拼了5年的他，长了见识，开拓了思想，他深深地认识到，要想摆脱贫困，只有自身不断强大，给乡亲做榜样，大家才有致富的动力。

1. 抢抓机遇，发展绿色农业

2005年，时年28岁的孙二东结束了自己5年的“北漂”生活，带着自己省吃俭用积攒下的3万余元，告别了自己的“北京梦”，毅然决然地回到生他育他的大山中的老家——东团堡乡大道沟村。在北京打拼时孙二东敏锐地发现，如今的城里人越来越热衷于大山中的“绿色食品”，他抓住这一商机，在距离涞源县希望工程发源地“桃木疙瘩”20多里地的山沟里，开始了生态无公害柴鸡蛋产业建设。由于产品品质好、销售快，当年养殖规模就从500只扩大到了近万只，在东团堡乡及周边乡镇小有名气。

2. 科学发展，扩大产业规模

2007年，孙二东成立了六旺川生态养殖有限公司，他深知“土方法干不成大事业”，便积极与农业高校及其他专业科研机构合作，引入先进的科学养殖理念和技术，在专业技术人员的帮扶下，孙二东得以在较短的时间内率先优化出一批质量优良的太行柴鸡品种，改良柴鸡品种只是第一步，采用科技手段和培养专业人才才是重中之重。他打造的养殖基地业务覆盖种鸡、孵化，屠宰、饲料加工全产业链，在行业中技术领先，形成了自己的养殖发展体系。通过十几年的不断努力，他将公司占地规模扩大至1000多亩，柴鸡养殖数量已达到10万余只。

3. 拓展延伸，打造特色品牌

为了打造公众熟知的品牌，2013年他注册“桃木疙瘩”商标，得到了相关部门的认证，也成为河北省著名品牌。现在“桃木疙瘩”已经成为公司的主导品牌，生产柴鸡蛋是公司的主要生产业务，其公司成为一家生产销售鸡蛋和家禽、五谷杂粮、干果山珍特产的企业。产品销售范围覆盖华北地区的各大中城市，受到消费者的一致好评。

二　打拼，带领贫困群众脱贫致富

随着个人企业的不断发展壮大，孙二东成了家喻户晓的脱贫强人。2011年底，他本人也成为村里领导班子中的一员。孙二东深切感受到了村民的信任，也主动承担起了带领全体村民脱贫致富的重任，他深知个人小有成就不算什么，只有让群众都富起来，“脱贫攻坚路上不落一户一人”，才算对得起父老乡亲的重托。

1. 全员发动聚合力

大道沟村作为河北省内非常典型的山区贫困村，地理位置极其偏僻，虽然有耕地面积1030亩、山场面积9000亩，但是可利用的自然资源极度匮乏，进而导致村内种植品种单一，登记在册村民户253户，共708口人，其中贫困人口就占到了70%。一个人富不叫富，全村共同富才叫富，他充分发挥村两委班子的组织引领作用，定期召开村两委会，深入反思为什么迟迟不能脱贫，细心研究村里发展的点子，他深入田间地头，走访家庭不富裕的群众，与村民广泛交流，了解他们的想法，灌输“我要脱贫”的思想。

2. 龙头带动兴产业

孙二东在闲暇之余也不忘积极学习上级产业扶贫的精神和相关政策，

他因地制宜，结合家乡实际，将自己的六旺川生态养殖有限公司作为帮扶村民“大富带小富”的实验基地，在探索创新模式上钻研，六旺川公司吸收了中国航天科技集团40万元摆脱贫困的专项资金，由旗下公司与大道沟村100户建档立卡贫困户签订精准扶贫保底分红协议，公司每年拿出全年总营收的10%用以回报村民。同时，他大力组织村民联合起来，成立合作社，由公司提供肉禽牲畜幼苗、养殖饲料及技术，定期组织村民学习饲养知识，并以保底价格对出栏牲畜进行统一回收，保证贫困户“有底可兜”，进而收益最大化，真正实现了企业与农户结合成利益共同体，企业、农户、社会三个主体全部实现了互利共赢的局面。

3. 辐射周边带共富

大道沟村的全新扶贫模式使全村百姓尝到了国家扶贫行动带来的“甜头”，不仅得到了全村群众的拥护，而且激起了广大贫困农民的信心。六旺川公司通过打造一体化畜牧业，实现整体产业全覆盖，直接带动贫困户挣脱了贫困的牢笼，目前已带动当地和邻村的经济发展，促进了大量人口就业，2000多人摆脱了贫困。截至2018年底，公司已累计为贫困户分红94.7万元，支付土地租金35万元，发放工资125万元，2018年周边群众人均增收900元。

三　发展，多元化巩固脱贫成果

“居安思危谋长远。”孙二东依托龙头企业大力促进养鸡产业进步，并制定了以畜禽为主要经营业务、其他种养业为次要生产活动、发展现代农业的长远战略，不断巩固脱贫成果，切实积累脱贫攻坚的后劲。

1. 开办绿色银行

孙二东面对贫瘠的荒山没有怨天尤人，而是充分利用科技知识，通过土壤分析确定出最适宜种植的果木和经济作物，最终带领村民在荒山上种植各种农作物一千六百余亩，村民户均果树面积达两亩左右，最快当年就能实现挂果见效。孙二东说：“习主席说过，绿水青山就是金山银山，而这些作物就是老百姓的‘绿色银行’。”

2. 打造特色养殖

充分发挥大道沟村民养殖肉牛的传统优势，秉承“发扬传统，扩大产值”的政策方针，大道沟村募集社会各类帮扶资金共计 90 余万元，直接带动一大批贫困户养殖脱贫。

3. 发展现代农业

靠传统养殖业难以达到扩大收益的预期目标，大道沟村民也深知这一严峻形势，在孙二东的带动下，现在的大道沟村及周边贫困群众，把握住市场的需求，把特色资源作为源泉，依托产业发展，扎实拼搏，埋头苦干，为早日实现脱贫致富奔小康而不懈努力。

第六节　河北脱贫攻坚优秀模式

随着国家、省、市脱贫攻坚战最后的冲锋号声响起，涞源县委、县政府大力开展因地制宜的多项扶贫工程，创新实施“企业 +”扶贫模式，多种方法一起实施，不断努力，一举攻克脱贫难题。

一　车间进农村，“企业 + 贫困户”促增收

涞源县在利用相关财政拨款兴建厂房的同时，也加大力度招商引资，只有引进需要大量劳动力的大型企业，才能真正扶持一大批贫困户通过劳动提高收入进而摆脱贫困。打造“由县委提供场地，企业提供技术，贫困户提供劳动力”三方共赢模式，而针对因病丧失劳动力致贫的部分贫困户，县委、县政府通过厂房租金分红的形式进行全覆盖，做到“扶贫路上不落一人”。涞源县通过“企业 + 贫困户”模式已建成扶贫专项生产车间 160 余间，直接解决周围 2000 多人的就业问题，间接帮扶 800 余人脱贫奔小康。

二　光伏上屋顶，“企业 + 村两委 + 贫困户”保收入

光伏发电近年来正逐步成为扶贫措施中重要的一项举措，建设光伏扶

贫电站项目具有一次性投资、使用年限长、投资回报率高且见效快等诸多优点，涞源县在大力开拓扶贫新路径的同时，紧跟时代趋势，目前已在所有登记在册的贫困村中完成光伏发电项目全覆盖，村级光伏发电站项目采取“县政府牵头，企业出资修建”这一发展思路，村中光伏扶贫电站收益由帮扶企业按照光伏发电量配额逐级下发至村民手中，确保了贫困户稳定收益。县委、县政府因地制宜，积极探索一套最适宜的发电管理办法，大力推进与地方知名光伏发电企业的技术交流，使村民逐步掌握光伏发电设备的日常保养及维护相关技能，从而提高发电经济效益，达到增收的目的，保证贫困户收入稳步增长。截至2019年，涞源县全县共建乡村光伏发电站150余个，使光伏发电项目覆盖贫困人口，人均年收入增长达到3000元以上。

三　旅游全县域，“企业+贫困户”强支撑

涞源县依山傍水，背倚白石山生态景区，一条怡人的拒马河更是穿县而过。涞源县充分开发本县旅游潜力，大力发展包含旅游观光、休闲娱乐的一系列乡村游。“十三五”规划对旅游业提出了更高的要求，乡村旅游成为农村经济发展的重要项目，许多农村开始了乡村旅游的发展模式。涞源县不断挖掘适合自身的旅游项目，以白石山景区为平台，努力促进旅游业的进步，发展观光、娱乐、休闲等具有乡村特色的产业，例如农家乐、乡村采摘园和休闲垂钓，将旅游业覆盖全县城，带动周围的贫困村摆脱贫困，跟上共同富裕的步伐。截至目前，乡村旅游的发展模式已经带动6100名贫困人口走出了贫困的牢笼。

四　农业产业化，“企业+基地+村两委+合作社+贫困户”助脱贫

“三种三养”特色产业项目是“农业产业化”的具体内容，是专门为贫困人口搭建的独特项目。宝迪、玖兴、北味等公司为其提供先进的技术、充足的资金、管理、市场营销和品牌，主动为其分担风险，打造形成

了“公司 + 基地 + 村两委 + 合作社 + 贫困户”的运营模式，使贫穷的家庭可以持续得到收入；公司为其提供相应的技术，派驻科技人才，培训当地的农民。从头到尾对生产、销售、科技研发进行监督，产业链得以顺利平稳地运行。参与农民专业合作社的成员要不折不扣地按照《农民专业合作社法》行事，与企业进行合作要制定种植和养殖的标准。专业合作社取得的利润除了保证正常的生产经营外，其他的利润都让利给合作社成员，让贫困家庭确实感受到参与合作社带来的益处。

第五部分

乡村发展回顾与未来展望篇

第十七章　乡村发展100年回顾

在百年历史的进程中，每一名共产党员都怀着全心全意为人民服务的信念，在农村，革命的火种被点燃。一直以来，我党对农业、农村、农民“三农”问题十分重视，我党在建党初期的民生观点和政策主张就与农民密切相关，我国第一个农民协会是在1921年产生的，于浙江萧山由我党组建。2020年底在我党的带领下我们顺利完成了脱贫攻坚任务。我党在新中国成立前期的政策是采取一系列有效措施，团结各方力量切实使农民利益得到保障，在新中国成立初期顺利完成土地革命，使我国广大农民翻身做主人。从改革开放时期“包产到户”的积极探索到农业现代化水平前所未有地提升。中国共产党基于时代变化的条件约束和保障农民福祉的目标约束，统筹城乡发展，从制度供给上推动城市要素向农村流动，使得我国农民群众的幸福感得到了前所未有的提升，共产党的初心和使命在一次次实践中得到印证，中国共产党用辉煌的成就实现了百年来中国人民的梦想。

2013年习近平总书记在中央农村工作会议上提出“中国要强，农村必须强；中国要美，农村必须美；中国要富，农民必须富”，回顾建党100年历程，中国共产党更是始终把解放农村、发展农业、为亿万农民谋幸福作为重要使命。回望百年，中国共产党“本党为农”的初心从未改变，带领亿万农民走出了一条前所未有的、具有中国特色的农村发展之路。历史经验弥足珍贵，在建党百年之际，中央总结党管农村工作的历史经验，毫不动摇地坚持解决好“三农”问题，以目标为导向、问题为导向，对于农村持续发展、乡村振兴战略深入实施、农业农村现代化加快推进具有重要意义。在建党百年的重要时刻，民族想要复兴，乡村必须振兴。

第一节 1921 ~ 1936年：共产党初期的乡村发展

一 建党初期乡村建设试验运动

中国传统的农商关系在鸦片战争后出现了大变革，当时的中国正处于千年难遇的大变革中，中国由一开始重农业轻商业的政策转变为重商业政策。这项政策的改变是顺应当时中国的大环境，并在洋务运动以及戊戌变法中得到了进一步的强化，由以农业为本变为以商业为本在当时几乎成为朝野上下的共识。这样的情况持续了一段时期后，在20世纪初期有了新的改变，“重农”思潮开始复苏。许多能人志士满含报国热情，在这样的时代背景下农村建设试验运动由此掀开且声势十分浩荡，这场由知识分子领导的农村建设探索运动涉及面广，影响了中国大部分农村地区，历时十余年。最高潮的时期大概处于20世纪30年代，乡村建设取得了显著的成就，当时，我国从事农村建设的组织有近700个，先后建立了1000多个试验区，探索了许多值得农村建设借鉴的治理模式。最著名的治理模式有梁漱溟的邹平模式、陶行知的晓庄模式、晏阳初的定县模式、黄炎培的昆山模式和卢作孚的北碚模式。这些乡村建设模式虽然有不同的观点和方法，但其初衷是通过乡村建设实现国家重建和民族振兴的目标。

在典型模式中，晓庄模式将乡村教育作为改造路径，通过创办乡村学校、乡村医院、信用合作社、举办农民娱乐会、联村运动会、农民演讲会等繁荣乡村发展；邹平模式即通过兴办乡学村学、传播农业科技知识、推广优良品种、发展乡村合作事业、建立乡村自卫组织等提高农业生产、乡村生活水平；最后，关于定县模式，主要调整的是农村的四大教育方面，包含生计、文艺、卫生和公民，由这四方面入手改造乡村面貌，提升乡村精神和礼俗建设，推动乡村发展（黄高彦、荣越，2021）。

在共产党初期的乡村发展中，我党在乡村地区组建了大量的组织机构，如1921 ~ 1923年，中国共产党将第一个农民协会和第一个农村党支部成功组建，这些基层组织在之后的革命过程中起到了重要作用，提高了乡村的组织化程度。在乡村建设的文化建设方面，中国共产党在北京成立中华报社，主要探讨“中华民国”根本改建问题，丰富了我党关于乡村建设的理论体系，也为后续关于乡村建设的著作的诞生奠定了一定的基础。

二　土地革命时期

中国共产党正式开始第一次土地改革的试行是通过井冈山革命根据地的建立和《井冈山土地法》的颁布来实现的。后续又发表了《中国共产党为蒋介石屠杀革命民众宣言》，其中谈到农业是中国的基础产业，农民是为封建主义剥削的对象以及帝国主义与资本家剥削的对象（邓云山，2012）。由此可见，农民革命是进行国民革命不可或缺的一环，农民要想摆脱贫困和苦难的境遇，就必须团结起来革命。在我国早期农村建设中，农民迫切需要革命，为我党提供了良好的社会根基。另外，我们党始终重视农民群众的动员和领导。1928 年 7 月中共六大通过的《政治决议案》指出：“忽视农民的革命作用，也是一个很大的错误倾向”。（康永正、郭乾陵，2020）此外，在土地革命的过程中以及阶级斗争分化的过程中，农民始终和我党紧密站在同一战线上，始终是我党最为可信的同盟者。所以，中国共产党在土地革命时期，始终重视农民的领导由无产阶级主导，极大地认可了农民对于革命的重要影响。

为了进一步说明边区的土地状况，1928 年边区政府进行了详细的调查，一般情况下，大约有 60% 的土地牢牢掌握在地主手中，只有不到 40% 的土地掌握在农民手中。在湖南，茶陵县以及陵县大约 70% 的土地在地主手中（鲁可荣、王景新、廖星成，2010）。所以在这种情况下，农民只能靠租地来生活，而地主因为是土地的主人，就通过增加地租来剥削农民。联系当时的社会现实情况，种种行为使得广大农民的生活过得十分贫苦，限制了中国社会生产力的发展，长此以往，也成为中国广大农民生活贫困以及落后的原因，土地所有权的问题与封建剥削问题紧密联系，这些根本问题是我们党必须解决并且消除的。

综合上述的大环境，中国共产党在1929年经历了反复的实践和研究，最终依据当时我国的国情，制定出一套较为完备的土地制度改革方案。进一步稳固了现实基础，使广大农民顺利分到了土地，切切实实得到了好处，农民的积极性被充分调动起来。同时减租减息政策的实施，促进了大生产运动的产生，农村建设取得阶段性成果。

第二节　1937～1948年：战争时期的乡村发展

一　抗战时期的农村政策

1937年7月7日，“七·七”事变爆发，世界哗然，此事件成为日本全面侵略中国的开端，也是我国全面抗战的开始。1937年9月国共两党的第二次合作达成，在陕甘苏区中国共产党正式成立边区政府。作为抗日战争的总后方，陕甘苏区人口急剧增加，粮食问题突出，在抗日战争期间一系列战时农业改良政策由中国共产党带领开展，此时期边区政府兴修水利、引进新品种、改进农耕技术，并从五个方面进行了成绩卓著的农业改造。

1940年3月，《抗日根据地的政权问题》问世，在此毛泽东对如何进行政权建设的问题做出了重要指示：使“三三制”成为我党在全面抗战时期的政权原则，即在人员组成上，非党进步分子、中间派、中国共产党员的人数各占1/3。此原则极大地调动了根据地各方势力的参政积极性，进而促进了根据地乡村政权体制的变革。乡村政权也开始实行“三三制”，广大贫下中农开始在乡村政权中拥有话语权，“三三制”模式受到了乡村各个阶层的拥护和支持，逐步成为根据地乡村政权体制的主体。1942年9月相关文件指出：社会组织和乡村政治力量只有在党委的领导下才能进行活动。因此各级党组织正式成为乡村政治治理的领导力量，以宗族和血缘为基础的士绅权威被废除，党的权威融入乡村社会的方方面面。这一阶段中国共产党的农村政策主要特征是团结各阶级，积极发挥各方的优势力量，稳定政权。

二　解放战争时期的农村政策

1945 年抗日战争夺取胜利，但是内战又开始爆发，这使得中国的阶级矛盾由此发生了转移。1946 年 6 月，中原解放区被敌方围攻，敌方向我党发起猛烈进攻，由此拉开了解放战争的序幕。

随着国内解放战争的发展以及农民群众对土地的迫切需要，中国共产党开始对现有土地政策进行积极改良和完善，《五四指示》《中国土地法大纲》《东北解放区土地法大纲实施补充办法》《晋冀鲁豫边区土地法大纲实施补充办法》等文件都是对土地政策进行的适时调整。从 1945 年 8 月至 1946 年 5 月的减租减息的政策到 1946 年 5 月至 1947 年 6 月“耕者有其田”的政策，再到 1947 年 7 月至 1949 年 10 月试行均分土地的政策，是党在对客观时局和形势的准确判断中制定出来的。政策的准确性和普惠性使广大人民群众，尤其是农民群众成为解放战争的中坚力量，我党在农村的群众基础得到了进一步的巩固。

第三节　1949～1977 年：新中国成立初期的乡村发展

一　新中国成立初期乡村治理发展历程

在新中国成立初期这一历史阶段，我国的乡村社会获得了一定程度的发展与变革，农村发展的现代化程度有所提高，具体表现为新中国成立之初我国农村治理模式的改革，农村实行“县下宗族、宗族自治、伦理乡绅”的传统模式，而随着乡村治理模式改革的不断推进，我国逐渐形成了在中国共产党统一领导下的、乡政村治及基层民主的新时代乡村治理模式。因此这一关键转变在我国乡村发展进程中起到决定性作用（刘守英，2018）。

众所周知，在我国刚刚成立之初坚持采用计划经济体制，传统的乡村治理模式随着经济的发展也需要与现代化发展相融合，乡村治理的结构迎来翻天覆地的变化，提升行政化的乡村治理模式逐渐成为乡村改革的重要内容，在这个阶段人民公社制是我国积极倡导的新模式。随后以“分田到户”为口号的农村土地改革获得了快速发展，我国迎来历史上伟大的转折——改革开放。市场经济体系的发展为我国的经济发展模式注入了新鲜血液，计划经济逐步被边缘化，乡村行政组织逐渐由人民公社向“县”“乡”“村”三级组织结构转变。总的来看，在我们进行伟大转折——改革开放前夕，乡村治理具体模式可以进一步划分为“村庄行政化治理”与人民公社时期的“社队制治理”（李增元，2014）。

新中国成立初期：乡镇自治（1949～1957年）。通常情况下我们认为新中国的成立仅仅作为新民主主义革命取得基本胜利的标志，而三大改造的基本完成则象征着这场革命的完全胜利。在新中国成立之初，我国也经历了一系列的探索和实践，这为我们乡村的经济政治文化与社会生活都带来了巨大变化。在经济建设方面，土地革命开始如火如荼地进行，基本到1952年底，地主阶级土地所有制在我国基本被铲除，农民土地所有制正式实行。在政治建设方面，1949～1954年这五年，虽然时间看似很短，但我国政府不断发布各层级政府组织公告，这对加强社会主义基层组织建设提供了规范准则，同时乡镇基层组织也相继成立了党政组织体系，逐渐形成“村人民代表会议”与“村人民政府”共同治理的基层政权。随后我国基层政权不断扩大，这一现象起源于1955年，并且在之后的几年里获得快速发展。截至1957年底，我国实现了约12万个乡镇行政机构管辖范围的扩大，在1954年的第一部《宪法》中明确规定了我国的政权机构，同年规定乡村组织体系可具体划分为乡、行政村、自然村、村居民组等，其中还明确提出乡镇级政权可以对下级村实施直接领导。因此，在这一阶段主要采用的是乡村自治的治理模式。乡村治理的关键就是将乡村治理融入社会主义改革过程当中，融入现代化治理进程之中（赵一夫等，2019）。

在新中国刚刚成立期间，乡村治理经历了一个时间短暂、作用关键的阶段。我们党在农村建设中初步建立起具有现代化水平的国家基层权力组织（申端峰，2006），整个中国乡村都能够实现与中国共产党的组织结构有机融合，每一位农户都可以享受到党组织成员的关切与服务（沈戈，2013），这一时期中国乡村的社会结构迎来了巨大变化，两千多年根深蒂固的乡村宗族社会逐渐瓦解，乡绅阶层消失，乡村社会经历着由“皇权、宗族”统治到党的统一领导的转变，这样的改革有利于落实我国乡村治理模式的现代化转型与升级，同样也是我们乡村治理现代化的坚实基础，被视为我国乡村治理改革的开端。

二 集体化时期，“人民公社制”下的乡村治理发展

社会主义三大改造的基本完成到我国进行改革开放这一期间，我国的社会被称为“总体性社会”，我国的政治被称为“全能主义政治”（申端锋，2006）。这一阶段我国乡村治理的政策主要是城乡二元制，大力扶持工业化发展、推进城市化进程，坚持以农业支持工业、农村促进城市的战略方针。这一时期，农村合作化与集体化运动在农村大规模展开，土地所有制结构也经历着深远的变化，自给自足的小农经济开始逐渐瓦解，人民公社制下的集体经济获得发展，在中国共产党的统一领导下，乡村经济社会呈现出一体化的特色，乡村社会组织的作用日渐下降。在这种历史条件下，我国乡村改革的关键目的是全力以赴开发农村现有资源，集中力量推进工业化进程。

人民公社制是当时乡村治理的重要组织形式，也是乡村管理组织的基本制度（项继权，2015）。在这一阶段，人民公社制的基本制度安排包括集体所有制、“三级所有、队为基础”的组织体系和“一体化”的管理体制。在这里集体所有制就是指要坚持农村一切生产资料收归公有，农户个体所有制逐渐被铲除。“三级所有，队为基础”即是以公社、生产大队和生产队为主要的基层组织形式，乡村生产生活的基本生产与核算单位是指生产队；“一体化”是指“党、政、经”不分的高度集中的组织和管理体制。在人民公社制度安排下，我国逐渐形成了“军事化组织、战斗化行动、集权化生活”的乡村治理方式（项继权，2009）。在此阶段，人民公社制度成为国家权力管理控制乡村社会的重要工具，这在一定程度上促进了我国农村社会结构的重建和乡村治理的控制。

人民公社制下的乡村治理体制对我国乡村治理与国家治理都产生了深远持久的影响，具体表现为以下三个方面：一是人民公社制成为我国

计划经济体制的基础，同时可以被视为我国实施城乡二元化体制的关键制度保障（项继权，2008）。二是人民公社制度对促进社会主义现代化、社会主义工业化提供了制度保障。国家通过人民公社制、征收税款和工农产品“剪刀差”，可以在短时间内将一切有用的农村资源整合起来，从而集中一切力量发展工业。三是人民公社制促进乡村治理集权化发展，它成功地将乡村治理与国家治理有机结合起来，向国家治理体系中融入崭新的乡村治理内容，这样大大促进了我国乡村治理现代化发展。当然这种制度安排也具有一定的历史局限性，主要体现在国家高度计划的体制机制下，大量农民被剥夺了私有财产与人身自由，组织化与军事化的治理方式导致农民失去了行动自由与自主思考的能力，这影响了本阶段农业的发展。

新中国成立以来，政府组织动员青年知识分子进行上山下乡活动。在“文化大革命”之前，上山下乡活动的主要目的在于解决城市过剩的劳动力并且开发边远地区、拯救落后的农村经济等。总体来看，在此阶段的活动进行相对平稳，并且逐渐探索出一套相对成熟的制度体系，这为“文化大革命”时期的上山下乡运动提供了条件。根据相关信息，自1953年到1966年这十三年中，来自城乡的知识青年参与上山下乡运动的人数达到了1000多万人，这在一定程度上减轻了都市人民的工作生活压力，同时对改善农村生产生活、建设边远地区也发挥了相当积极的重要作用。除此之外，知识青年在落后的边远地区也进行文化知识的传播，这对农村落后群众应用先进的生产技术以及改善乡村乡风文明都起到了一定的积极影响。

1951～1955年进行的农业互助合作运动获得了一定程度的发展，超过96%的农民进入农业互助合作社中。相较于个体农民，农业合作社对管理类人员和文职人员需求量更大，而在当时农民大多处于文盲状态，远远达不到人才的要求。于是，国家发出乡村发展急需大量管理人员、技术人才的呼吁。国家在以下三个方面对知青提出了希望与要求：第一，希望所有知青积极传播先进知识，如科学文化等；第二，逐渐解决城市对高文化水平办事人员的需求；第三，随着知青的传播和宣传作用，农村的生产技术水平也得到提升。

缓解城市就业和升学压力是知青上山下乡的主要原因，然而站在不同视角，知识青年到农村去也有利于我们国家的建设。因为在一定程度上，这对于提升农民素质品质、改善落后的农村状况有着积极的意义。

第四节　1978 ~ 2001 年：改革开放初期的乡村发展

一　确立家庭承包经营制度

原有的人民公社制度下农村生产力水平落后，为了解放和发展生产力，1977 ~ 1978 年我国制定了《关于当前农村经济政策几个问题的规定》和《关于目前农村经济政策几个主要问题的规定》，强调要充分尊重农村生产队的合法性和自主权，建立各种形式的生产责任制，因地制宜地发展多种经营等。包产到户制度顺利实施，随后，全国多地根据自身的发展情况，积极探索实行不同形式的生产责任制，如包产到户、包产到组、包干到户等。在 1982 年和 1983 年的中央一号文件的部署指导下，双层经营体制得到广泛覆盖，农民获得了自主权，极大地解放了农村生产力。截至 1982 年末，我国的农业总产值同比增长了 11.2%。中央一号文件于 1983 年被提出，其在肯定家庭联产承包责任制的同时提出了下一步的奋斗目标：全党要通力做到“两个转化”“三个一点”，即要把农业向比较小规模的商品生产方式转化，向发展现代农业方式转化；要努力做到：政治思想上更加解放一点，改革更加大胆一点，工作更加扎实一点。

二　农产品流通体制改革

党的第十一届三中全会明确提出尽快恢复大型农产品批发集市贸易，允许其产品作为我国社会主义市场经济的重要补充产品存在。1983 年的中央一号文件明确提出逐步限制乡村农产品分批统购派购经营范围，并明确允许全体农民对已经完成产品统派统购任务的农产品自行开展多元化渠道统购经营。1984 年，我国农业综合生产力已达到一个历史阶段内的顶峰，同年初中央确立并提出当年农村集体经济社会工作的一个主要重点目标任务：在加快落实稳定和规范完善农业生产经营责任制的基础上，提高推进农村综合生产力体系建设工作水平。1985 年的中央一号文件首次明确提出，除个别农产品种外，国家将按照不同的市场情况，分别对当地农户产品实行直接订单式的销售合同和在当地市场上产品进行直接收购等销售方式，这也就意味着 30 年来的农副产品市场统购统销制度被全部取消。农产品临时购销交易体制的深入改革，使我国农民基本拥有了对进口农产品的自由交易处置权；先后出台全国粮食最低临时收购价、重要进口农产品临时分期收储、农业养老保险保费临时补贴等政策措施，构建了现代农业金融风险综合化解长效机制（方言，2021）。

三　鼓励发展乡镇企业

改革开放以后，党中央政策鼓励农村企业发展。国务院在 1984 年出台的中央四号文件明确提出现有的企业单位名称应及时更改为乡镇企业的相关政策建议，并出台了相关优惠政策。1985 年、1986 年中央一号文件和 1987 年的五号文件相继出台，这些文件再一次明确提出在经济发展方面要对乡镇企业的限制适当放宽，乡镇企业数量呈指数增长（王丰，2019）。由于乡镇企业规模和生产率的增长，其企业的数量、工业生产率、总产值都得到了很大的发展。直至 1988 年，我国从事乡镇企业的数量已经达到 1800 多万家，与此同时，在我国乡镇企业中就业的农民也已经达到 9000 多万。1992 年分布在行政村和自然村的上万家乡镇企业就地吸纳了超过 1 亿的农村就业人口（黄高彦、荣越，2021）。

四　乡村治理结构改革

乡镇治理结构改革主要在 20 世纪 80 年代中期，村委的法律地位自 1982 年起在历届的宪法中都被明确，1986 年以后建立乡镇政府的工作基本完成，地方各级党委进一步理顺了农村基层党组织、政府和企业的业务关系，1987 年，为了规范城乡居民委员会的组织和运营，发挥城乡居民团体自治的主导作用，全国人民代表大会常务委员会制定了相关法律，对村民委员会进行规范，各级村民工作委员会和其他村民团体自治机构的组织定位，相关制度规定更加明确、具体（刘新，2019）。党中央、国务院以及各级有关民政部门还多次出台相关政策，目的是解决村级社会队伍建设、村委会代表选举等问题，规范引导村民自治实践。1998 年 11 月，全国人大常委会颁布了《村民委员会组织法》，标志着我国农村居民自治有了法律体系作保障。

第五节　2002～2011 年：现代社会的乡村发展

一　调整完善强农惠农政策体系

21 世纪初，党中央开始出台各项决定帮助农民减负、促进农村税收松绑，开启了我国农村税费管理制度的新改革。2004 年，农业税免征在试点省份已经实行。2006 年我国正式宣布废除与农业相关的法律和条例，彻底取消了全国的农业税，并逐步地建立和完善一套国家对“三农”的政策支持和土地利用保护激励制度（刘新，2019）。比如，在农村的粮食产业方面实行土地直补、农机、良种、生产资料资源综合利用补贴以及最低粮食收购价格等利好政策；继续加强农村耕地生态保护，设立每年保持农村耕地种植总量 18 亿亩的“红线”；加快建立完善社保基金制度等。2005 年，中央财政加强了粮食出口大县粮食转移支付和收购奖励，实施了保护性的产品收购奖励政策，如进口粮食最低市场买入价格和大量进口农产品临时调配等，2008 年设立现代农业生产发展专项资金，扩大农业保险费补助金的示范范围，通过相关政策措施的实施来稳定农业生产，增加农民收入。

二　加快农村合作经济组织建设

2004 年发布的中央一号文件首次明确提出，国家对于发展各类经营农产品的农民专业化生产合作组织、购销大户和服务农民的生产经纪人给予大力支持。积极探索依法推进对各级有关农民专业化生产合作组织的规范建设和监督立法。从2004年以来，中央和其他一些地方都根据需要依托相应的财政部门适时安排特别的农业专项资金，支持特殊企业和由当地农民特殊产品而组成的专业技术协会组织，为特殊企业和农民开展产品信息、技术、检验与认证等诸多方面提供专业服务。2007年颁布了《农民专业合作社法》，加快了农民合作组织的发展步伐。要增大对支持农民专业合作社作为创新型产业建设区和示范性产业项目的财政资金支持规模，着力鼓励扶持全国农民的各类专业经营合作社和组织在全国区域范围内广泛开展产品市场营销、信息技术服务、技能强化培训、农产品加工、产品仓储及采购等专业经营服务活动。

三　农村金融体系重构

1996年，我国正式对农村金融制度进行改革，农村信用社与农行的隶属机构脱离，并尝试着向农民个体或者企业直接投资入股、社员民主控股等合作型的金融组织转型。2003年6月，国务院办公厅发布了关于信用社改革的具体实施方案，允许农村信用社结合自身实际的发展背景自主选择经营模式，并将其管理权直接转交给省级人民政府，可由其设立的省联社直接负责经营和管理，在今后承担相应的风险责任，而银监会依然严格履行金融监督管理职能。此时期，农村信用社的产权与组织在形式上都实现了广泛的多样化，不再大力强调企业恢复合作制“三性”。21世纪初，大部分地区开始积极研究探索农业农村的小额信贷制度，农民小额信贷制度不断地完善与发展推动农村金融体系的建设。2007年，管理层也再次开始了综合考虑深入农村增量融资体制的机构改革，推行了三种不同的微型农村金融机构，进一步促进了农村金融服务机构的功能多样化。

四　完善农民工相关政策

我国城镇化的快速推进使得越来越多的农民选择进城务工，农民工的数量也增长迅速，由2004年的1.2亿人增长到了2020年的2.8亿人。农民工数量在农业人口中仍占据较大比例，农民工依旧是“三农”问题中应该被重点关注的群体。2004 年，农业部牵头多个职能部门再次联合部署推行“农村劳动力转移阳光工程”，以真正达到不断提升乡村农民工人员综合职业素质和增强就业服务能力的目标，进一步推动新型农村专业劳动力向新型非农产业和新型城镇劳务转移的主要任务目的（邹著娟，2020）。在 2010 年，国务院办公厅正式发文明确要求各地继续加强对有关人员的培训力度，继续深化扎实做好对当地农民工的职业培训工作；2003 年、2004 年连续两年由国务院正式发文明确要求继续改善当地就业农民工的基本就业发展条件；2006 年，国务院正式批准了保障农民工自身权益的意见书，明确要求各地加快研究建立健全就业和社保服务制度，切实解决当地农民工基本工资偏低及企业拖欠工资问题，依法加强规范对当地农民工的职业劳动技术监督培训管理，切实保护当地农民工的基本职业劳动安全卫生、劳动权利以及保护妇女和其他未成年人的合法权益、落实关于农民工的基本就业和社会服务及职业培训，稳妥地解决关于农民工的职业工伤、大病等社会保障工作存在的重大问题。

第六节　2012～2021 年：新时代的乡村发展

一　新时代：新成就与新发展

自党的十八大以来，我国的社会主义建设就朝着新时代的方向不断稳步迈进。习近平总书记始终强调：“把解决好‘三农’问题作为全党工作重中之重，必须长期坚持、毫不动摇。”在此引领下，我国新时代这一全新背景下的农业农村发展呈现长足进步。

自中共中央全面深化改革的重大战略部署于党的十八大会议中提出和全面实施后，在此指导下，农村改革进行得如火如荼。党的十八大以来，我国经济社会发展处于转型期，农村改革发展面临更多挑战，我国农业支持保护制度强调整合和统筹使用涉农资金，农业发展更加强调生态友好（邹於娟，2020）。在 2014 年印发的农村改革相关的《关于全面深化农村改革加快推进农业现代化的若干意见》中，提出了包括土地改革、新型农业经营体系、农村金融制度创新等方面在内的各项全新要求，促进农业农村的改革、建设和发展。

2015年，深化农村集体产权的制度改革及“三权分置”这一全新改革思路在《深化农村改革综合性实施方案》中提出，这是又一个具有创造性的全新的思考。党的十八大以来，逐步将提高我国农业的资本有机构成作为改革的重心，我国实施“土地确权”和“三权分置”政策，并将其为农民的土地流转而服务（罗玉辉，2020）。《民法总则》于2017年通过并颁布，其中，农村集体经济组织第一次创新性地被确定为“特别法人”，使得农村集体经济组织在取得法人资格的过程中实现“有法可依”，《关于金融服务乡村指导意见》更是明确提出要对具有独立法人地位的集体经济组织加大金融支持力度。当前，全国已经完成集体产权制度改革的农村集体经济组织的总数超过了13万个，确认集体成员2亿余人，向农民发放的股金分红金额累计3251亿元，极大提升了农民积极性，促使集体经济发展更加符合新时代要求、更加契合农民利益（于雅璁、王崇敏，2020）。通过地方政府帮扶政策的有效实施与其主体自身的不懈努力，新型的农业经营主体已经得到成长，并不断成熟（陈航英，2020）。

实现普惠金融、创新农村金融服务的理念首先在党的十八届三中全会中得到充分体现。2015年，成立了全国农业信贷担保工作指导委员会，随后农业政策性信贷担保体系也逐步确立，“农村金融立法”在2015年“要健全‘三农’支持保护法律制度，积极推动农村金融立法，明确政策性和商业性金融支持农村合作金融农业保险健康发展中央一号文件”中首次提出。2018年，《乡村振兴战略规划（2018～2022年）》印发，明确了要健全金融支农组织体系、创新金融支农产品的目标，并对金融支农激励政策进行全面服务和完善。新时代以来，我国农村金融改革实现了较大的突破，从“主导型”到“引导型”，不断完善政府在农村合作金融发展中的重要角色（蒋永穆、王丽程，2019）。金融脱贫成效也日益凸显。

党的十八大以来，党中央对扶贫工作的高度重视举世皆知，“精准扶贫”已经成为国家扶贫、全面脱贫的指导方针战略（黄渊基，2021）。自2014年以来，我国连续发布和实施了多项扶贫意见、政策、方案，诸如产业扶贫、消费扶贫、金融扶贫等创新扶贫模式也不断涌现，并运用到具体的扶贫实践中。至2020年，我国的脱贫攻坚战全面告捷，9899万名农村贫困人口实现了脱贫，832个贫困县和12.8万个贫困村均已脱贫摘帽。如此成就，树立了我国特色的减贫治理样本，为世界减贫大业的推进提供了充足动力。

在习近平总书记和全党全国各族人民的共同努力下，农业农村保持平稳发展态势，粮食总产量不断创造历史新高，农村改革持续深化，农业农村现代化、城乡一体化大步迈进，农村产业经营不断创新，农村社会保障体系日臻完善，农业可持续长效机制不断巩固，农民收入水平持续提升，基本构建了符合我国国情农情的制度框架体系，力争建成一个农业高质高效、乡村宜居宜业、农民生活富足的社会主义新农村。

二 新时代：新方向与新起点

我国前期乡村建设取得令人瞩目的成效，全面脱贫攻坚目标已经达成，新时代乡村建设正站在一个全新的起点。为顺利完成“两个一百年”的重大历史任务、实现中华民族伟大复兴中国梦，在2017年党的十九大中，以习近平同志为核心的党中央提出了又一重大战略，即实施乡村振兴，是为乡村建设前行道路设立的全新目标。“三农”问题关系我国国计民生，是与亿万农民利益息息相关的根本性问题，我国改革的焦点长期以来都锁定于此。现阶段我们从脱贫攻坚迈向乡村振兴，这是“三农”工作重心的一次历史性转移。《乡村振兴战略规划（2018~2022年）》提出乡村振兴战略的20字方针，对其工作方向及内容，从实现农业现代化、推进城乡融合发展及乡村产业、文化、生态、治理体系等方面均做出具体部署，进而促进农村民生的全面保障和改善与乡村振兴新格局的构建。受新冠肺炎疫情影响，全球农产品贸易受阻、贸易规模将显著下降，我国乡村建设立足实际，高度重视国内生产，切实保障农产品稳定充足供应，加快农民的市民化进程，推进全面脱贫与乡村振兴的有效衔接与平稳转型，探索有中国特色的农业农村现代化道路（张藕香、栾敬东，2020）。

随着我国经济科技高速发展，数字经济时代到来，农业高新技术发展及产业化水平直接关系国家农业农村科技竞争力和产业核心竞争力，同时直接影响着创新供给水平（王文月、王博，2020）。因此，我国新时代下的乡村建设更加强调要坚持农业科技自立自强，加快推进农业关键核心技术的攻关任务，加快完善理论与研发体系，以高新技术为桥梁实现闲散庄户与现代农业的对接，加大有利于农业高新技术相关行业成长兴盛的推动力量，推进农业大数据技术在农业生产和治理中的深度应用，促进相关的政策互通和信息共享水平提高，最终实现科技信息化与农业治理现代化的有机融合（文丰安，2020）。

第七节　中国共产党乡村百年发展回望

中国自古以来就是农业大国，“三农”问题一直都是我们工作的重点。所有农业农村政策制度的制定，是以亿万农民的核心利益为出发点审时度势做出的正确选择，给予人民群众以稳定的安全预期，同时根据历史的条件变化而进行适应性的调整。中国自古以来就重视农业，我国诸多经典著作都指出农业是国之根本，例如《荀子·富国》指出：“故田野县鄙者财之本也”，意思是说农业是“财之根本”，认为国家经济的基础是农业，体现了中华文化自古以来的重农情怀。

自1921年中国共产党建党以来，我党始终以实现中华民族伟大复兴和不断满足人民美好生活的需要为奋斗目标。改革开放以来，我国农业农村的发展在我党的带领下取得了长足进步，脱贫攻坚任务更是取得了非凡的成就：当前我国已经有9899万的农村贫困人口实现脱贫，832个贫困县成功脱贫摘帽，12.8万个贫困村已退出贫困的队列。当前我国区域性整体贫困已经得以解决，顺利完成了消除农村绝对贫困、全面建成小康社会的艰巨任务，创造了又一个彪炳史册的人间奇迹！目前我国农民生活条件明显改善，农业现代化水平显著提高，深化农村改革迈上新台阶，乡村振兴战略完美开局（高强、曾恒源，2020）。

中国共产党农村事业在漫长的100年发展进程中，在形成完备理论体系的同时积累了大量的实践经验，带领广大的农民群众不断从一个胜利迈向另一个胜利。新时代我党将不忘初心地带领十四亿中国人民继续前进。在新时代进程中，农业农村加速发展的同时机遇与挑战也纷至沓来。于2021年初发布的《中共中央国务院关于全面推进乡村振兴加快农业农村现代化的意见》为“十四五”时期我国“三农”工作重点和工作思路做出重要指导，既要加快步伐又要稳中求进，既要注重全局性和全面性又要协调整体利益和局部利益，既要关注当下又要放眼未来，既要汲取历史经验又要实现创新发展。在中国共产党成立100周年的历史新起点，我国要继续坚守“三农”战略后院，准确研判态势，实现“虚实结合”、人物并重，融合农业农村现代化与乡村振兴战略，将中央精神落到实处，推动乡村振兴行稳致远，让亿万农民联合起来参与建设、共享现代化发展成果，让全国十四亿人民一道奋斗，实现农业高质高效、乡村宜居宜业、农民生活富足是我们今后努力的方向。

第十八章　未来研究展望

作为支持中国农村地区发展的两大战略，党中央和国务院在制定和出台的多项政策文件中不断强调要做好脱贫攻坚和乡村振兴的衔接工作，以脱贫攻坚的工作成效为基础最终推动乡村地区的全面振兴。由此可见，两大重要的国家战略在制度设计与政策实践方面存在着密不可分的内在联系。脱贫攻坚战解决了中国农村地区长期存在的贫困人口的基本生存发展难题，乡村振兴则注重对中国农村的物质和精神面貌的彻底更新，在牢牢巩固脱贫攻坚成果的基础上追求中国农村全方位的发展。要激发广大贫困民众的脱贫与振兴的内生动力，实现乡村地区的可持续发展，解决乡村地区人民的基本社会矛盾，关键在于对两大战略的关系问题构建清晰的认知框架，需要把握好如何以扶贫效益为乡村振兴奠基和如何用乡村的进一步发展振兴来巩固扶贫成果这两个基本问题。我国农村地区的扶贫工作持续时间长，投入力度大，长期积累的扶贫实践经验尤其是新时代以来精准扶贫的实践经验启示我们：农村地区的发展必须立足实际，保持前后政策的衔接和更新。对于两大战略而言，只有尽快形成相互支撑、良性互动的有效衔接机制，乡村地区才能迎来最终的全面振兴。

然而，部分地区对两大战略各自的内涵、之间的内在逻辑关系以及统筹衔接理解不到位，对两者间的阶段性、连续性与目标性特征认识不够清晰。在实践中，脱贫攻坚与乡村振兴规划和项目的政策设计不够完善，缺乏统筹安排，缺少衔接点，导致项目重复建设与资源浪费。例如，在针对农村土地“三权分置”政策的推进实施中，存在相关配套措施缺位、操作细节模糊等问题。“三权”的各自功能和整体效用发挥不充分，合理的运行机制还未完全形成，导致乡村核心资源中的土地资源难以得到合理有效的配置，进而导致难以最大限度发挥其效用，充分实现其价值。乡村本来就缺乏人才资源，又囿于专业人才统筹使用制度不完善、体制机制壁垒、信息不畅，脱贫攻坚与乡村振兴人才引进难、留住难与发展难。乡村基层党组织与贫困群众的互动机制不够健全，时常出现政策依赖、政府依赖现象以及“干部干、群众看”的“等、靠、要”思想。

着力解决当前农村面临的上述问题，最根本的举措在于做好脱贫攻坚与乡村振兴的衔接工作。虽然两者都属于解决“三农”问题的重大战略，但是，两者的不同点在于：在时间顺序上，前者注重短期内的发力，而乡村振兴则是一项长期性工作，注重效用的持久性，需要长效性的措施作支撑。脱贫攻坚在根本上消除了农村长期存在的绝对贫困现象，但农村许多固有性、根本性的问题需要长效持久的方案加以解决。实践也证明，农村发展是否平衡充分，精准脱贫质量高不高，长效扶贫机制能否建立和完善，关键在于是不是实现了“五个振兴”。

我国农村地域广阔，不同地区受自然地理条件的限制和当地以前或现在制度上的安排，要保卫脱贫攻坚的胜利成果，实现农业农村现代化，确保“两个一百年”目标如期实现，农村工作还需要持久发力。当前，在统筹城乡融合发展，实现从农业现代化到农业农村现代化转变的大背景下，如何从培育主导产业，配置利用好生态资源、规划好生产生活生态三大空间，挖掘繁荣乡土文化，引导青壮年人口返乡创业、强化组织建设等方面，将精准脱贫与乡村振兴的路径有机结合，着力解决好“人、地、钱”三大关键问题，整合协同好政策资源，已经成为当前理论界和实务界值得关注和研究的重大课题。

第一节　脱贫攻坚与乡村振兴有效衔接的规划

一　怎么理解脱贫攻坚与乡村振兴的有效衔接

两大战略设计的最终目的都在于实现乡村的最终振兴，实现共同富裕。要实现有效衔接，至少要从两个方面去把握。

其一，当前的工作重心已经转向乡村振兴。经过前期脱贫攻坚经验的积累，全国人民包括贫困地区和贫困人民一起迈入小康社会，第一个百年奋斗目标如期完成。为乡村振兴打下物质基础是实现全面振兴的必要前提，同时这也为后期工作的开展积累了宝贵的经验。从长远来看，乡村振兴同样服务于“三农”，是迈向第二个百年奋斗目标的重要战略举措，与第一个百年奋斗目标相比，第二个百年目标战略高度和覆盖程度都有提升，因此，从脱贫攻坚到乡村振兴是一个转换提升的过程。这种转换不单是单方面目标的转换，而应该包括方法、政策、实现路径等各个方面的全方位转换。

其二，乡村振兴必须利用好脱贫攻坚经验。两大战略是实现农业农村现代化进程中的阶段性策略，其最终目的的一致性赋予内在逻辑连贯性。因此，脱贫攻坚的举措与乡村振兴的五个目标完全一致，前期的脱贫实践为后期乡村振兴的工作开展提供了大方向指引，或者说大方向一开始就已经确定，无论是脱贫攻坚还是乡村振兴，必须依照大方向的指引前行。脱贫攻坚既产生了全面实现小康社会的胜利果实，也播下了种子——脱贫攻坚的智慧与经验，而这些种子，也必定在乡村振兴的伟大工程中开花结果。

二　如何做好脱贫攻坚与乡村振兴的有效衔接

脱贫攻坚和乡村振兴衔接工作，在方式上，要从产业、人才、文化、党建等各方面出发，畅通前后衔接渠道；在观念上，则要一如既往地贯彻“精准”的理念。

当前，建议在巩固脱贫攻坚胜利果实的基础上，分类指导、因村制宜、精准施策，做好全方位监测，及时反馈。概括来说，要做好两者的有效衔接，需着力做好以下几项工作。

一是科学编制规划。规划编制是科学，同时也是一种艺术。要意识到规划水平决定建设水平。要把握好需求、特色、协同、落地四个关键词，把政府、科研单位、社会资本和农民群众的作用发挥好。

二是保护生态和文化。关键是注重保护、发掘、转换、民生四个方面：保护——保护现有的生态环境与民俗地域文化；发掘——秉持绿色和特色的理念，深入挖掘传统历史文化与地方生态资源；转换——积极主动开阔视野、开动脑筋，把特色转化为优势，把优势转化为资本，发展乡村经济，让百姓充分参与进来并从中受益，进而实现发展民生的目标。

三是发展特色产业。其一，不断提高产业融合程度，农业产业链和价值链的延伸和提高只有不断依靠与二、三产业融合才能实现，只有产业链、价值链不断延长，农民才有可能获得更多的额外收益，更多的就业乃至创业机会。其二，同样秉持“绿色”和“特色”理念，发展具有地区特色的农业产业。其三，兼顾小农户、专业农户、家庭农场等多方利益，在带动小农户发展的同时引导其向其他经营方式转变。

四是打破人才瓶颈。乡村振兴，人才是关键。现在农村人才“一缺三难”：缺人才，引进难、用好难、留住难。针对乡村人才问题，可以用以下几句话概括解决方法：通过技能培训出一些可以应用于实践的技能型人才，将其安排到合适的岗位上；重视对农民的教育，增强意识，增加接触机会；培养一批负责任、爱乡亲、重廉洁，为乡村振兴奔走在第一线的优秀村干部；利用一系列优惠政策和条件把从乡村走出去发展的优秀青年吸引回来，为乡村的发展做出自己的贡献；对于城市中的一些优秀青年和精英，可以给予一系列补贴和优惠政策招揽到村里来，为村中的发展出谋划策。最后，一些重大事情的决策和规定的制定，可以请某些方面的专家提出意见，进行参考。

五是用好改革法宝。要构建新型农业经营体系，重点培育家庭农场、合作社等，搞好社会化服务。要探索创新乡村治理机制，总结推广近年来各地创造的党建引领、建设“无讼社区”等好经验。

三　实现有效衔接需要考虑的其他因素

1. 梳理、评估、处置现行脱贫政策

在脱贫攻坚的进程中，中央和地方政府部门都出台一系列政策和具体实施方案，在实现有效衔接的过渡期内，要对政策进行梳理和调整，

并对在当前情况下仍然具有适用性进行评估，分类进行整合梳理。一是保留，对于在脱贫攻坚阶段农村基础设施、人居环境改善工程等硬件建设，在乡村振兴阶段继续保留并不断完善，完善的硬件环境是乡村吸引产业、人才必不可缺的保障；二是取消，是指一些政策已经失去效果或者收效甚微，可以取消或者更换更加适合乡村振兴发展的政策，比如在脱贫攻坚工作实施中的贫困户危房改造政策，全面脱贫后可以考虑取消该政策；三是延期，在脱贫攻坚阶段一些大型扶贫工程如易地搬迁扶贫工程，搬迁后的后续帮扶措施才是易地搬迁的重点，后续的资金、政策扶持需要延期甚至长期保留；四是改造，如兜底保障政策，随着后续社会保障体系的不断完善，应将兜底政策进行改造，可避免过度保障问题的出现，达到节约资源的目的。

2. 扶贫资产的后续经营管理

精准扶贫政策实施以来，乡村扶贫工程吸引了大量的政府和社会资金涌入，形成了大量的规模不一、种类复杂的扶贫资产，因为各地扶贫工程建设实践不同，资产的种类也各有不同。通常扶贫资产分为四类：以道路交通、农田水利为代表的基础设施类资产；以教、文、卫、体为代表的公共服务类资产；以生产基地、生产加工设施为代表的产业发展类资产；包含新建住房及配套设施等的易地搬迁类资产。随着脱贫攻坚工程的结束，相关部门必须做好脱贫资产的摸底工作，防范风险，防止资产流失。必须做好资产的分类登记与数量摸排，明确资产的管理职责与收益分配划分，做好资产的后续管护与依规处置。

3. 对发展薄弱区的持续关怀

在过渡期内，对已实现脱贫的贫困县严格履行“四不摘”举措：继续执行以前的政策，相关部门继续进行监管，继续对已脱贫的贫困户进行帮扶，继续履行对贫困县的责任，确保脱贫攻坚工作的成果得以巩固。过渡期之后，将原有贫困县区纳入全区域整合范围，在坚持区域协调发展的原则下，依靠相对贫困程度测量指标，划分发展良好与欠发达地区，对一些经济欠发达的地区，将现有贫困县区帮扶政策纳入当地经济发展规划，完善发展政策，提升其发展速度。通过对过渡期前后区域的重新划分整合，平衡地区发展速度与质量。

第二节 脱贫攻坚与乡村振兴衔接的可行性

乡村振兴也好，脱贫攻坚也好，虽说是国家不同时期的两大战略，看似无关，其实是一脉相承的，其理论具有可行性。乡村振兴是需要理论实践基础的，没有脱贫攻坚带来的成果，乡村振兴就不会快速发展起来。

一 产业振兴和脱贫攻坚衔接的可行性研究

在脱贫实践中，已经有70%的扶贫专项资金用于工业扶贫方面，脱贫人数最多。因此，工业与扶贫相结合，以工业带动贫困户，成为中国特色扶贫的主要经验。多数贫困地区资源丰富，俗话说靠山吃山靠水吃水，我们可以依靠独特的地理优势来发展特色产业，进行产业扶贫。开展新的模式来带动产业扶贫，比如通过社会上的一些公司、组织或者是龙头企业，通过建立合作社，使贫困户和非建档户更好地发展产业，摆脱贫困，实现乡村振兴。政府可以根据实际情况构建消费渠道，比如自己单位的食堂，一些事业单位和学校的食堂可以采购相关农产品，形成定点销售，帮助农民发展产业。

该效能主要体现为两方面：首先，发展特色农业是基础，将来我们更要把特色农业发展成为高端的特色农业，现在就是在为将来打基础，我们现在要提升农业产业的竞争力；其次，我们现在要组织经营主体，农民通过参与经营主体，不但可以提升自身的能力水平，还可以为将来组织化的产业进一步发展和完善打下坚实的基础。

二 人才振兴和脱贫攻坚衔接的可行性

人才是我们当今社会发展的重要力量，脱贫攻坚更是如此，离不开人才的支撑。我国一直在脱贫攻坚，国家和社会组织培养了一批又一批的优秀人才，这是我们最宝贵的经验，同时也为我们下一步乡村振兴提供了坚实的人才基础。我们现在的人才选拔制度可以更加向贫困村的干部倾斜，对基层的村干部依靠考核制度达到标准的直接给予乡镇公务员待遇，我们还可以多输送一些新鲜的血液，鼓励高校大学生进基层，做贡献，多培养乡村人才，将其引入乡村振兴的人才库。同时，要借鉴经验，积极主动地构建起与农村振兴绩效有关考核的衔接机制，调动相关人员的积极性；另外，依靠新的经营主体培养项目以及有关的人力资本开发，实现内部人才结构重构，进一步通过推进“定制村官”的试点工作吸纳新乡贤智者。

三 文化振兴和脱贫攻坚衔接的可行性

文化是我们国家发展的重要动力源泉之一，具有悠久的历史，是我们中华民族繁衍生息的力量源泉，在脱贫工作中我们应该多注重以人民为中心，坚持群众的主导性，具体机制在于：一是我们要以先进的文化思想熏陶，多用名人先进事迹来激发群众的积极性，使其主动脱贫。二是重视教育，在现阶段的脱贫工作中，扶贫先扶智是很重要的，我们要靠自己去脱贫，通过脱贫攻坚这一过程，广大人民的意志上升很快，为下一步乡村振兴打下了基础，提供了可行性。三是创新机制，加大救济措施实施力度，推进爱心超市自助模式。通过实行这样的措施，不仅激发了贫困阶层的内生动力，还实现了乡村文化的改善。为此，必须借鉴相关经验，发挥文化的引领功能。四是创新农村振兴项目和资源进口机制。例如，将农村振兴项目的控制权进一步下放至社区层面，使自上而下的项目资源与自下而上的农民主动性结合，激发村庄自组织、农民参与意识和主创精神，进而从“要我振兴”走向“我要振兴”。

四 生态振兴和脱贫攻坚衔接的可行性

由于一些特别困难地区和生态脆弱地区之间存在很高的空间重叠，旨在实现生态保护和扶贫发展双重目标的生态扶贫是消除贫困斗争中的一个重要内容。对于资源丰富的贫困地区，应注重以市场为基础的环境扶贫手段，如资源建设和扶贫资源服务消费。在上述机制下，生态扶贫打破“资源诅咒”，并实现扶贫与生态恢复相结合，同时为生态振兴奠定坚实基础，其主要作用体现在：实践经验以层级为基础，可根据当地情况采取多种生态振兴手段。农业绿色发展和耕地轮作多采用政策性补贴手段，生态资源丰富地区应采用生态旅游、碳汇贸易等市场化生态振兴手段。生态振兴必须以实现人类发展和主体意识的回归为目标，无论是整治农村人居环境还是建设美丽乡村，都必须是吸引农民的创新机制。

五　组织振兴和脱贫攻坚衔接的可行性

一是通过党的组织，各基层的领导依靠组织的严格纪律，自觉形成帮扶联盟，主动加入扶贫的队伍中，让所有的党员干部负起责任，形成气氛。二是通过建立驻村扶贫工作队和“第一书记”制度，实现贫困村的外部组织和资源注入，以反贫困的正义逻辑实现村庄的治理与重建。三是通过党建扶贫的“溢出效应”，实现社会与市场的结合，构建政府、社会和市场“大扶贫”结构。因此，“以党建促脱贫”不仅在扶贫方面取得了很大的成效，而且应该实现社会对策和农村对策的重构，成为组织振兴的“平行经验”。

“以党建促振兴”，具体来说，要加强党的建设，及时落实各项规章制度，切实培养党员干部的能力素质。创新驻村工作机制和援助制度，探索组建由政府部门、企事业单位和社会组织参与的农村振兴驻村工作队，优化合作机制，精准促进组织振兴。同时，加强县级涉农项目整合，将项目实施与村庄自组织能力的提高结合起来，提高村庄管理能力。

第三节　脱贫攻坚与乡村振兴战略衔接机制总体框架

为了适应新形势和新变化，必须从政府和市场两个层面实现脱贫攻坚与乡村振兴之间的有效联系，并在政府领导与市场决策之间建立良好的协调关系；在政府管制方面，重点是稳定外部支持和投资机制，以确保支持不会松动，投资不会减少，并且计划、政策、监督工作的统筹都得以完善，不断地完善市场大环境，更新工作机制以及领导体制；在市场机制层面，重点是培养农民的内生动力和发展能力，充分调动其积极性和主动性，清除绝对贫困，缓轻相对贫困，从而达到乡村的全面振兴，推动城乡一体化，提升要素市场化配置水平。必须强调，乡村振兴战略的实施应注重贫困地区，并为巩固减贫成果提供支持。最贫困地区扶贫应遵循的首要任务是将乡村振兴原则纳入完善的减贫计划，为乡村全面振兴奠定基础。

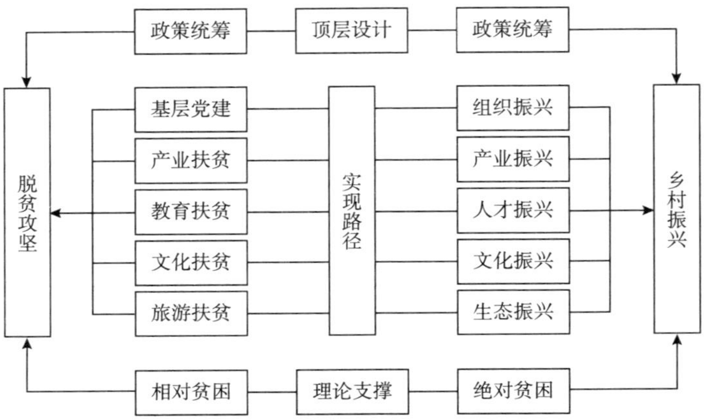

图 18－1　脱贫攻坚与乡村振兴战略衔接机制总体框架

一　脱贫攻坚与产业振兴的衔接

1. 发展壮大乡村产业

以改善利益联动机制为中心，以专业技术、相关制度以及商业模式更新为驱动力，促进乡村一、二、三产业的一体化，并由当地农民主持。培育新产业、新形式。着力开展电子商务走进乡村的试点，建造乡村电子商务发展基础设施，构建有效顺应农产品电子商务发展的标准化体系。开展新的模式来带动产业扶贫，比如，通过社会上的一些公司、组织或者是社会上的龙头企业，通过建立合作社，使贫困户和非建档户更好地发展产业，摆脱贫困，实现乡村振兴。

2. 推动农村产业深度融合

抓住城乡发展方式转变的重大机遇，培育农业与农村新型产业和业态，打造农村产业一体化发展的新载体和新模式，推进要素跨境配置和产业有机整合，在提升价值和效益的同时，使农村一、二、三产业共同升级。加强农业生产性服务业在农业产业链中的主导作用，构造包含面积广、配套设施完善以及区域一体化的新型服务体系。

3. 发掘新功能新价值

适应城乡居民的消费趋势，因地制宜，探索农业农村的休闲旅游、健康养老等多种价值和多重功能，使之产生新的消费热点，丰富农村生态产品的供给。促进农村地区的有关农产品加工业发展，鼓励农村地区的农产品生产，促进初级加工、精深加工协调发展。

4. 打造新载体新模式

根据现有农产品加工的高新园区、有关农业的科技园区、农业生产的工业园区和农村产业一体化发展先进示范园区，打造农村产业和生产一体化发展的平台载体，推进农业内部一体化、农业产业链延伸、农业生产的多功能拓展、新型农业生产的业态发展等。推进农会的有关试点工作的建设和循环经济的试点等，促使其起到示范作用，加快发展一些特色园区。

二　脱贫攻坚与人才振兴的衔接

1. 强化乡村振兴人才支撑

实施思维上的有效开放以及积极性强的人才政策，促进乡村人才培养和发展振兴，使各类人才都能够在乡村地区发挥自身的才能，进而大展身手促进农村农业发展。

2. 培育新型职业农民

建立和完善职业农民制度，培养热爱农业、善于管理、懂技术的新一代新型职业农民，改善农业劳动者结构。更新培训组织形式，开展网络教学、现场课堂等培训方式，鼓励农民专业技术协会、龙头企业、农民专业合作社等主体接受指导，大力推行所有地区对专业农民进行职称评定。

3. 加强农村专业人才队伍建设

加强“三农”领域实践型人才的培养力度，提升乡村专业性人才的保障水平。为农业技术推广的队伍增添人才，研究开展可经营的和公益的农业技术推广一体化发展机制，使得专业人员能够提供相关的服务进而取得相应的酬劳。增强农业技术相关的高等院校的投入建设，培养科技型人才，大力开展杰出青年农业科学家工程和农业科研杰出人才行动。

4. 鼓励社会人才投身乡村建设

指导和鼓动企业家以及各行各业的专业人才等，通过各施其能投身乡村振兴的事业中，允许满足条件的公职人员返乡工作。开展“三区”人才支援计划，推进大学生村官工作，根据实际情况开展高校毕业生基层成长、“三支一扶”等计划。

三　脱贫攻坚与文化振兴的衔接

1. 繁荣发展乡村文化，彰显社会主义核心价值观

采取文明的乡村习俗，保持良好的家风和朴素的民俗习惯，弘扬乡村文化。坚持教育和职业辅导、培养、制度保障三条途径，结合农村特点运用方法和制度，深化中国特色社会主义核心价值观的宣传教育，促进公平合理的执法和公正的基本价值观形成。

2. 巩固农村思想文化阵地

推进教育是文化扶贫一项重中之重的项目，文化教育的普及和提升能从根本上改变乡村贫困人群的思想意识，从行为上做到以全局思想为中心，建设发展乡村经济，以集体利益带动个体利益，而不是只着眼于个体的得与失。乡村传统思想对于教育存在偏执的认知，多数人认为，子女后代识字就好，过多的文化教育阻碍了打工挣钱，这是一种十分错误的观点和想法。同时也有部分家庭存在性别歧视的问题，在教育上尤为突出，阻碍乡村振兴发展。

3. 弘扬中国优良传统文化，保护和利用农村传统文化

文化要想得以延续，需要传承和弘扬，我国传统文化倡导的“爱国、孝亲、睦邻、互助、勤劳、诚实”的品德，是农村社会发展稳定的基石，体现着中华文明的生命力。利用传统媒体、互联网等多种形式，对年轻一代进行传统文化教育，注重传承优秀的家训、家教、家风，提倡全社会重视家庭作风的培养，从而促进良好的农村风貌的形成和建设。建立专门研

究机构，继承和提升现有农村地区的优秀传统文化项目，继承和弘扬各种优秀戏曲形式。发扬传承红色文化，在重大历史事件发生地，建设纪念馆，保护好具有重大意义的历史事件旧址，继承我国的先烈遗志，歌颂先烈精神，为强国富乡提供强大的精神和文化支撑。利用戏剧、影视、壁画等群众能看得见、摸得着的通俗艺术形式和载体，在新时代发挥新作用。

4. 重构乡村文化，发展农村特色文化

随着乡村振兴战略的实施和农村供给侧结构性改革的深化，我国农村产业结构和经济布局开始调整和重塑，整个农业经济呈现出升级趋势。对于文化资源丰富的村庄来说，大力促进发展农村特色文化产业是非常有利的，有利于其实现平稳健康发展。发展具有农村特色的文化产业，有助于深入挖掘乡村文化旅游资源，赋予乡村旅游资源很高的经济文化价值，有助于提高村民素质，增强其创造财富的能力，能够有效有序地推进农村城镇化进程。

四　脱贫攻坚与生态振兴的衔接

1. 建设美丽乡村，推进生态振兴与脱贫攻坚的联系

在保留乡村原有风貌的前提下，充分利用地势、气候、土壤等自然优势，合理使用农药化肥，大力栽种培育适合当地的农作物产品，带动全体乡村人民参与种植项目，产品售卖以政府做兜底工作实现扶贫助农。以不破坏生态植被为前提，划分出游客体验区域，改变仅“到此一游”的传统旅游模式，注重游客对乡村生态环境的体验与感受，塑造“沉浸式体验”，促使游客深入感受躬耕的乐趣，从而对自然界保有敬畏、爱护之心。

2. 加强资源保护和经济利用，突出农业环境治理问题

乡村“三污”治理不仅与百姓生活息息相关，而且存在着严重安全隐患。乡村厕改是最基本的民生工程，“厕所革命”是为了提高居民生活品质，向外界展现干净卫生的形象，而只顾完成指标、不顾便民效果则会给居民带来另一种不便。建议制定层层追责制度，杜绝形式主义，严防在民生工程中“捞油水”的行为发生，避免出现乱改厕、改厕后不能使用的现象。建立生活污水集中处理站，利用新型污水处理技术，如中欧水处理膜

技术，修整污水排放管道，避免生活污水流入土壤、河流；建立或调整生活垃圾统一堆积点，避免垃圾产生的异味或其吸引的蚊蝇影响居民生活；在垃圾燃烧或填埋时采用环保的技术减少燃烧废气的排放、缩短垃圾降解时间。如果没有集中处理生活污水、生活垃圾的设施，污水乱排、垃圾乱丢就会影响乡村风貌，并带来不可预知的疾病传播风险。因此，集中整治村民生活基础设施对村民居住环境质量提高有一定促进作用。

3. 围绕农业环境突出问题，不断改善农村人居环境，加快补齐短板

俗话说要想富先修路，乡村振兴的前提就是道路畅通、交通便利，这样才会有外来资源、人才的涌入。一是将乡村泥泞路段替换成柏油道路，避免阴雨恶劣天气出现行人滑倒的情况，同时道路两侧应加装太阳能路灯，以白天吸收的太阳光的电能发电，既有照明功能又能起到节约的效用；二是构建详尽的村－县－市交通关系网，规划村－县－市往返公交线路，确保线路遍布乡村各个角落，满足村民任意地点多时段乘车需求。创办乡村特色民宿，打造乡村共享空间，宣扬乡村文化风貌，拉动外地旅游资源。民宿经营应以当地县、市政府为依托，设立专职专员对乡村干部或村民进行民宿经营培训进而接手管理，定期向对接人员汇报民宿经营状况，确保政府补助资金使用透明化。

五　脱贫攻坚与组织振兴的衔接

1. 健全现代乡村治理体系

乡村治理体系现代化需要法治、自治、德治相结合，但是受制于我国传统观念和历史条件等因素，乡村的法治普及一直以来是一块短板。一方面，由于远离城区，乡村人员除在外打工人员外，在乡村与城区间的往来较少，法制观念薄弱。现如今，交通基础设施、私家车、通信基础设施、移动通信设备等已经广泛普及，基层组织可以充分利用这些新兴设施设备，向广大乡村居民普及法治观念。另一方面，由于乡村是基层群众自治制度的载体，更要充分发挥这一自治制度的优越性，依托现代信息技术，强化乡村民众自治参与，严厉打击村干部行贿受贿等腐败行为。最后，乡村地区一向被认为民风淳朴，要继续保持和发扬这一淳朴精神，进一步提

高人们的道德素质。

2. 坚持农村基层党组织全面领导

乡村振兴中不乏脱贫致富之人，但是为了防止已经脱贫致富的人员为了谋取更多利益向村干部行贿等问题，基层党组织要加强对乡村振兴的全方位控制和指导，对于行贿受贿、企图破坏基层党组织领导的行为应当坚决打击。

3. 健全以党组织为核心的组织体系

现有党员中大部分集中在城市地区，乡村地区的党员数量相对较少，可以适当发展乡村地区符合条件的党员，使其更好地服务于乡村地区经济社会发展，使党的建设工作在农村中始终保持为人民服务的前进方向。

4. 强化农村基层党组织的队伍建设

近年来乡村地区外出务工、外出经商人员越来越多，乡村地区大学生数量也在不断增长，在军队中接受磨炼的退伍军人也不在少数，可以大力发展这些拥有一定技能和素质的人员入党。以建制镇为行动单位，了解下辖各村的党组织情况，对各村的党组织领导进行培训，提升其技能和素养。

5. 加强农村党员队伍建设

乡村基层党员干部分布范围广，难以进行集中的思想教育，因此对于党性教育适当进行考核，需要长期使基层党员干部始终保持最新的指导思想，对于表现优异的党员应当进行表扬和嘉奖，对考核不理想的党员应当采取一定的惩罚措施或其他处置方法。青年是社会也是乡村地区建设的中坚力量，其外出务工现象普遍，乡村地区妇女数量较多，可以加大对青年、妇女同志入党的发展力度，使其尽早接受党组织培养，为乡村建设储备力量。

第四节　数字乡村发展初探

一　数字乡村与脱贫攻坚、乡村振兴的衔接

乡村振兴是与全面建成小康社会的奋斗目标紧密联系的一项乡村发展

战略，也是以脱贫攻坚战略为基础和前提的一项乡村发展战略。党的十八大以来，建设农业农村信息化引起中央的高度重视，中央也制定了一系列的规定并采取了一定的措施。习近平同志在党的十九大报告中提到乡村振兴战略并把乡村振兴工作的执行放在了很重要的位置。

在信息资源丰富、设备智能化、大数据高速发展的时代背景下，真正实现乡村的发展及振兴，仅靠人力和传统方式是不行的，必须实现数字化与乡村的结合。数字乡村可以通过在以下方面的数字化应用来促进乡村振兴。一是大部分乡村产业规模小、产品单一，收入来源大部分还是农耕及产品简单制作，这两种模式具有效率低、损耗率高等缺点。针对这个问题，可以引入数字化设备和专业人才，数字化设备对农耕和产品简单制作进行数控管理以提高工作效率、降低产品的耗损率，专业人才负责培训和指导，同时还需要丰富产品种类以提高村民的就业率和经济收入。二是部分乡村的地理位置优越，环境优美，乡风浓厚，但是缺乏合理规划和开发，环境封闭，这时可以实施“数字+旅游”计划，结合乡村的优越地理环境和特有的乡俗文化开发乡村旅游业，这样既可以解决乡村人口就业、提高乡村经济，又可以合理利用资源、发展乡俗文化。三是乡村环境问题不同于城市，主要是垃圾处理问题，这个问题近几年已有了缓解，乡村逐渐有定点垃圾收集并统一处理，但是还有待提高，这时需要采用“数字+治理”计划，对于开发旅游业的乡村来说，垃圾既包括村民的生活垃圾又包括游客遗留的垃圾，这时需要引入数字化设备进行处理和监管，比如在景区安装数字化监控设备等。对于村民的生活垃圾治理也需要引入数字化，一方面提高村民垃圾集中处理的思想意识，另一方面对收集的垃圾进行科学化处理以最大限度降低污染、提高垃圾利用率。四是乡村消费与网络购物发展步伐不一致，村民购物还是以实体消费为主，出现这种情况主要有两个原因：其一，村民多为中老年人，不会熟练操作智能手机，也不了解网络购物的情况，担心网络诈骗；其二，乡村网络快递点设置不全面。针对这个问题也可以引入数字化，实施“数字+消费”计划，一方面可以对村民进行网络购物的相关知识和操作以及网络安全知识教育，方便村民正确认识网络购物；另一方面可以在乡村设置数字化快递寄取设备，降低村民的操作难度。以上四个方面是乡村数字化发展对于乡村振兴战略20字方针，即产业兴旺、生态宜居、乡风文明、治理有效、生活富裕的具体表现，乡村的数字化发展针对乡村不同方面存在的问题提出了具有可行性且符合现代化发展的举措。数字乡村战略是对乡村振兴实践问题的具体表现，将数字化设备和技术引入乡村，以现代化信息技术为核心力量来推动农业农村发展，涉及乡村振兴领域的经济、文化、生态等各个方面。当然，乡村振兴战略的发展方向同时也是数字乡村需要深入发展的方向，乡村振兴战略着力发展乡村现代化信息技术，数字乡村就需要结合乡村的特点在各个方面完善和发展现代化信息技术。

综上所述，数字乡村建设继承并发展了乡村振兴战略，乡村振兴战略引导并完善了数字乡村建设。未来想要真正实现数字乡村与乡村振兴的有效结合，要探索乡村整体的发展规律，将数字乡村建设引入乡村发展的各个方面、各个环节，以解决现代乡村所面临的多方面问题进而促进乡村振兴。充分利用各种功能效应，为农业生产、农村治理、生活形态、农村文体活动等应用场景赋能，进而促进乡村振兴。数字乡村的建设需要数据、技术、人才等资源的投入以形成“数字+生产”“数字+旅游”“数字+消费”“数字+治理”等多模式发展战略。数字乡村的建设必定会催生农业农村新业态、新模式，支撑农业农村现代化的实现，促进脱贫攻坚战略的巩固与乡村振兴战略的发展。

二 组织振兴与乡村治理数字化

1. 数字化治理参与组织振兴的必要性

(1) 数字化治理是推动组织振兴的有效治理手段

乡村治理是国家治理的奠基石，乡村的有效治理也是实现乡村振兴战略的根本保障。乡村振兴作为一项系统性的浩大工程，主要分为五个发展方向。其中，组织振兴是乡村振兴的重要内容，也是根本保障。农村党组织既是农村工作领导的核心，同时也是确保党所指定的路线方针政策实施以及贯彻落实乡村振兴工作的重要基础。因此，为推动乡村振兴，农村基层党组织必须充分发挥核心引领作用，提高农村建设的组织力，将党组织的政治优势、组织优势体现为乡村振兴战略实施的有力保障，激发乡村振兴的内生动力。但是与乡村振兴战略不适应的是，我国在乡村治理方面还存在基层组织涣散、村民参与度较低、服务效能不高、不良风气盛行、科学治理决策有待提高等问题，而解决这些问题的关键在于找到有效的治理手段。

（2）数字化治理推动组织振兴的信息共享

近年来，伴随着数字技术的创新发展，顺应国际研究领域的新趋势，国内的数字治理研究领域从起初的数字政府治理、数字城市管理、数字校园管理等，渐渐转向城市治理数字化以及基层治理数字化等研究方向。随着国内数字技术发展的深入，乡村数字化治理也由此提出。在没有进行数字化治理的前提下，传统的治理有以下的短板。一是信息通常是由政府自上而下地传递，往往背景信息被基层政府垄断，普通村民无法直接获取所需的信息，即使有少部分信息传播，也无法弥补政府和普通村民之间的“信息时差错位”，导致信息的不对称。二是各个行政部门之间存在信息壁垒。在基层政府工作部门，由于各个部门各司其职，分工与职责各不相同，他们所接受上级的信息也有所不同。在此前提下，各个职能部门所创立的隶属于自身的信息系统与信息资源库往往只包含部门内部的信息，而部门之间则存在着各种信息壁垒，因此各部门不得不进行单独决策，从而沦为信息的“孤岛”。三是传统的乡村组织治理具有经验管理色彩，具有主观性和滞后性。传统的乡村组织治理存在粗放和被动的特点，表现为在发生问题时，各个政府部门由于掌握的信息不对称，大多数情况下通过经验判断进行决策，主观经验性的判断往往缺乏客观依据，对此后的同类问题将无法进行合理预测，特别是对于某些自然灾害的预警以及某些相关社会矛盾的处理，主观性经验决策将在很大程度上导致治理效果不佳甚至会引发治理失灵现象。

（3）数字化治理有助于激发组织振兴的内生力量

乡村数字化治理除了能够避免传统治理的上述问题，还能够通过建立完整的数字化基础设施与数字技术规则，充分运用大数据、云计算、AI 等数字化工具，将乡村治理主体、治理内容、治理过程等相关要素数字化。数字化治理不仅能够推动国家治理体系发展，而且在很大程度上避免了传统乡村治理存在的问题，同时有助于推动乡村的组织振兴。其作用主要体现在三方面。一是数字化治理有利于提高乡村治理的效能。各乡村政府部门都能够通过数字化治理的精细化和高效化合理地简化服务流程，如深化“互联网+政务服务”改革、提出“政务服务网上办”等新方向，整体上达到提高乡村治理效能的目标。二是乡村数字化治理有利于消弭信息鸿沟，使普通村民的知情权、参与权、表达权、监督权得到保障。数字化乡村治理的模式，能够将各项数据资源进行整合，搭建信息共享网络平台。在此背景下，村民能够将自己的观点或者诉求在数字治理平台上发表，再由政府相关部门根据舆情做出合理的政治研判，从而输出符合普通村民利益的决策。乡村数字化治理平台的搭建，不仅能够达到信息共享的目标，还能够形成以普通村民利益、诉求为导向的数字治理系统，提高决策的科学性。三是数字化治理不仅能够强化农村党组织的执行力，而且能够提高党的领导与社会组织之间的协同关系以及激发村民的内生动力。可见，乡村数字化治理是实现组织振兴的重要途径，数字化治理将有助于推动乡村组织振兴的落实与发展。

2. 数字化治理参与乡村振兴的可行性

当前，我国数字技术的发展已经成为社会创新型治理的关键要素。2021 年 8 月 CNNIC 发布的第 48 次《中国互联网络发展状况统计报告》显示，互联网已成为城乡居民日常生活所使用的基本设施。2021 年的“中央一号文件”指出“加强乡村公共服务、社会治理等数字化智能化建设”，近日所发布的《数字农业农村发展规划（2019—2025 年）》也将建设“乡村数字治理体系”归纳为推进管理服务数字化转型的五大任务之一。这意味着国家已经注意到乡村数字化治理对于乡村组织建设的重要性，乡村治理的数字化转型已经成为推动乡村治理现代化发展的基本取向，其理论具有可行性与实践性。

3. 数字化治理促进组织振兴发展取得的成果及存在的不足

没有组织，特别是没有产业组织，所有要素将没有实际意义。乡村振兴成功的关键因素，为具有强大凝聚力的组织力量。随着以数字技术为代表的新时代信息技术的发展，数字化治理为基层治理创新提供了新的方向。伴随数字化治理参与乡村组织振兴工作的不断深入发展，现阶段的具体表现为以下几方面。

（1）成果

①数字化治理打破伦理局限，提升服务效能

从传统的治理到数字治理。我国的农村传统治理模式是基于“熟人社会”关系网络形成的“人治”模式，过去的治理模式往往是以村规民约、规章制度作为依据对乡村公共事务进行管理，缺乏民主性和科学性。现在的数字乡村建设通过数字技术所涵盖的物理规律、社会治理等结合，将技术提升与主体协同后的“数治模式”运用到基层治理中，实现了一体化平台和新型基础设施的搭建，使村民能够通过互联网平台及时互动，便利、平等地参与到治理实践当中。例如，贵州省所开发的“数字乡村建设检测平台”，村民们和政府可以在 App 上处理村务、监测民情，实现村民和政府对乡村事务的协同治理。同时，通过数字技术也规范了乡村治理的程序，不断提升乡村治理的现代化水平。

②数字化治理促进资源整合，提升管理能力

从数字平台建设到资源整合。数字技术能够将政府形态和职能进行优化后搭建平台，促使政府各职能部门实现将平台中各项服务的大数据与村民的现实需求进行分析整合，通过更清晰地了解乡村基层的需求，从而制定更具现实意义的管理方案。例如，浙江德清全域所构建的数字乡村的治理应用体系，通过捕捉监测终端的数据，精准了解治理的需求，实现了各个部门的协调合作，促使综合管理能力不断增强。

（2）不足

①技术性阻力：基础设施薄弱与缺乏专业技术人员

首先，数字化治理深入乡村基层组织的根本是技术普及问题。CNNIC 所发布的最新数据显示，截至 2021 年 6 月，我国的网民总规模约达 10.11 亿，非网民约为 3.89 亿人，互联网普及率达到约 71.6%。其中，我国农村网民的规模达 2.97 亿人，占比 29.4%；第六次全国人口普查公布的农村居民为 6.74 亿人，农村网民约占农村居民的 44.07%。由此可知，目前农村非网民的占比依然较高，城乡之间依然存在数字鸿沟，乡村互联网基础设施的建设仍然覆盖率较低。而推动基层党组织现代化建设的关键是走乡村文化兴盛之路，组织振兴发展建设的首要任务是提高基层党员队伍的思想文明建设，从而以党风建设带动乡风建设。乡村互联网建设覆盖率较低，使得长期处于封闭经济活动中的村民很难了解“外面世界”的发展，不利于基层党组织对乡村文化环境的改善。

其次，负责数字化治理的基层人员的技能水平不高。从目前的乡村基层的领导年龄分布来看，其年龄普遍偏高且学历普遍偏低，虽然这些基层组织人员熟知本村的农户基本情况和当地的乡土人情，但是对于数字化信息的处理能力不足，很难适应现代化新型的管理方式，导致办事效率较低，乡村基层干部中缺乏懂管理与数字技术的专业人才。再加上乡村数字化基础设施尚且薄弱，缺乏技术教育与相关培训，不利于数字技术人才的培养，基层党组织高素质、专业性人才缺乏，发挥“引领作用”的能力不足，而只有为基层党员队伍不断注入新的血液，提高基层党员队伍的综合文化素养，才能使其为乡村组织振兴工作保驾护航。所以，实现数字化治理促进组织振兴发展的重要举措，是要针对乡村的需求进行专业人才的引入，同时继续加强数字化基础设施的全面建设工作。

②价值性壁垒：村民话语权不足与恶意投诉

尽管互联网平台的建设在一定程度上改善了村民参与乡村建设的条件，互联网平台也为村民提供了信息知情权和监督权的保障，但这些举措无法从根本上改变村民被动参与乡村治理的状况。由于“民不与官斗”的思想观念长期存在，大部分村民对法律缺乏了解，加上被动的心理，导致其权利无法被重视。再加上地方官员常年工作于行政体制内部，熟知官场的规则且拥有体制人脉关系，在官官庇佑的情况下，村民的合法权益不仅不能得到良好的保障，甚至还可能遭到变相的打击报复。因此，在基层避责的逻辑下，村民在互联网平台的反馈表达缺乏可参考的价值和真实性。

然而，数字化互联网平台的搭建也为村民的“泄愤”提供了一个渠道。近年来，各省市的纪检委网站相继公布处理多起村民虚假甚至恶意举报的案件，这些案件多是由于检举人的私人恩怨，认为村干部为难自己，又或是对选举的结果不满，伪造检举信息、捏造事实恶意举报层出不穷。不仅破坏了乡村组织内部的风气，也打击了基层村干部的积极性。为此，数字化治理平台的后续改善应该考虑到村民话语权不足和村民泄愤这两种极端现象，对村民、社会组织所反馈的信息的真实性尚需考察。上述数字化治理存在的问题不利于党组织的组织结构建设，很可能会造成基层党组织的力量薄弱，同时打击基层党组织和乡村干部的积极性，限制组织振兴中“人民力量”的彰显。

③数字化体系不完善，平台僵化与缺乏高层次信息技术

当前的数字化平台建设需要通过互联网治理平台来提高乡村治理的效率，但是此类平台在实际操作过程中存在运作断层和平台僵化等一系列的问题。数字化平台建设目前主要关注村庄内部治理，而需要横向互动的村庄之间以及村庄与市场的协同治理仍缺乏技术的支持。为此，当前的数字化体系尚缺乏对各个职能部门功能的整合，数字化体系还不完善。一方面，当前的数字化治理技术体系主要停留在信息的记录、传递、储存等技术层面，其功能主要体现为记录与分析乡村内部环境、乡村人口、安全等信息以及乡村基层治理的行政事务，缺乏促进乡村集体产业、合作经济的实体技术和其他高层次的信息技术。作为党执政代表人应合理把握组织振兴的整体方向，而数字化体系当前仍不完善，很难真正实现资源由内到外和由外向内的流动，在党组织加强自身建设、借鉴其他地区的先进经验以及为村民提供服务便利方面仍有很大的发展空间。

4. 数字化治理参与组织振兴的路径构建

全面推进乡村振兴，关键在党。农村基层党组织是党在乡村部署工作和推进乡村振兴的力量基础。2021 年发布的“中央一号文件”明确提出未来要“加强党的农村基层组织建设和乡村治理。充分发挥农村基层党组织领导作用，持续抓党建促乡村振兴”。同时，近日发布的《数字农业农村发展规划（2019～2025 年）》提到，将“建设乡村数字治理体系”部署为“推进管理服务数字化转型”的五大任务之一。因此，伴随数字技术日益创新，为了促进农村基层组织建设的不断完善，为了实现以组织振兴引领乡村振兴的目标，研究数字化治理参与组织振兴的路径具有深远意义。

（1）转变观念：树立以民为本的治理理念

实现组织振兴要在发挥农村基层党组织的核心领导力的基础上，坚持以人民为中心，重点关注村民共同的需求。在乡村社会数字化治理的建设过程中，村民是受益主体，也是建设主体，要明确这一特点，让村民在数字化治理的过程中实实在在受益，从而得到广大村民的支持与认同。同

时，在乡村组织振兴中发挥农民的主体能量，不断完善村民诉求表达制度，全心全意地听取村民心声，掌握真实的民情民意，将数字化治理参与组织服务的定制化、精准化及便利化等优势充分地发挥。要根据当地乡土风情创建不同的数字化治理方案和服务规划，以满足村民的个性化与多样化的现实需要。此外，要不断提升农民数字化能力。各个地区结合当地的实际情况，进行数字技术宣传教育，提高广大村民对乡村数字化治理的认知、认同。通过发挥基层党组织的领导作用引导农村基层组织与社会组织和村民参与到乡村振兴事业的发展中，激发农民参与组织振兴的积极性。

（2）强化技术：夯实基础设施建设，加快数字化治理人才培养

针对数字化治理覆盖率较低的问题，首先，提高农村互联网的普及程度，提高乡村数字技术设施的建设。可以通过国家所提倡的农村振兴战略的一系列惠民政策，吸引更多的企业和社会组织来乡村进行基础设施建设投资。其次，加速数字化人才培养，为乡村振兴基层领导班子增添新的力量，夯实筑牢基层党组织的战斗堡垒，推动乡村的组织振兴。人才队伍的培养是实现乡村数字化治理建设的最关键因素。数字化治理是一种全新的社会治理方式，需要对基层党组织干部和技术工作人员不断进行知识和能力的培训。各个政府部门应该根据当地乡村振兴所需人才的实际情况，科学制定人才培养方案，促进数字技术人才队伍的不断壮大。注重从本乡本土大学生、退伍军人、外出经商人员群体中进行选拔，通过选择具有较强创新意识、较高知识水平的人员来壮大本村的数字化治理人才队伍。对后续数字化人才的培养，要不断健全数字化治理人才的考核评优机制，以激励和警示工作人员不断提高自身的能力和工作的积极性，通过数字化治理人才队伍的增强，提高基层党组织的服务效能，推动村集体产业的发展。

（3）完善制度：合理对接信息，推进多元共治

建立数字化治理平台，完善线上、线下两个平台的对接机制，避免网络虚拟服务的“跑偏”。线上要在地方“互联网+政府服务”的背景下，根据上级政府各部门所出具的权力事项以及服务清单，核实好相关的流程和数据，确定本辖区的政府事务清单，不断完善基层互联网办公体系和流程规范，进行准确的信息录取，便于线上各个部门的资源和信息共享，进而有助于各部门进行相应的管理工作，提升基层党组织的工作效率。为了

避免发生基层避责、某些部门做线上形象工程等种种问题，要完善村民意见反馈甚至是投诉的保密措施，将检举系统与相关的地方行政系统区别开，确保检举者不会遭受到打击报复。除了充分发挥村民对于地方治理的监督权，还要发挥网络媒体、社会组织等的多元共治作用。媒体和社会群众可以通过网络平台，对乡村治理的各个组织、部门进行监督，通过多元、多角度的审视，才能够有效监督基层党组织干部发挥“优秀领头”作用。“基础不牢，地动山摇”，只有不断加强农村基层组织体系建设，才能实现以组织振兴为动力引领乡村振兴。

三　产业振兴与乡村数字化产业

1. 产业数字化参与产业振兴的必要性

（1）产业数字化引发传统产业深刻变革，助推产业振兴

第一产业主要分布在广大的乡村地区，在乡村振兴战略的实施路径中，乡村产业振兴居“五个振兴”的首位。乡村产业振兴的主体是第一产业，目标是在此基础上实现第一产业与第二、第三产业的深度融合。因此第一产业的变革与乡村产业的发展息息相关。目前我国数字经济发展迅速，据《中国数字经济发展白皮书》，在 2020 年新冠肺炎疫情的大背景下，我国数字经济仍保持正向增长态势，规模达到 39.2 万亿元，占 GDP 比重升至 38.6%。产业数字化规模也进一步扩大，占整个数字经济的八成之多。产业数字化成了推进传统产业深刻变革的利器。但是数字经济在各产业中的发展情况却各不相同，目前第三产业数字化发展迅速，2021 年渗透率已经超过 40%，而第一产业数字化发展持续落后，渗透率仅为 8.9%，不及第三产业的 1/4。在国民经济中，第一产业是其他产业的基础。要想实现我国经济的持续健康增长，就必须实现乡村产业振兴，利用数字经济这个抓手进一步解放第一产业的生产力，促使第一产业发生变革。

（2）产业数字化为解决目前产业振兴困境提供方案

目前乡村产业振兴面临着许多困境。就在乡村产业中占据主导地位的第一产业而言，一是产品质量问题，在当前农业发展过程中，普遍存在着

重“量”不重“质”的问题。我国连续多年实现粮食产量增长，但是粮食产量的增长有很大一部分是来自化肥与农药的过度使用。在此过程中，不但污染环境、浪费水资源，还会导致土壤的恶化，农产品品质下降，最后不可避免地陷入恶性循环。二是产品销售困难，这里主要体现在销售渠道与销售市场价格两方面。目前在大部分地方，乡村的销售渠道往往依赖于传统的定点定时的集市，这种销售渠道存在着时间间隔长、受天气因素影响大等问题，限制了农产品销售。并且在乡村中，统一的市场价格传导缓慢，这就在无形中增加了个别农户的收入风险，降低了农户投资种植多种经济作物的热情。三是乡村金融体系的不完善，针对收益周期较长的农户与养殖户而言，在此期间资金的垫付增加了他们的负担，这限制了乡村产业的扩大再生产，限制了农户与养殖户获取的利润，从而在一定程度上引发了农村劳动力的流失。四是乡村产业融合度低，第一、二、三产业无法实现很好的融合互动，无法实现更高的收益。目前乡村存在着第一产业发展质量不高，其一般无法生产特色产品，而三个产业的深度融合往往依赖此媒介，所以该问题的解决往往是建立在前面三个问题解决的基础上的。针对以上问题，传统的方式往往效果甚微。而数字经济的出现在一定程度上为此类问题解决提供了方案。产业数字化实质上是利用数据生产要素，在数字产业化的基础上实现传统的第一、二、三产业的升级。产业数字化往往能从根本上高质量解决这些问题。就第一产业农业而言，可以利用土壤监测系统与病虫害检测系统实现育种与播种的高质量，提高种子存活率，减少损失；可以利用天气预测系统等互联网技术与灌溉系统等物联网技术实现旱涝灾害的预防，水资源的节约与高效利用；可以利用遥感技术与智能收割机实现农产品及时收割，更好地应对市场；可以利用直播电商等技术实现产品的定向特色销售，提高经济附加值。

2. 产业数字化参与产业振兴的可行性

从政策支持角度看，乡村振兴战略属于国家战略，乡村产业振兴需要持续推进，针对产业数字化参与乡村产业振兴，2019 年 5 月，我国发布了《数字乡村发展战略纲要》，为二者的更好结合进一步扫清障碍。该《纲要》以时间为维度划分，为数字乡村的发展奠定了基础并且指明了方向，这表示产业数字化与乡村产业振兴的阻力与困难将由政府持续参与协助解决，这为二者的发展提供了空间。从参与者积极性看，产业数字化是伴随着数字产业化发展的，数字产业化需要应用空间，而数字产业化不断提供的技术、方案等需要产业数字化才能创造巨大的生产力。所以从数字技术生产者而言，面对乡村产业振兴的广阔前景，其会有较高的投入积极性。而从参与者的另一方即应用方来说，无论是针对政府还是个体农民，产业振兴离不开数字技术的渗透、结合。产业振兴过程中遇到的问题同样离不开产业数字化，这在很大程度上也提高了应用方参与的积极性。

3. 乡村产业数字化发展现状

（1）乡村信息基础设施建设成效显著

据中国互联网络信息中心（CNNIC）发布的第48次《中国互联网络发展状况统计报告》，截至2021年6月，我国乡村地区的网民数量升至2.97亿人，乡村地区的互联网普及率升至59.2%，相较于上一次发布的报告数据，提升了3.3个百分点。同时，以行政村为基本单位统计，我国乡村无论是通光纤宽带还是4G通信覆盖率均超过了99%，网速也得到了提升。就河北省而言，根据《数字经济与乡村振兴发展研究报告（2021）》，河北省所有行政村已实现光纤通达、4G信号覆盖。与此同时，数字鸿沟也得到了进一步缩小。

（2）智慧农业取得初步成效

根据2020年农业农村部发布的《2020全国县域数字农业农村发展水平评价报告》，农业生产数字化水平达23.8%，有超过40万个自然村覆盖了农村电商服务网点，以行政村为单位划分，覆盖率达到了75%。在乡村产业数字化发展过程中，各地基本上是从农业数字化转型开始，并以此为重点推进，其中主要包括智慧农业的建设、农业数据的收集及体系建设等，针对销售过程，各地引入农村电商、直播带货等多种方式进行销售。就河北省而言，针对该省的15个数字乡村试点，其建立了以农业数据信息为中心的技术支撑体系。在全省范围实施“信息进村入户工程”建设，开展公益、便民、电商、培训四类农业服务，与此同时，河北省一方面加强与农村电商平台合作，建设农村电商服务点；另一方面通过直播带货平台，销售推广本地的特色产品。

(3) 产业间发展不平衡，产业融合速度慢

从全国的视角来看，数字经济的发展是严重偏向第三产业的，第三产业数字渗透率远超第一、二产业。而如果从乡村的视角来看，第一产业比如农业的数字化发展速度是相对较快的，这虽然与农村的产业格局关系密切，但是也反映出在乡村产业数字化发展过程中，乡村的第二、三产业还是发展相对缓慢。目前，在数字化过程中，伴随着智慧农业以及多种互联网销售渠道的发展，农产品的生产与销售开始取得成效，但是农产品的深度加工与农产品品牌的建设仍然进步缓慢。这就反映出乡村产业数字化过程中产业发展不平衡与产业融合速度慢。同样，存在着一些以第三产业为主的旅游小镇也没能在利用信息技术的基础上更好地实现与本地第一产业的相互融合。

(4) 农民信息素养水平有待提高，信息人才短缺

虽然伴随着乡村数字基础设施的建设，乡村互联网与智能终端的普及率不断提升，但是乡村产业振兴的主体即农民的信息素养仍需提升，就目前而言，农民大多利用智能终端与互联网进行娱乐与通信，对政府建立的农业数据公布网站与相关企业开发的农业相关软件熟悉程度较低。产业数字化的不断推进，需要的信息人才数量越来越多，既包括从事一线的农户等，也包括对农户生产技术培训、服务的人才。但目前来看，在产业数字化参与乡村振兴的过程中，人才缺乏的现象短期还没有得到解决。

4. 乡村产业数字化发展的路径构建

(1) 持续加强基础设施建设，拓宽资金来源渠道

基础设施建设是产业发展的基础，产业兴旺离不开基础设施的不断完善。这一点在脱贫攻坚过程中已经得到验证，但是乡村产业数字化的新形势，对基础设施建设也提出了新要求。与传统的基础设施建设如道路、水利工程的建设不同，信息基础设施建设还加入农业教育、科研、技术推广和气象预警等保障和服务体系，由于信息产业存在着更新速度快等特点，新的信息基础设施建设同样也具有此类特点，比如数据库的不断更新与维护，终端设备的不断迭代等，这对于资金与信息人才都提出了大量需求。因此，在加强信息基础设施的建设过程中，应考虑到资金的稳定来源与信息人才的不断培养与引进。就资金的来源而言，目前信息基础设施建

设投资的资金主要来自政府财政，政府财政资金一般具有较高的稳定性，但会因各地方财政水平的差异而产生较大的不平衡。与此同时，政府财政投资建设信息基础设施往往会以省为单位统一制定政策，无法有效针对地方特别需要。针对该问题，可以有针对性地进行招商引资。这里的招商引资也具有新的特点，招商引资的目标企业应为与数字技术高度相关的互联网企业，在此基础上瞄准互联网企业的需求点，寻求高质量的合作，达成合作共赢。比如与互联网销售企业的合作，一方面，乡村可以作为互联网销售企业的高质量生产基地，确保供应；另一方面，互联网销售企业既可以帮助农户搭建物流、价格体系，又可以利用数字机械帮助农户改进种植流程，提高农产品质量，增加农户收入。

（2）因地制宜发展农业，提高农产品质量

我国农业产量增收明显，但农业结构尚不合理，甚至存在着某些农产品生产过剩的问题，这不仅不利于农产品市场的健康发展，还在一定程度上造成了资源浪费。农业在乡村产业中占据着主导地位，实现乡村振兴、产业兴旺就必须把农业发展好，在保证粮食供应的大前提下，因地制宜地发展适合本地区的农产品生产结构，利用农业数字化基础设施的建设，使本地区的农产品具有比较优势。在农产品生产之前，可以利用大数据搜集往年市场信息预测需求，避免出现生产过剩。同时，应该在农产品生产过程中利用不同的监测系统提高农产品质量。这里的质量通常指两方面，一方面是农产品因利用数字技术所含的营养物质或口感、外观等提高；另一方面是农产品因利用数字技术有害物质残留减少，也降低资源浪费与环境污染等。

（3）通过互联网金融改善乡村融资状况

面临提高农产品质量的要求，精耕必然取代粗放耕种，同时需要资金的投入。对于储蓄水平相对较低与资金来源有限的农户来说，其投资欲望往往比较低，在此基础上，产业振兴就比较难推进。虽然国家有相应的农商银行、农业银行为农民提供相应的资金支持，但是流程审批相较于互联网金融来说，还是略显烦琐。因此，应在严格管控金融风险的基础上，引入互联网金融，协助农户贷款融资，一方面可以利用该资金进行农具的置换，数字化农业机械的更换必然需要一笔新的支出；另一方面可以利用该资金实现精耕，减少化肥和农药的过度使用，这在一定程度上亦可以推进乡村第二、三产业发展，推动产业融合。值得注意的是，该项措施需要实施相应的风险管控。

（4）开发农产品新优势，推进产业融合

在优化农产品结构与提高农产品质量的基础上，根据本地区的历史、人文等特点，挖掘乡村农产品新优势，推出创新产品。我国乡村以往生产的农产品基本上只能做到粗加工，精加工、产品设计与销售等高附加值环节往往在城市完成，这也是导致城乡差距的一个原因。乡村的产业融合要以第一产业为主导，在新产品、高质量农产品的推出过程中，利用乡村的第二产业进行深加工、精加工，随后可以由乡村的第三产业进行产品的包装设计及宣传乃至销售，最后将获得的高额利润投入乡村信息基础设施建设，继续推动农产品生产结构完善与质量提高，实现基于产业融合的良好循环。

四　文化振兴与乡村数字文化建设

1. 数字化治理参与文化振兴的必要性与可行性

习近平总书记强调，乡村文化的繁荣是脱贫攻坚一项至关重要的因素，对于乡村振兴起到了很大的影响作用。可以将互联网、物联网以及大数据等信息技术，合理、有效地应用于乡村发展中，拓宽村民的文化视角，更好、更快、更高效地为乡村的文化事业进行精准化服务。自从国家开展文化信息资源共享后，为达成共享目的，我国先后出台了一系列法律法规。乡村数字文化治理早在多个政策中就有所体现，2018 年印发的《乡村振兴战略规划（2018 ~ 2022 年）》提出继续实施公共数字文化工程，做好新媒体的宣传，保证农民能够有效获取他们所需的文化资源。2019 年 5 月，《数字乡村发展战略纲要》的发布推动了乡村网络文化的发展，大大提升了农村网络文化的使用程度，比如“数字博物馆”等建设。这些法律法规的制定使得数字乡村文化更加深入民心，也更加标准化。

如今，随着信息科技的发展，互联网已经在乡村中实现普及。数据显示，2019 年 6 月，我国的网民规模大幅度增加，尤其是农村网民的人数达到

2.25亿人，占到我国网民规模的26.3%。农村网民数量、农村网络覆盖率大大提升，加快了乡村数字化的实施进程。数字化对乡村文化发展发挥着至关重要的作用，所以，应该重视利用好信息技术来实现乡村的文化振兴。

2. 数字化治理参与文化振兴的现状

（1）数字化资源建设不足，资源利用程度较低

目前，农村的数字资源更新较为缓慢，资源建设不足，数字化转型进展迟缓，开发利用的效率较低。部分数字文化的工程虽已启动，但并没有发挥出实质性的作用，仅仅停留在播报一些乡村日常的新闻动态及集体活动，平台的建设停留在初级阶段，更新较为缓慢。同时，由于没有进行数字文化工程的宣传，村民们对数字文化工程的重视不够，导致其不能发挥文化宣传作用。并且，乡村文化资源不能与数字化有机结合，乡村的特色文化资源并没有得到及时的数字化保护，许多传统文化没有保留下来，濒临"灭绝"。乡村文明过多地依赖于传统方式传承，而缺乏数字化的保护，资源与产业不能合理、有效地利用起来。

（2）区域发展失衡，产生"数字鸿沟"较大

在乡村文化治理的发展进程中，城乡之间的数字文化资源出现了失衡，乡村难以获得城市的文化资源，这就会导致城乡之间出现文化失衡的问题。相对于乡村的数字文化资源，城市的数字文化资源质量较高，由于乡村的网络设施不发达，产品供给不全面，导致了乡村的数字文化存在不全面的缺点。从目前来看，数字文化的资源整体偏向于城市，城乡二元结构明显，这就会导致乡村的数字文化进程远远落后于城市。同时，部分乡村位于贫困、偏远地区，信息化程度低，基础设施缺乏，数字文化接受能力弱，难以深入宣传。因此，许多村民享受不到数字文化给他们带来的诸多福利。目前来看，公共文化事业的经费已经进行大量的投入，但实际上，并没有用以解决城乡之间巨大的"数字鸿沟"问题。

（3）数字人才缺乏，能力水平不高

要想推动乡村数字文化的发展，就需要大量的专业技术人员。目前，乡村数字文化治理方面的技术人才还是较为匮乏，存在着大量的缺口。在经营人才方面，乡村存在着大量丰富的乡土文化资源和非物质文化遗产，这是乡村文化产业、乡村文化产品开发的物质基础。但现实中，乡村文化

产业、乡村文化产品数字化经营人才严重缺乏。在管理人才方面，乡村的信息技术方面的设备管理人员的专业知识较为匮乏，平台运营的能力也比较弱，对于数字文化的内容不能进行整合分析。整体上来看，乡村数字文化的技术人才缺乏，管理服务较差。

3. 数字化治理参与文化振兴的路径构建

（1）推进数字资源建设，加快数字治理进度

数字资源的建设是数字乡村的基础支撑。农村文化的多样化需求要求利用互联网技术来搭建更具智慧化的公共文化服务平台来满足。通过数字公共文化平台，村民可以改变传统的文化传播手段，摆脱原有的文化空间束缚，拓宽文化发展空间，提高数字文化产品的服务程度。首先，大力发展数字文化的平台建设。我们可以在农村数字图书馆、博物馆、文化馆等现有的乡村数字文化设施的基础上，利用互联网技术快速捕捉村民的需求，构建出更加了解村民、更好服务于村民的数字文化建设平台，为村民提供针对性的服务，构建更具适用性的公共数字文化平台，对村民的需求实现线上线下相结合的订单式服务。数字文化平台建设可以为村民们提供高质量的文化产品和服务，让村民们享受到有情感、有内涵的文化内容，随时随地传播正能量。政府可以通过数字文化平台将文化资源传播，村民可以享受到乡村文化与现代信息技术结合的文化产物，从而大大加强文化自信。其次，加快建设盲区的数字基础设施。信息技术的使用与数字文化平台的推广可以推动文化的精准扶贫，对乡村地区的数字文化基础设施进行健全的配置，扩大农村传播方式的覆盖范围，推动数字广播户户通，从而解决城乡之间的数字鸿沟问题。最后，还要加强城乡之间数字文化的互通工作。强化数字文化的联动机制，将城市的数字图书馆、文化馆、博物馆等与乡村的图书馆、文化馆、博物馆进行互联互通，实现高度数字化的精准衔接，让城乡间的文化资源得到共同享用，从而为村民提供更加丰富的文化资源，同时，也将城乡之间的数字文化资源进行集中管理与服务整合。

（2）加强公共资源提供，促进资源创新发展

一是推动公共文化资源的数字化。无论是在国家层面，还是基层政府层面，都要加快完善和更新数字文化资源库。2020 年的公共文化数字资源

的整合发展中，根据村庄特色与村民需求，开发建设了有针对性的数字文化资源平台，用数字化的方式向村民宣传提供文化资源。数字化的形式包括通过数字卫星发行系统将电子图书传播到乡村的手机、电视等传播媒介上，这样的方式，更有利于村民共享文化资源。

二是推进乡村优秀文化资源数字化。美国数字信息资源保存项目书提出这样一种观点：当前社会普遍处于信息化的环境下，传统文化资源可以通过数字文化平台转换成数字文化资源，这时，对于数字文化资源的保护与传统文化的保护同样重要。我国的传统文化大多存在于乡村，比如非物质文化遗产、古村落建筑、传统家风、传说典故等都是乡村的文化资源，这些文化资源为乡村振兴提供了源源不断的生命力。随着信息化的数字冲击，我们更加倾向于用数字技术来代替传统的文化保护方式。通过乡村记忆工程等数字平台来收集、归纳、整理乡村文化资源，再利用微信等数字文化传播方式进行文化传播，这样可以使数字资源存放时间更长、资源利用效率更高。

三是推动乡村文化产业的数字化。乡村文化资源的改造与创新可以加快推动乡村文化资源的产业化进程。我们可以将传统文化作为发展的基点，通过传统文化积极开发新的文化创新产品，将创意民居、创新民俗进行结合，发展乡村的旅游产业；通过数字化渠道，如电商、手机应用、微信等进行线上的营销策略，加强数字化的技术应用，将旅游服务模式进行一体化的改造。

（3）加强数字教育培训，改善民生治理

一是加强乡村教育信息化力度。推动乡村学校的数字化发展，大量更换数字化的基础设施，将宽带卫星等数字化设施与校园相连接。通过宽带卫星的数字接入，大力发展线上的远程教育，将城乡的文化资源有机统一，有效对接。将课堂与数字化相结合，开展数字课堂等新型的教学方式，乡村地区的学生可以接受和城市学生一样的教育，接触更多的知识，从而提高乡村学生的知识储备。同时，提升乡村地区教师的教学水平，也可以通过数字化的方式进行，通过培养乡村教师的数字化教学能力，为学生获得更多的教学资源，这样也可以使教学产生事半功倍的效果。二是加强基层党建数字化。在乡村文化治理的进程中，基层党组织发挥着重要的作用。基层党组织通过创新乡村治理的方式，加强农村的基础平台设施建设，推动党建信息的公开化，通过数字化的文字、图片内容来展示基层党建的阶段性成果。同时，也可以通过线上教育来推广党课，让村民可以通过远程教育获取党建知识，加强党员的责任担当意识，这样，农村中的党员干部的党建思想也会更加前沿、更加科学先进。三是加强乡村技术人才培养。在数字化的进程中，数字化的人才占有至关重要的地位，乡村数字化的治理需要更多的专业数字化人才，来保证乡村数字文化的建设更加精准有效，对数字基础设施进行维护，对数字文化信息进行不断更新处理，因此，要加强对于职业农民的数字化培训工作，让他们了解网络并运用网络。通过网络的途径，增加创业，在网络平台上传播乡村文化。此外，网络的引入和信息化的传播让社会各个主体都能参与其中，既享受了数字文化的服务又参与数字文化的治理，既是受益者也是劳动者。

五　人才振兴与乡村数字化人才建设

1. 数字化建设参与人才振兴的必要性与可行性

在大数据时代下，数字技术的应用为传统乡村社会带来了变革的重要契机，通过不断催生新技术、新产品、新模式，促进乡村振兴发展。为回应大数据时代带来的乡村新变化趋势，2018 年“中央一号文件”明确提出“实施数字乡村战略”。《数字乡村发展战略纲要》在 2019 年 5 月的中共中央办公厅印发的报告中提出“进一步发掘信息化在乡村振兴中的巨大潜力”等一系列要求，明确数字乡村在农业发展中有巨大作用，此外还提出了建设数字化乡村的四项任务。2020 年农业农村部、中央网络安全和信息化委员会办公室提出了将乡村信息化的基础加强并出台《数字农业农村发展规划（2019～2025 年）》，指出数字乡村战略要与产业其他方面深度融合，让互联网与农业科技融合发展。2021 年“中央一号文件”为整个“十四五”时期乡村振兴谋篇布局，制定框架，部署政策，加强农村基础设施的完善，建设智慧型乡村，从公众服务和社会治理方面统筹规划。让普惠金融、电商企业等在经济领域全面发展。加快农村一体化进程，促进城乡不断发展加快经济循环，促进现代化经济水平的提高。

人才是数字化经济的动力，数字化乡村的建设离不开专业人才的支持。农业生产信息化也需要广大专业人才广泛合作。2019 年，我国《农业农村部 2019 年人才工作要点》指出：进一步加强农业农村人才队伍建设，不断强化乡村振兴的人才支撑。

2. 乡村数字化人才现状

（1）乡村数字化人才匮乏

长期以来，由于农村思想较为传统，加之对教育人才不够重视，所以人才匮乏。然而，若想实现数字化，就必须加强人才建设，若没有本土人才就需要大量引进人才。所以，这就造成了农村迫切需要人才与人才供给不足的矛盾。我国农村人才总量不足、整体素质较低，目前我国农村实用人才约占农村总人口的 4.5%，其中，既有技术又懂管理的复合型数字人才约占 2%，这成为制约农村发展很重要的原因之一。况且，乡村振兴战略不仅对人才需求较多，对人才的要求也较高，他们需要对政治、经济、文化等多方面有所了解，而且素质也较高。

（2）乡村人才数字化素养较低

城市对乡村基础设施的投入较低，这就拉大了乡村与城市的距离，长此以往，就造成了难以逾越的鸿沟，数字化进程也难以推动。中国社会科学院信息化研究中心发布的《乡村振兴战略背景下中国乡村数字素养调查分析报告》，对于国内的城乡居民数字素养的具体情况进行了详细的表述，从城乡居民数字文化素养的差距我们可以看出，农民的数字化素养较差，需要进行相关培训来缩小数字鸿沟。2020 年 12 月发布的《中国互联网络发展状况统计报告》显示，农村互联网普及率仅为 55.9%。农村人口在全国人口中占比 41.83%，而农村网民规模仅占 31.24%，农村非网民规模占 68.76%。通过以上数据，我们可以发现，当今社会农村居民文化水平较低，城乡数字化进程出现矛盾。这需要从基层做起，缩短城乡居民的文化素质差距，否则这会成为在以后数字化进程中就业发展、利润增收等方面的重大困难，同时，这也是解决城乡人才问题的突破所在。

（3）乡村数字人才培养力度不够

虽然“中央一号文件”多次提出加快数字化转型进程，但《中国数字经济发展白皮书（2020 年）》表明，我国在 2019 年数字经济规模达到

35.8 万亿元，数字经济对 GDP 增长的贡献率达 67.7%，但农业方面互联网经济增长速度连续多年垫底，尚未达到服务业的 25%、工业的一半。这主要是因为地方政府的数字化意识不足，对乡村数字人才的培养力度不够，缺乏推动农业数字化转型的积极因素。由于数字化的人才培养存在一定欠缺，地方政府数字化转型仍停留在基础阶段。地方政府对农业数字化转型的认识不足，引发扶持资金不充分和政策支持不到位问题，让部分地区的农民未能享受到均等化的"数字红利"。

（4）"三农"金融人才培养脱离实际

在我国金融高校中，大多数的高校培养人才的课程和方法较为单一，无法满足不同地域对人才的个性化需求，所以高校培养出来的人才无法直接对接市场。然而教育资源有限，现在高校更多希望学习其他高校的优秀方面，大家相互模仿，既能降低成本，也能在短期内提高教学目标和方式。但同质化的人才培养模式更加无法应对多变的乡村特点和需求。不同于城市金融人才，乡村金融人才不仅要了解并运用本专业知识，还要更加了解当地特色、人文环境和经济状况，这样才能创造出适应当地发展的策略。但我国多数高校的教学脱离实际，大多在知识体系的设计上学习创新，立足于专业知识，很少有涉及农村特色的业务教学模式，实践方面更是无从谈起，所以这也是一个重大的问题。

3. 乡村数字化人才建设的路径构建

第一，推进数字化人才振兴，提高人才的地位。需要开发人力资源，首先要发现人才，之后才能培养人才，让人才得以在乡村振兴中起到支撑作用。这需要让本地的人才愿意留在乡村，因为他们对自己家乡更加了解，对家乡也有归属感，若能吸引本地人才回乡发展，既能减轻社会压力，也能提高就业，需要国家为其提供相应的政策，让他们能够发挥自身的才华，报效农村。这就需要提高他们的话语权和提供令人舒心的工作环境以及一些政策扶持，打造一支乡村振兴的人才队伍，让乡村形成集人、地、财、产于一体的产业链模式，形成良性循环。另外，乡村振兴要大力培养人才。打造创新型人才，提高他们的领头作用，让他们在科技和管理方面很好地融合，带领农民发展。另外，乡村振兴需要各方面不断配合，将农商平台、互联网平台、新业态等，不断融合发展延长产业链，扩大规模，将品牌与经营结合发展。需要提高农民收入，推动各个产业融合发展，挖掘信息，促进数字化人才培养。

第二，信息化人才培养力度加强，增强人们数字化素养。其一，可以实施“互联网+小农户”计划，全面统筹协作，让政府、企业等多个部门在线为农民提供培训服务，同时，让驻村工作队和大学生村官特派员等多参加乡村活动。其二，要增强与高校的配合，不仅可以得到高校的帮助，也可以让高校基于乡村特色，完善教育体系，不断开拓创新，为乡村数字化振兴发展提供长远的教育支持，让其真正了解乡村、加强沟通、认识农业。这样也可以解决对农村的偏见，也方便大学生毕业后直接投身乡村建设。除此之外，引进人才的同时也要留意数字人才，对具有突出贡献的数字人才要及时表彰，给予奖励，增强人们投身数字化建设的热情，壮大乡村数字化人才队伍。

第三，积极引进乡村数字人才。数字乡村的建设要高度重视信息技术人才的重要性，培育数字乡村专业人才队伍。要搭建乡村专业信息技术人员招聘和交流平台，在人才引进方面加大政策支持和资金投入力度，因为在乡村地区特别是偏远地区，如果没有好的待遇福利，很少会有信息技术人员愿意下乡工作。当前我国数字乡村建设过程中就缺少一支专业素质与技术能力高的信息化人才队伍，要积极宣传乡村的政策优势和产业优势，吸引信息化人才回乡工作，县乡政府也要积极开展与专业院校的合作，为学生提供乡村实习基地，鼓励学生毕业后在乡村从事信息化工作，积极引进信息技术人才。

第四，加大研究机构的智力贡献。发展乡村数字化，需要高校和科研机构助力乡村，成立乡村数字化研究基地。助力乡村攻坚克难和高端研发，同时引进人才进行技术支持和政策评估。不断加强技术合作，让农业传统手工业和高新技术企业进行交流合作，推进乡村振兴，为其提供技术指导和支持。完善数据库和人工智能专业，让高校为乡村振兴培育出更多的技术人才和管理人才，实现乡村振兴长久发展。

第五，为高校培养乡村数字人才提供政策保障。地方政府也要为高校提供一些政策扶持，让他们能更好地解决乡村数字人才培养问题，完善人才的培养方式，增强其积极性和动力。比如可以提供经费，对数字教育适度倾斜。同时，政府要积极发现，对符合条件的人才要做到合理引进，让人才既能找到自己适合的岗位，又能满足其现实需要。为乡村振兴和数字化的创新，提供更具特色的创新人才。让高校和企业加入，使数字化乡村建设更加规范，整合资源，提供保障。

六　生态振兴与乡村数字化旅游建设

1. 数字化旅游建设参与生态振兴的必要性与可行性

在目前互联网高速发展的进程中，多种新经济形态推动下的各产业也正处于数字化、网络化、智能化发展进程中。稳步加快数字化发展进程，持续不断地推动数字经济和实体经济深度融合发展。在数字化旅游建设中的特色小镇建设需要继续以产业作为支撑，始终坚持农村发展要按照创新、协调、绿色、开放、共享的发展理念，将数字化旅游建设融入乡村建设中，最终打造集文化、旅游、产业为一体的产业集群，这一集群将具有数字化与产业融合发展的显著优势。与此同时，为了进一步顺应乡村数字化产业化和产业数字化发展的良好趋势，不断发展和培育云演艺业态，加强和丰富云展览业态，发展沉浸式新业态，进一步以数字化推动文化和旅游融合发展。早在 2020 年 11 月我国就针对乡村数字化旅游建设出台了《文化和旅游部关于推动数字文化产业高质量发展的意见》，并进一步明确和深化了未来发展路线。

乡村振兴、新农村建设战略是我国农村经济得以发展的重要驱动力，而乡村生态旅游是乡村振兴和新农村战略落实的重要抓手。通过构建独一性、原生态的生态旅游发展路径，可以为我国农业经济的建设与发展提供动力和活力，进一步加强对我国优秀传统文化的保护与传承。此外，生态旅游在乡村建设和乡村振兴中也起到了重要的作用。一方面，生态旅游可以改善农村卫生条件和村容村貌，能够进一步有效解决城乡收入差距大、产业结构不合理及城乡不协调发展等问题。然而在不断优化乡村生态旅游发展路径和实际落实的过程中，我们也必须明确生态旅游所具有的价值。也唯有如此深入的挖掘和研究，才能有效地调动政府各个部门与社会全体力量参与乡村生态旅游事业的积极性。

在新时代背景下，党和国家多次强调了“农村美丽”“农业发达”“农民富裕”在社会主义建设中的重要意义，也提出了要进一步将“社会主义新农村”建设成为居民安居乐业、生态宜居、环境友好的美丽家园，从而以一种更好、更全面、更彻底的方式和路径来有效推动我国社会主义的现代化发展进程。发展生态旅游，构建和谐农村，能够契合党中央在农村经济上的发展要求，能够通过协调农业产业的方式，升华并补充我国在新形势下的发展决策。此外，发展生态旅游事业，推动农村经济增长是构建生态文明社会的基础，是生态环境与经济协同发展的价值彰显，也可以在现有环境下更好地深入贯彻落实党和国家在社会主义建设中所提出的战略决策和基本方针。

大力发展生态旅游事业能够改善农村形象，凸显乡村文化，提高农民经济收入与农村产业的关联度，进而提高农民生活品质，改善农村环境，规范乡村基础建设，使旅游产品与农村产业得到转型和升级，从而为农民脱贫致富、产业优化、生态治理及文化传承提供机会和抓手。在新农村建设层面，乡村生态旅游能够实现新农村的基本目标、践行新农村的基本理念、拓宽新农村建设的范畴，优化乡村生态旅游的发展体系。与此同时，也能够通过产业结构升级、产业资源优化的方式，为新农村建设提供必要的经济基础、产业基础及发展基础。

生态旅游是改善村容村貌、提升农业经济建设水平的新型旅游形态，能够以农业、农民、农村为对象，满足游客对健康生活与回归自然的诉求，拥有较为广阔的市场前景，可以拉动城乡经济系统发展。在生态旅游事业建设与发展的过程中，“人才”“技术”“资金”等发展要素可以切实地向农村倾斜，推进我国乡村的经济转型及产业结构优化，进而解决环境与经济矛盾、缩小城乡发展差距、提高农民收入。而在生态旅游的大力发展和推动下，生态农业、休闲农业及观光农业逐渐成为我国现代农业发展的主要趋势，可以有效地提高乡村产品的附加值，切实实现我国“以城带乡”的发展目标。

2. 乡村数字化旅游发展现状

21 世纪以来，随着互联网技术和移动应用技术的快速发展，乡村旅游逐步进入数字化时代。在我国，乡村旅游产业数字化发展的时间相较于国外而言较短，但得益于我国近年来数字化信息技术高速发展和不断普及，特别是智能化发展过程中智能手机的普及，促使乡村数字化建设实现了增速发展。当前我国乡村旅游建设模式已经进入“产业融合、规模经营、全域发展”的全新时代与高速发展的时代，在这一阶段出现了乡村旅游产业聚集的新模式和新路径，乡村数字化的整体发展呈现出以信息技术广泛应用为主要特征的新局面。

2005 年，“互联网 + 乡村旅游”行动方案有效地推动了乡村旅游产业数字化发展，2020 年“中央一号文件”提出推进“互联网 + 农业”，乡村旅游逐步进入数字化发展时期。我国乡村旅游产业数字化发展具有先天的制度优势，已构建多层级政策补充体系，主要针对我国的乡村振兴战略、旅游精准扶贫政策、数字乡村发展战略等一系列政策出台，构建了符合我国国情的乡村发展规划，积极推进了乡村旅游产业数字化发展。在省市层面，各省级政府也在国家战略基础上纷纷制定具体的实施方案，各市级地方政府也积极探索“互联网 + 乡村旅游”模式。比如山东省、江苏省等地都制定了乡村旅游发展的数字化目标。

2020 ~ 2025 年，我国在农村数字化产业规划中也明确提出，要充分地将互联网及新媒体资源应用于乡村数字化建设中，针对乡村旅游产业的目标消费者开发专门的应用软件，结合消费者的特点，推荐合适的乡村休闲旅游景点和最优的发展路线，激发消费者乡村旅行的愿望。同时在 2019 年，由农业农村部指导各地创新开展线上的乡村休闲旅游项目和模式，推出了一系列的“云 +”模式，来帮助消费者进行乡村有关景点的观赏、体验和购物等。借鉴直播模式，结合“云 +”促进消费者认识有关乡村旅游路线和关注有关的旅游主播。同时，国家发展改革委也联合文化和旅游部启动了乡村旅游重点名录的建设和保护开发工作。在 2019 年推出了超过 300 个乡村旅游重点村，第二年又推出了超过 600 个乡村旅游重点建设项目，不断丰富乡村旅游建设的内涵以及有关内容。在此基础上，我国多部门又联合推出了超过 300 条乡村旅游的精品路线，并在我国重要的传统节日期间，例如中秋节、国庆节进行集中的推广和宣传。目前，我国有关“乡村旅游”专题的多个平台的点击率已经超过 10000 万人次，取得令人瞩目的成绩。在人才培养方面，我国也在不断地推动其建设和发展，在线上平台推出了云学习模式，组织相关人员培训，累计培训人次已经超过8000。通过培训切实有效地增强了乡村旅游有关从业者对于数字化乡村旅游建设的认识，同时也进一步发展了有关人员的专业素养，为我国接下来数字化乡村建设储备好了具有一定专业技能的人才。

3. 乡村数字化旅游建设的路径构建

（1）建立适合自身发展和需求的乡村旅游数字化新平台

乡村旅游数字化发展的最终目标是满足我国现有乡村市场高速发展的需求。不断地加大我国目前发展数字化乡村过程中对于乡村旅游产业数字化内容的宣传和连贯性，逐步转变乡村旅游经营者的经营思想观念和经营模式，通过数字化乡村建设的不断深化，进一步解决乡村旅游经营者对于乡村旅游发展的认知问题，同时，在数字化乡村建设的进程中也不应一味求大，盲目追求建设高大上的乡村数字化平台；乡村数字化建设还需要归本固原，强调乡村旅游自身的发展建设，始终坚持依托乡村所拥有的环境和资源，同时也需要结合游客对数字化系统的需求，坚持以农村建设和发展的需求为未来数字化发展和建设的风向标，只有在乡村数字化建设的过程中，从细节处真正抓住游客需求，使游客在体验数字化乡村建设的过程中具有获得感，才算是在农村建立起了适合乡村自身发展的乡村旅游数字化平台。

（2）打造人才队伍构建乡村旅游数字化团队

乡村旅游景区实施数字化管理，需要业务能力强的专业人才来运维。当前，乡村旅游数字化管理水平与景区规划建设不匹配，探究其核心问题，是专业管理人才缺乏，网络信息管理人才稀少。一方面是乡村旅游本地就业人口素质不高，大多数人没有旅游信息化背景，无法承担网站维护、微信公众号编辑推送等工作；另一方面，现阶段乡村旅游对人才吸引力不够，无法引进专业的信息技术人才，难以保障数字化基本运维。

（3）加大资金投入解决乡村旅游数字化建设问题认识

在乡村数字化建设中，建设资金不足是制约乡村旅游数字化建设的一个重要因素。乡村旅游数字化是一个动态的发展过程，而乡村数字化建设也需要大量资金投入，这些投入包括软硬件基础设施搭建、乡村旅游相关产业的数字化改造、景区数字化系统建设及运维、信息网络专业人才培养等，尤其是一些边远贫困山区的乡村旅游景区，基础设施及通信链路薄弱，需要大量基础建设费用，一些乡村旅游目的地虽然能够募集到一定资金，但因无法短期实现盈利，获取相应收益，造成后续资金不足，影响并制约乡村旅游数字化发展。

（4）不断加强乡村基础设施建设，保持乡土气息

当前全球正处于信息高速发展的时代，网络更新迭代速度越来越快。从3G智能化网络到5G万物互联的智慧网，我国城乡数字化鸿沟依然存在。相比城镇区域，乡村信息化的基础设施仍然薄弱，无法满足云计算、物联网、VR技术、大数据、边缘计算等新技术对网络基础环境的需求。另外，当前大多数地方未建立信息数据中心，无法支撑整个乡村旅游数字化运维。乡村数字化基础设施建设是乡村旅游数字化发展的重要前提。在乡村建设进入5G时代的重要节点，加强乡村网络建设是乡村旅游景区建设过程中的重要一环。具体来说，首先要在景区内实现无线WIFI的全覆盖，这样有助于让游客在游玩中享受到更加高速的网络服务，并且可以时刻感受到共享的快乐。伴随着5G时代到来，乡村旅游景点应率先普及5G网络，让良好的网络性能优先在乡村旅游景点中得到应用，更好地为游客提供万物互联的智慧服务并且增强其在未来发展中的竞争力。

七 乡村数字化发展展望

“网络强国”“人工智能”“网络经济”等新名词、新战略贯穿整个社会，数字乡村已经成为中国乡村乃至世界乡村的一种新发展形态。把数字技术引入乡村，让数字技术与乡村结合，也正是当前时代实现乡村振兴必须经历的过程。当前我国有关建设数字乡村的战略规划相继出台，顶层设计及数字乡村的蓝图逐步形成。在国家的有力支持下，河北省应主动出击，着手细化数字乡村战略、落实数字乡村试点工作，实现河北省乡村振兴。

近年来，数字乡村建设已经取得良好的成效，通过应用并创新人工智能、大数据、互联网等信息技术，传统的乡村已逐步蜕变。网络基础设施作为乡村数字化建设的跳板，目前已实现对农村的全域覆盖。工信部、财

政部等有关部门持续推进乡村基础的电信设备、广播电视设备升级改造。网络以及电视服务作为数字化的基础，在农村基本得到保障。物流服务作为近年来数字经济的重要载体，国家也推出落实了“快递下乡”“两进一出”等政策，让乡村也能邮寄并接受快递，打通了农村地区商品流通的“最后一公里”，乡村产业得以振兴，为乡村脱贫以及今后的乡村振兴都提供良好的动力。数字网络不仅从实体上改善乡村生活，助力乡村脱贫，也通过提升群众意识和文化素养，提高贫困群众的就业创业率。由数字技术从内到外来吸引力量，呼吁人人加入乡村振兴，以此加速其进程。

1. 强化组织振兴在数字乡村建设中的基石地位

乡村振兴逐步实现的关键在于实现乡村的组织振兴。乡村作为社会基层建设中的最后一环，使得党建工作中有些基层情况掌握较为困难，组织管理活动难以进行到位，教育服务等活动的开展推进成为难题。并且乡村组织的工作繁多且精细，乡村管理者能力水平、人数等都与乡村振兴要求有一段距离，乡村治理需要多方参与。运用数字互联网技术，发挥数字技术优势，用互联网可以连接偏远乡村。建立好组织平台，推广网络会议、网络课程学习，将与民生有关的信息进行网上公开以及让村民有畅通的反馈平台。乡村治理模式也升级为数字化，让曾经的权威治理模式转化为技术治理模式，用数字描绘出乡村的生活图、生态图以及生产图，如此创造出“数字乡村一张图”，可以更加直观、系统化、科学化进行乡村发展规划，简化乡村治理过程，实施精准乡村治理措施，让数字乡村助力组织振兴。在疫情防控阶段，组织与数字结合成为最主要的防疫手段。运用健康码、行程码以及乡村设置的检测站等技术手段，时刻监管乡村有关疫情信息，实现对群众的有效管理控制，有效阻止了疫情的蔓延。好的领导班子才能实现上通下达的高效率发展，数字化的组织就为好的领导班子的培养创造了条件，加快了乡村振兴进程。

2. 认准人才振兴是数字乡村建设的原动力

数字乡村建设不能缺少人才的建设。但现实情况是，我国数字人才紧缺，虽然我国也拥有一部分精通数字化技术的人才，但是这些人才往往不会选择去乡村发展。并且基层的乡村干部大部分文化程度较低，对掌握数字技术较为困难，这成了数字乡村革命进程的一大障碍。除此之外，将数字思维普及当地百姓也是一大难题。几十年来闭塞的生活环境可能使村民的思维固化，有些人难以接受适应新鲜事物，不仅需要时间逐渐将数字观念渗透乡村，还需要技术人才、管理人才发挥作用。数字技术人才“供不应求”是当前实现数字乡村服务、乡村振兴的一大“拦路虎”。只有增强人才振兴这一数字乡村建设的原动力，组织振兴、产业振兴、文化振兴、生态振兴才能推动乡村振兴。数字化人才是乡村数字化进程的实践者，有了他们才能将理论转化成具体路线，在数字乡村建设中进行落实。

3. 坚持产业振兴作为数字乡村建设的物质基础

振兴乡村产业，由乡村产业提供经济动力是乡村振兴的一大方面。数字技术为乡村产业发展提供了强有力的技术支持。将数字技术市场化，电子信息可以助力农业生产，对环境的感知、远程调控技术可以实现精准的农业生产养殖。人工智能技术解放了人类的双手，提高了生产的效率。互联网普及农村，也掀起了乡村产业发展的浪潮。电子商务实现了农村特色化经济发展，淘宝、拼多多、抖音等互联网平台为乡村特色产品、特色文化开通了绿色通道，助力乡村振兴。农村也顺应时代潮流，建立适应电子商务销售农产品的供应链。但仍要致力于互联网与乡村产品产销链的深度融合，进一步把控品质，实现农村经济体制革新。

4. 重视文化振兴是数字乡村建设的灵魂支柱

弘扬中国传统文化的口号已深入人心，实际上乡村文化就是中国传统文化中的一部分。当前乡村数字文化的内容、形式都还不足以满足农民的文化需求，外来的文化、快节奏的生活方式也削弱了乡村文化凝聚力。建设数字乡村文化成为数字乡村建设的重中之重。数字与文化相结合贯穿于整个数字乡村建设中，是数字乡村不可或缺的精神支柱，也是乡村数字经济之所以能迅猛发展的因素之一。用数字技术振兴乡村文化，是通过打破乡村与城市之间的地理屏障，让优秀传统的乡村历史、遗迹、戏曲等文化搭上互联网这趟快车到达世界各地。文化资源也可以通过新兴的技术保存下来，避免受到外界因素的侵蚀，多媒体也为文化传承工作吸引了大量年轻人加入。乡村文化振兴需要传出去也需要引进来，村民通过数字技术就能在生活中接触优秀的文化，潜移默化地接受文化教育。这就是以人为本进行文化乡村振兴。

5. 明确生态振兴是数字乡村建设的持续推动力

数字经济是乡村发展的最大推动力，也是乡村最大的经济源泉。但满足数字乡村建设的条件还有待提高，虽然部分农村已经具备网络基础设施，但其只能满足民众对信息的最低要求。山区乡村，信息化程度更低，需要克服地形劣势、人口密度较低等困难。生态振兴需要落实在每一个群众身上，但农民对环保的意识不强，又缺乏有力的监管部门监管，农村容易出现各类污染。只有立足生态振兴，乡村振兴才能全面实现。绿水青山就是金山银山，从抗击恶劣自然环境到发展乡村旅游，都是本着生态振兴的原则实现乡村绿色发展。

数字化与生态相结合，为保住这一座座青山提供了极大的便利，也回应了时代的要求。大数据技术提高了对生态环境的监测水平，可以收集乡村生态数据，进行精准评估，助推治理污染、进一步保护生态环境。多媒体与互联网的应用也可以将乡村美丽生态推广出去，迎合城市居民向往自然的心理，吸引城市居民旅游，推动乡村旅游业发展。

八　数字乡村与脱贫攻坚、乡村振兴的衔接

如今，我国脱贫攻坚已经取得全面胜利，而乡村振兴作为国家正在实施的重大发展战略，具有重大的历史和现实意义。党的十九届五中全会强调要走中国特色社会主义乡村振兴之路，并且以数字技术来发掘乡村潜力，以数字技术推动乡村现代化成为乡村振兴的主要战略。在当今高速的社会发展下，农业大国的“三农”问题越来越严重，农村自身的属性也是对数字农村建设的一大考验。如何让信息技术与农村融为一体，如何因地制宜，不断从实际问题中改进创新，运用数字技术带动乡村发展，是中国也是河北省建设农村面临的课题。

1. 深化乡村数字化建设

乡村数字化建设不能止步于增加设备覆盖率，更应该将数字化与乡村发展统筹考虑，推动网络设备更新。鉴于河北的农村地域特征，山区与平原地区之间有较大的硬件基础建设差异。针对这些差异应该用差异化的发展措施开展信息化基础设施的完善工作。对于山区农村，以加快建造基础

信息设施为主，保证乡村与信息时代接轨。更新数字设施，确保山区乡村在数字乡村建设中不掉队。对于已经实现数字基础设施高覆盖率的农村，工作的主要方向应转为实现“三农”与数字化的高度结合。进行互联网的更新换代，让5G网络在乡村得到应用。强化对农村自然地理信息的管理，用数字技术动态地监管土地农田信息，合理配置农村土地，让农民依靠科学精确的信息，全面化管理土地农田。

以人为本的数字化乡村建设也对农民提出了较高要求。农村老龄化现象更为显著，老年人大多无法驾驭智能手机，仅用传统老年手机难以提升农民的信息化素养。所以乡村数字化建设不仅是硬件上的普及覆盖，更应着眼于与村民生活的融合。开展乡村数字信息培训，让村民接受全面的有关数字信息的课程内容。引进相关数字人才，根据乡村基本情况及农民的信息化素质设置专业化的教育路线，加速村民对数字乡村的深入理解，对相关设备能灵活使用。数字化乡村建设也需要因地制宜，为每个乡村发展探索出独特的发展方向。数字技术可以将农产品的生产与销售一体化，实现灌溉全方位监测、田间自动化管理，让农产品实现高品质生产。互联网上的电商平台解决农产品走不出去的问题，开拓了广阔的市场。数字化也可以推动乡村旅游业振兴。将乡村生态的潜能最大化挖掘，在智能化的生态环境保护下再推广乡村旅游，让优良的乡村生态实现其最大价值。让农村、农民、农业真正应用创新数字技术，才能实现“农业强、农村美、农民富”的美好愿望。

2. 开创多种融资渠道，支撑乡村数字化建设

建设数字乡村推动乡村振兴，不仅对基础设施有所要求，更离不开财政有力的支持。政府不仅要绘制乡村振兴的战略蓝图，也需要让数字乡村政策有力地落实到乡村。乡村信息基础设施建设是一项艰巨的任务，必须有雄厚的资金支持。但从设计规划到真正实施，乡村数字化建设中的每一环节都需要大量的资金，单单靠政府投入难以满足，这就要求政府与乡村探索多种融资渠道、善用社会资本。

政府可以针对企业下乡颁布具有吸引力的优惠政策。每个企业的最终目标都是实现自身利润的最大化，让企业在投资农村中得到税收的减免或者有可观的投资收入，将会带动企业走进农村、愿意投资农村。各大银行也应响应国家呼吁，发挥自身职能，探索发展与乡村振兴和数字化乡村建设有关的金融信贷服务，给予数字乡村项目建设足够的便利条件。深化结对帮扶，让企业、高校与乡村结合。企业可以带资进村，在农村建造工业区，这也是吸引外部资金的方法之一。各大电商企业如阿里巴巴、拼多多等是数字乡村建设的主力军。它们除了为农产品提供走出去的平台外还应该投入资金，支持乡村物流、通信等基础设施建设，也可以在农村建造自己的生产销售一体化的工厂，为数字化乡村建设添砖加瓦。在数字乡村建设中从政府到社会到农村基层，针对资金的使用要建立监管机制，避免国家财产遭到贪污腐败分子的侵蚀。也需要对乡村振兴的领导班子加以考核，从能力到品质保障乡村振兴工作上传下达，将资金真正转化成建造数字乡村的一砖一瓦。

3. 加深数字与组织结合，实现乡村组织治理多元化

对于农村存在的难以统一治理、人口密集度较低等问题，乡村应该加速数字化治理在乡村的应用进程，推动乡村智慧治理工作。基层工作不仅包括乡村经济发展，还需要顾及医疗、教育、生活、环境生态建设各个方面。这就导致基层任务加重，并且也产生了上级对于基层情况难以全面把握等问题。“互联网 + 村务、互联网 + 政务”这种新形式的出现正好有助于解决乡村问题。

在大数据平台上，可以将乡村各方面信息精准上传，可以通过大数据进行统筹协调。靠数据做事，用数字技术替代传统的经验主义，通过数据整合不仅可以看到表层问题，更能深入探究其本质问题。对农村进行数字化治理，上级也可以监督控制乡村发展。通过大数据平台打造乡村服务系统，以人为本，服务系统要围绕着村民需要展开，用村民能接受的方式、能理解的语言将服务进行下去，让农民享受数字带来的便利。参与乡村振兴、关注乡村振兴成果的不只有政府与民众，相关企业、社会组织也渴望得到乡村有关信息。智慧乡村，以数字化治理统筹乡村就能实现乡村治理的多元化。乡村治理发展的各项数据随着乡村智治逐渐透明化公开化，多元化的主体参与到乡村振兴的事业中，实现乡村公共数字文化的共建、共治和共享，更能集思广益推动乡村数字化建设，形成良好的正向循环。智慧治理农村也将作为吸引资金的方法，健康的数据信息是取得企业和社会

信任的法宝。

4. 在文化中注入数字血液，满足数字文化建设需求

目前，国内乡村呈现着对数字文化需求强烈而数字文化资源供给匮乏的尴尬局面。但数字文化建设对公共的数字资源提出了高要求。现有的乡村数字文化供给的形式结构内容需要更多变革，否则不仅会影响数字乡村中的数字文化建设，还无法让优秀的乡村特色文化对外传播，阻碍了乡村文化振兴的进程。应积极与相关部门、组织、学校及个人进行交流合作，鼓励社会团体进乡参观，拓展资金来源渠道。乡村管理者农民自身要对外来团体友好相待，形成坚固的互助关系，构建完善的资金供给结构，让振兴乡村文化有坚强的后盾。

数字文化另一个发展重点是丰富其资源内容以及载体形式。文化内容的充实可以以乡村固有的特色文化来结合数字技术，形成每个乡村之间差异化的数字文化体系，在传承传统文化的基础上又为其注入新鲜的数字化血液。文化展现形式也需结合当代高新技术，向智能公司寻求帮助，借助多媒体、VR 技术等现代化技术将乡村文化以逼真生动的形态从偏僻的乡村搬到网络上再传至世界各处，这也会减少文化因时间或者乡村的搬迁建设而产生的损耗。数字文化服务建设也应提上日程，文化信息从村民个体收集到汇总分析再反馈到村民，实现一条龙服务，要对村民的文化需求精准定位，让文化供给与文化需求实现高度的匹配。

5. 多方式增加数字人才储备，确保数字化人才建设

在数字化乡村建设中，最为突出的问题是数字技能人才匮乏。人才是乡村建设的原动力，而现有的乡村人力资源匮乏，数字型人才更是屈指可数，这将滞缓乡村振兴的进程。建设数字乡村需要从人才入手，可以通过培养人才与引进人才两种对策来解决人才紧缺的问题。

培养乡村数字化人才，是将当地的村民作为培养对象，可以采取在线培训以及线下培训的多种方法，聘请数字技术专家及有关人员遵循“实际、实用、实效”的要求，为乡村数字化落实设计出带有独特色彩的信息技术。在乡村中投入少数的人才以点带面式地传播技术信息，可以减少引进人才的数量，降低乡村振兴中人才振兴的难度。由于培养出的数字型人才是从农民升级而成，既具备农业知识又有数字信息技术加持，成为一种

复合型数字人才。培养出的本地数字人才将更有动力、更加长久地为自己的乡村振兴贡献能量，保障了乡村后续发展。引进数字型人才是相较于培养人才更加快捷的方式。政府等有关部门要为人才引进制定各种优惠政策，达到吸引人才下乡的目的。可以参照国外为退休人员在乡村分配房屋土地，鼓励有能力者下乡继续发光发热，也可以与高校、企业等协同合作，为高校、企业提供试验点，乡村可以借助学校、企业资源与人才，互惠互利形成坚固的合作团体。

人才振兴需要学会做“加减法”，数字化人才也应当如此。在激励制度上应不断做加法，让优惠政策、奖励制度成为促进数字型人才投入乡村建设的动力。合理的激励制度也能转变农村居民意识，加强对于数字化乡村的理解。最终形成村民与外来人才“心往一块想、力往一处使”的积极局面。对基层工作做好减法，减少数字化人才工作的重复性，让专业的人才做专业的事情，减少无意义的工作。珍惜数字人才资源，给予其足够的空间时间投入到生产、民生当中，专心于数字乡村的建设。

6. 小结

我国乡村已经全面脱贫并向乡村振兴进发，“十四五”规划等已经为乡村振兴建设定好基调。但因为总体的建设还处于起步阶段，我们能够收集掌握的资料尚不足，在借鉴国内外发展经验的基础上也在逐步丰富完善。乡村发展程度不一，难以精确化针对单个乡村提出具体意见，使得对河北省乡村情况只能大体掌握，按照乡村出现较多的突出的数字化建设问题进行深入探讨。所以本文研究探索出的数字乡村建设路径可能不满足个别特殊的乡村发展，也可能出现无法与实际乡村情况符合的现象，需要乡村在文化建设中将实际结合理论，避免在建设过程中僵化地照搬原则。乡村振兴战略刚刚进入起步阶段，数字乡村计划也大多停留在纸面上，所以本研究也大多是针对数字化建设中初步阶段的问题。

以数字乡村服务乡村振兴已经成为中国乡村发展的大方向。河北省的乡村应把握时机，在党中央政府政策支持的大背景下，加快应用数字技术，实现乡村从脱贫攻坚转向全面振兴的关键性蜕变。政府乡村管理者也应注意到数字乡村战略的双面性，数字将会带来农村乡土文化的淡化，要高度重视、深入研究、正确回应如何将乡村传统历史文化用数字技术传承下去的问题，实现高质量的乡村振兴。数字赋予了乡村活力，做好乡村中数字服务的整体设计，把握好在实践中创新，实现数字乡村与乡村振兴的高度耦合。在政府的正确领导、社会团体大力帮助、人民的积极参与中，数字乡村建设定会激发农村发展潜力，在乡村的组织、产业、文化、人才和生态振兴方面加入“催化剂”，城乡差异将不断消失，乡村振兴之路将越走越畅通。

参考文献

曹红艳：《“十三五”将制定循环经济清晰指标体系》，《青海科技》2015年第6期。

徐大可：《学习习近平总书记关于新发展理念两篇重要文献的体会》，《政策瞭望》2016年第7期。

秦安：《在国家总体安全观和网络强国战略的大视野下树立“互联网安全+”的大思维》，《信息安全与通信保密》2015年第4期。

孙伯龙：《竞争政策视域下我国外商投资准入制度的变革——兼论自贸试验区外资准入负面清单模式》，《科学发展》2017年第12期。

李国祥：《高质量脱贫关系全面建成小康社会成色》，《农经》2020年第1期。

陈贵华：《浅析习近平精准扶贫思想在脱贫攻坚中的实践》，《赤子》2019年第10期。

董根洪：《新思想贡献中国智慧》，《特区实践与理论》2018年第1期。

刘奇：《以五大发展理念引领脱贫攻坚》，《中国发展观察》2016年第8期。

吕灵华：《实施精准扶贫需统筹城乡社保体系》，《中国集体经济》2016年第36期。

汪三贵：《脱贫攻坚与乡村振兴有机衔接：逻辑关系、内涵与重点内容》，《南京农业大学学报》（社会科学版）2019年第5期。

晋一：《准确把握五大发展理念的科学内涵》，《大观》2016年第8期。

祝树民：《发挥政策性金融扶贫主导作用全力支持精准扶贫》，《农业发展与金融》2015年第12期。

雷正超：《农村精准扶贫的现状及对策探究》，《人间》2016年第25期。

姜英丽：《乡村治理难题对精准扶贫的影响及策略选择》，《区域治理》2017年第8期。

孟宪波：《万里对社会主义的认识与实践》，《泰山学院学报》2019年第4期。

张少华：《服务业主导的经济增长模式：来自南亚的经验证据》，《经济问题探索》2013年第9期。

林彬：《新时期地质测绘技术和发展的几点思考》，《西部资源》2019年第5期。

黄伟：《中部崛起问题的再思考》，《经济问题探索》2005年第12期。

蔡生菊：《农村反贫困中的文化障碍及突破——以甘肃省为例》，《天水行政学院学报》2013年第4期。

张文卿：《从美国纪录片 poverty，politics and profit 分析贫困引发的一系列问题》，《艺术科技》2018年第8期。

方清云：《贫困文化理论对文化扶贫的启示及对策建议》，《广西民族研究》2012年第4期。

江书军：《"志智双扶"视阈下新时代精准扶贫优化路径研究》，《中国集体经济》2019年第3期。

王晓婷：《美国贫困多维性成因界定及其政策制定分析》，《黑河学院学报》2021年第6期。

程雪：《社会主义社会中贫困现象的成因分析》，《决策探索（中）》2021年第6期。

张涛、李世俊、田东林：《民族地区农村贫困的特征、类型及成因分析——以云南省南华县为例》，《农村经济与科技》2021年第13期。

祝伟娜：《旅游高校贫困大学生心理健康问题成因分析》，《当代旅游》2021年第14期。

姜安印、陈卫强：《论相对贫困的成因、属性及治理之策》，《南京农业大学学报》（社会科学版）2021年第3期。

刘佳、曹景林：《后扶贫时代相对贫困的差异化治理及其测度》，《求是学刊》2021 年第 2 期。

卢映西：《贫困成因的政治经济学新探——基于中美两国反贫困措施和成效的比较研究》，《政治经济学报》2020 年第 3 期。

潘文轩：《贫困地区返贫与新增贫困的现状、成因及对策——基于扶贫对象动态管理数据的统计分析》，《云南民族大学学报》（哲学社会科学版）2020 年第 6 期。

王瑜、叶雨欣：《广西边境地区普通高中优质生源流失的问题、成因与对策——基于贫困文化视角》，《民族教育研究》2020 年第 6 期。

李春仙：《贫困家庭成因与对策》，《家庭科技》2020 年第 11 期。

姚树洁、张璇玥：《中国农村持续性多维贫困特征及成因——基于能力“剥夺—阻断”框架的实证分析》，《中国人口科学》2020 年第 4 期。

张永丽、沈志宇：《贫困与反贫困问题研究述论》，《西北民族大学学报》（哲学社会科学版）2020 年第 4 期。

冯瑞：《教育贫困代际传递的成因及阻断路径——布迪厄文化资本理论的视角》，《现代教育科学》2020 年第 4 期。

徐月宾、刘凤芹、张秀兰：《中国农村反贫困政策的反思——从社会救助向社会保护转变》，《中国社会科学》2007 年第 3 期。

沈红：《中国贫困研究的社会学评述》，《社会学研究》2000 年第 2 期。

樊胜根、张林秀、张晓波：《中国农村公共投资在农村经济增长和反贫困中的作用》，《华南农业大学学报》（社会科学版）2002 年第 1 期。

吕勇斌、赵培培：《我国农村金融发展与反贫困绩效：基于 2003～2010 年的经验证据》，《农业经济问题》2014 年第 1 期。

蔡荣鑫：《国外贫困理论发展述评》，《经济学家》2000 年第 2 期。

王俊文：《当代中国农村贫困与反贫困问题研究》，湖南师范大学出版社，2010。

屈锡华、左齐：《贫困与反贫困——定义、度量与目标》，《社会学研究》1997 年第 3 期。

张立冬：《中国农村贫困代际传递实证研究》，《中国人口·资源与环境》2013 年第 6 期。

刘小鹏、苏胜亮、王亚娟、黄越、赵莹：《集中连片特殊困难地区村域空间贫困测度指标体系研究》，《地理科学》2014 年第 4 期。

朱霞梅：《反贫困的理论与实践研究》，复旦大学博士学位论文，2010。

汪三贵：《反贫困与政府干预》，《管理世界》1994 年第 3 期。

黄荣华、冯彦敏、路遥：《国内外扶贫理论研究综述》，《黑河学刊》2014 年第 10 期。

王春光：《社会治理视角下的农村开发扶贫问题研究》，《中共福建省委党校学报》2015 年第 3 期。

庄天慧、张海霞、余崇媛：《西南少数民族贫困县反贫困综合绩效模糊评价——以 10 个国家扶贫重点县为例》，《西北人口》2012 年第 3 期。

汪三贵、曾小溪、殷浩栋：《中国扶贫开发绩效第三方评估简论——基于中国人民大学反贫困问题研究中心的实践》，《湖南农业大学学报》（社会科学版）2016 年第 3 期。

韩华为、徐月宾：《中国农村低保制度的反贫困效应研究——来自中西部五省的经验证据》，《经济评论》2014 年第 6 期。

章元、刘茜楠：《中国反贫困的成就与经验：扶贫政策效果再检验》，《复旦学报》（社会科学版）2021 年第 5 期。

张芬昀：《可持续生计视域下的精准扶贫研究》，《延安大学学报》（社会科学版）2018 年第 1 期。

DFID：“Sustainable Livelihoods Guidance Sheets”，London：Department for International Development. 2000.

刘诚：《易地扶贫搬迁对可持续生计理论的贡献》，《中国国情国力》2021 年第 1 期。

王晓毅：《易地搬迁与精准扶贫：宁夏生态移民再考察》，《新视野》2017 年第 2 期。

朱显岳：《相对贫困农户易地搬迁扶贫研究——以浙江省丽水市易地搬迁扶贫为例》，《丽水学院学报》2015 年第 4 期。

郭劲光、于泽乾：《易地扶贫搬迁政策研究评价与新时期关注点研判——基于系统论的视角》，东北财经大学学报，https：//doi. org/10. 19653/j. cnki. dbcjdxxb. 2021. 05. 002。

邹佰峰、陈典英：《习近平关于生态扶贫重要论述的基本内容及其时代价值》,《西昌学院学报》(社会科学版)2021年第2期。

张蕾、张梦琳、罗滢:《场域理论视角下的易地扶贫搬迁的可持续发展问题研究》,《中国市场》2021年第18期。

董运来、王艳华:《脱贫攻坚期我国易地扶贫搬迁政策评估——基于文献综述的角度》,《沈阳师范大学学报》(社会科学版)2021年第2期。

吴丰华、于重阳:《易地移民搬迁的历史演进与理论逻辑》,《西北大学学报》(哲学社会科学版)2018年第5期。

陈全功、程蹊:《空间贫困及其政策含义》,《贵州社会科学》2010年第8期。

王明黔、王娜:《西部民族贫困地区反贫困路径选择辨析——基于空间贫困理论视角》,《贵州民族研究》2011年第4期。

高聪颖、吴文琦、贺东航:《扶贫搬迁安置区农民可持续生计问题研究》,《中共福建省委党校学报》2016年第9期。

叶青、苏海:《政策实践与资本重置:贵州易地扶贫搬迁的经验表达》,《中国农业大学学报》(社会科学版)2016年第5期。

关力:《亚当斯及其公平理论》,《管理现代化》1988年第4期。

Spatial Effects on Poverty Incidence in Rural China. LUO C L. The Research Project in BRICSAM . 2006.

Isolation and Poverty: The Relationship between Spatially Differentiated Access to Goods and Services and Poverty. BirdK, McKay, A, Shinyekwa. I. the CPRC international workshop Understanding and Addressing Spatial Poverty Traps, 29 March 2007.

潘彪、黄征学、滕飞、夏成:《做好易地扶贫搬迁的“后半篇文章”——贵州省黔西南州“新市民”计划的经验与启示》,《宏观经济管理》2021年第5期。

崔丹、吴昊、刘宏红、吴殿廷:《大都市区贫困带旅游精准扶贫模式与路径探析——以环京津贫困带22个国家级贫困县为例》,《中国软科学》2019年第7期。

马悦:《绿色发展理念下的旅游扶贫开发思路及模式研究》,《农业经济》2020年第1期。

唐承财、万紫微、孙孟瑶、卓玛措、马金刚、李子娇：《深度贫困村旅游精准扶贫模式构建》，《干旱区资源与环境》2020年第1期。

王伟：《旅游扶贫政策引导下的农户生计策略选择》，《农业经济》2019年第10期。

杨桂华、冯艳滨：《乡村旅游精准扶贫要“管好”入驻企业》，《人民论坛》2019年第23期。

何莽、李靖雯：《景区内的贫困：旅游扶贫的权力视角与解释》，《旅游学刊》2019年第8期。

王洋、张超：《精准扶贫背景下农村旅游扶贫的优势、困境及路径》，《农业经济》2019年第7期。

廖军华、黄艳：《我国旅游精准扶贫研究进展及对新时代旅游精准扶贫研究的启示》，《重庆社会科学》2019年第5期。

邹开敏：《全民参与的大扶贫格局构建研究——以旅游扶贫为例》，《广东社会科学》2019年第3期。

石媚山：《乡村旅游精准扶贫的运行机制、困境和策略》，《农业经济》2019年第5期。

唐坚：《旅游资源与精准扶贫对接的路径探讨》，《社会科学家》2019年第5期。

颜安：《旅游精准扶贫的运行机制》，《人民论坛》2019年第9期。

汪德根、沙梦雨、朱梅：《国家级贫困县旅游资源优势度与脱贫力耦合分析——以433个脱贫县为例》，《人文地理》2020年第5期。

邢慧斌、席建超：《旅游扶贫视角下特困区新型“美丽乡村”建设研究》，《河北大学学报》（哲学社会科学版）2018年第6期。

邢慧斌、席建超：《燕山－太行山片区旅游精准扶贫模式创新研究》，《河北大学学报》（哲学社会科学版）2017年第2期。

王新歌、虞虎、李萍、林明水、陈田：《燕山－太行山片区旅游精准扶贫识别案例实证——以河北涞水县为例》，《生态经济》2017年第7期。

李志伟：《旅游扶贫战略模式研究——以太行山区旅游扶贫为例》，《中国劳动关系学院学报》2015年第6期。

邸明慧、郑凡、徐宁、张伟、王然：《河北省环京津贫困县旅游扶贫适宜模式选择》，《地理与地理信息科学》2015 年第 3 期。

高舜礼：《对旅游扶贫的初步探讨》，《中国行政管理》1997 年第 7 期。

王黎、童静、刘成：《乡村旅游示范村助力精准扶贫路径研究》，《农村经济》2021 年第 3 期。

吴雅骊：《旅游扶贫背景下的特困区新型“美丽乡村”建设研究》，《农业经济》2021 年第 2 期。

刘春莲：《乡村旅游精准扶贫的运作体系和推进策略》，《农业经济》2020 年第 11 期。

梁兴群、韦鸿、夏庆利、余家凤：《我国集中连片特困区旅游扶贫效率与扶贫路径》，《统计与决策》2020 年第 21 期。

周阳：《旅游产业扶贫的精准聚焦路径与实践》，《社会科学家》2020 年第 11 期。

刘金锋：《精准扶贫背景下乡村旅游财政政策问题探析》，《财会通讯》2020 年第 16 期。

张洁：《关于习近平扶贫观的国内研究综述》，《重庆交通大学学报》（社会科学版）2020 年第 1 期。

王志章、王静、熊正贤等：《西部地区精准脱贫与乡村振兴融合的路径设计与政策协同研究》，人民出版社，2020。

《党的十九届四中全会公报关键词解读》，《政策》2019 年第 12 期。

《解读十九届四中全会公报亮点》，《理论与当代》2019 年第 11 期。

王萍萍、徐鑫、郝彦宏：《中国农村贫困标准问题研究》，《调研世界》2015 年第 8 期。

王小林：《贫困标准及全球贫困状况》，《经济研究参考》2012 年第 55 期。

施锦芳：《国际社会的贫困理论与减贫战略研究》，《财经问题研究》2010 年第 3 期。

杨锛：《中国特色地方产业扶贫理论与实践研究》，河南大学硕士学位论文，2018。

中华人民共和国发展和改革委员会：《国务院关于促进乡村产业振兴的指导意见》（国发〔2019〕12 号）。

刘明月、汪三贵：《产业扶贫与产业兴旺的有机衔接：逻辑关系、面临困境及实现路径》，《西北师范大学学报》（社会科学版）2020 年第 4 期。

沈宏亮、张佳、郝宇彪：《乡村振兴视角下产业扶贫政策的增收效应研究——基于入户调查的微观证据》，《经济问题探索》2020 年第 4 期。

房芳：《乡村振兴视阈下现代农业和服务业融合发展研究——以山东省菏泽市为例》，《现代营销（下旬刊）》2019 年第 4 期。

周应恒、耿献辉：《江苏省一二三产融合发展研究报告》，江苏省哲学社会科学界联合会，2017。

李俊超：《江苏农村一二三产业融合机制研究》，江苏人民出版社，2017。

谢君君：《教育扶贫研究述评》，《复旦教育论坛》2012 年第 3 期。

潘盛洲：《新时期做好“三农”工作的重要遵循》，《人民日报》2015 年 11 月 6 日。

陈建强：《新时期“三农”工作队伍建设策略研究》，《中外企业家》2019 年第 7 期。

马海瑞：《李传兵：精准施策 决战决胜脱贫攻坚》，《贵州日报》2020 年 6 月 10 日。

陈嘉敏：《五位一体看乡村振兴策略推进“三农”工作落地》，《农村经济与科技》2020 年第 11 期。

罗文跃：《讲话稿　深入实施乡村振兴战略 扎实巩固脱贫攻坚成效 奋力开创“三农”工作新局面——在县委理论中心组发言》。

李顺川主编《中共米易执政实录》，2018。

《深入学习贯彻〈习近平关于“三农”工作论述摘编〉谱写江苏乡村振兴新篇章》，《江苏农村经济》2020 年第 1 期。

李洁、苏劲贤：《教育精准扶贫助力乡村社会治理》，《教育评论》2021 年第 8 期。

胡佳：《乡村振兴视域下农村基础教育扶贫价值与路径研究》，《湖北农业科学》，https：//doi. org/10. 14088/j. cnki. issn0439 －8114。2021. 17. 041。

张艳新、赵瑞梅、张琳、刘一凡：《保定市农村精准扶贫研究——以易县为例》，《农村经济与科技》2019 年第 11 期。

李婷：《精准扶贫背景下河北省农村产业扶贫模式研究》，河北师范大学硕士学位论文，2019。

杨天宜、兰芳、方云龙、李健：《河北省扶贫开发政策传导渠道研究》，《金融理论探索》2021年第3期。

吴倩：《习近平教育扶贫重要论述研究》，天津商业大学硕士学位论文，2021。

马丽锋：《扶贫工作对策研究——以扶贫点永胜县光华乡光明村为例》，《山西农经》2021年第12期。

张磊、张岚：《河北省基础教育教研扶贫政策执行分析》，《教育实践与研究》2021年第5期。

李庆国、张子麟、王峰：《河北省脱贫攻坚期农村教育扶贫研究——以赞皇县为例》，《石家庄学院学报》2021年第1期。

刘懿霞、官雪、毕东献：《教育扶贫培训的实践与探索》，《学习时报》2021年9月3日。

梁占凯：《精准发力　凝聚合力　扎实推进健康扶贫工程》，《共产党员（河北）》2018年第10期。

孙长林：《主动担当　尽职尽责　全力打好健康扶贫攻坚战——河北省馆陶县健康扶贫工作调研报告》，《人口与计划生育》2018年第7期。

张美伶：《河北省精准健康扶贫政策及实施效果分析》，《劳动保障世界》2018年第27期。

申文越：《健康扶贫的现实困境及对策研究》，长春工业大学，2019。

刘跃华、陈辰、邓明、妥宏武、席彪：《健康扶贫政策实施效果的实证研究——基于河北省数据》，《卫生经济研究》2019年第11期。

翟海静：《多措并举打赢健康扶贫攻坚战》，《人口与健康》2021年第4期。

刘薇薇：《阜城县脱贫成效提升及对策研究》，河北农业大学硕士学位论文，2015。

王冬梅、杨静、祝艳茹、赵鑫、李博丽：《浅谈精准扶贫对改造农村面貌的影响——以衡水阜城县小路村为例》，《广东蚕业》2019年第4期。

梅晓：《阜城县健康扶贫出实招儿》，《共产党员（河北）》2018年第4期。

陈亚楠:《社会治理精细化视角下河北省健康扶贫绩效研究》，河北经贸大学硕士学位论文，2021。

《以创新支撑现代化经济体系建设》,《经济》2018 年第 6 期。

《坚持创新发展着力提高质量效益》,《理论导报》2015 年第 10 期。

朱海波、聂凤英:《深度贫困地区脱贫攻坚与乡村振兴有效衔接的逻辑与路径——产业发展的视角》，《南京农业大学学报》（社会科学版）2020 年第 3 期。

周应恒等:《现代农业发展战略研究》，经济科学出版社，2012。

谷中原:《农村社会学新论》，武汉大学出版社，2010。

孙宏滨:《发展乡村新型服务业要做到四个有机结合》,《河北日报》2019 年 4 月 3 日。

程晓娟:《实施乡村振兴战略面临的问题与对策建议》,《农业经济》2020 年第 7 期。

吴刚、张丹:《“三产融合”助力农业供给侧结构性改革》,《政策》2018 年第 9 期。

李俊超:《江苏农村一二三产业融合机制研究》，江苏人民出版社，2017。

谢君君:《教育扶贫研究述评》,《复旦教育论坛》2012 年第 3 期。

钟慧笑:《教育扶贫是最有效、最直接的精准扶贫——访中国教育学会会长钟秉林》,《中国民族教育》2016 年第 5 期。

郝文武、李明:《教育扶贫必须杜绝因学致贫》,《教育与经济》2017 年第 5 期。

吴霓:《教育扶贫是实现民族地区精准扶贫的根本措施》,《当代教育与文化》2017 年第 6 期。

段从宇、伊继东:《教育精准扶贫的内涵、要素及实现路径》,《教育与经济》2018 年第 5 期。

徐曼:《教育精准扶贫: 阻断贫困代际传递的核心举措》,《人民论坛》2018 年第 21 期。

潘晓娜:《“精准扶贫”背景下农村教育扶贫问题与对策研究》,《山西农经》2017 年第 2 期。

李兴洲：《公平正义：教育扶贫的价值追求》，《教育研究》2017 年第 3 期。

周丽莎：《基于阿玛蒂亚·森理论下的少数民族地区教育扶贫模式研究——以新疆克孜勒苏柯尔克孜自治州为例》，《民族教育研究》2011 年第 2 期。

林乘东：《教育扶贫论》，《民族研究》1997 年第 3 期。

钟秉林：《教育扶贫的关键是“找问题”》，《人民政协报》2016 年 6 月 23 日。

邹薇、郑浩：《贫困家庭的孩子为什么不读书：风险、人力资本代际传递和贫困陷阱》，《经济学动态》2014 年第 6 期。

尹飞霄：《人力资本与农村贫困研究：理论与实证》，江西财经大学博士学位论文，2013。

蒙颖：《乡村人才振兴实现路径研究》，《农村经济与科技》2020 年第 11 期。

谌力铭：《乡村振兴背景下农村人才培养问题探究》，《农村经济与科技》2020 年第 11 期。

黄建颉、罗兴录：《乡村振兴背景下新型农业人才培养探讨》，《农学学报》2020 年第 5 期。

茆顺苗：《乡村人才振兴路径探析》，《现代化农业》2020 年第 6 期。

李凌：《农民教育培训与乡村振兴战略契合关系研究——以北京延庆区为例》，《福建农林大学学报》（哲学社会科学版）2018 年第 6 期。

赵芝华：《乡村振兴背景下民族地区农村职业教育供给侧改革——基于广西壮族聚居地的调查分析》，《中国农业教育》2018 年第 5 期。

杨鹏：《乡村振兴战略背景下农村成人教育发展与改革创新》，《中国成人教育》2018 年第 14 期。

孙莉：《乡村振兴战略下农村职业教育的改革与创新发展》，《教育与职业》2018 年第 13 期。

钱先保：《乡村振兴背景下教育精准扶贫问题研究》，《黑河学刊》2019 年第 4 期。

余阳：《论职业教育与乡村振兴协调发展》，《长江工程职业技术学院学报》2019年第2期。

马建富：《乡村振兴战略下的县域职业教育和培训体系建构》，《职教论坛》2019年第6期。

杨育智、李艳莉：《乡村振兴战略下农村社区教育的普惠性价值及其实现》，《中国成人教育》2019年第11期。

韩春燕：《职业教育服务乡村振兴的人才战略研究》，《智库时代》2019年第25期。

佛朝晖、陈波、张平弟：《职业教育主动服务乡村振兴战略的政策分析》，《中国职业技术教育》2019年第15期。

朱成晨、闫广芬、朱德全：《乡村建设与农村教育：职业教育精准扶贫融合模式与乡村振兴战略》，《华东师范大学学报》（教育科学版）2019年第2期。

康莉、薛薇：《教育扶贫助推陕北山区乡村振兴战略探析——以陕西省榆林市清涧县为例》，《林业经济》2019年第2期。

《习近平在河北省阜平县考察扶贫开发工作时的讲话》，新华网，2012年12月30日。

戴圣编订《礼记》，刘波、王川注释，南京大学出版社，2014。

《孟子》，江西人民出版社，2017。

卢福营：《经济能人治村：中国乡村政治的新模式》，《学术月刊》2011年第10期。

申端锋：《“新乡绅治理”模式的政经逻辑》，《人民论坛》2009年第2期。

张燚：《政治传播与当代中国农村治理模式的变迁》，《江汉论坛》2017年第12期。

《第三次农业普查主要数据公报》，http://www.gov.cn/xinwen/2017-12/14/content_5246817.htm。

李春林：《如何在美丽乡村建设中传承乡土文化，促进乡村振兴》，《光明日报》2017年11月20日。

《中共中央国务院关于实施乡村振兴战略的意见》，《人民日报》2018年2月5日。

刘志松：《乡规民约与乡村振兴》，《光明日报》2018 年 5 月 2 日。

周雷：《让乡贤文化成为乡村美丽风景》，《光明日报》2018 年 3 月 27 日。

国家统计局农调总队：《中国农村贫困标准研究》，《统计研究》1990 年第 6 期。

郭晓君：《文化贫困：内涵与界定》，《人民日报》2004 年 3 月 16 日。

杨亚静：《新时期贫困地区脱贫致富的战略选择：文化扶贫》，《技术与创新管理》2013 年第 3 期。

王思铁：《精准扶贫：改“漫灌”为“滴灌”》，《四川党的建设》（农村版）2014 年第 4 期。

国务院扶贫办：《关于印发〈建立精准扶贫工作机制实施方案〉的通知》，http：//www. cpad. gov. cn/art/2014/5/26/art_50_10616. html。

《发展特色文化产业助力精准扶贫》，http：//epaper. gmw. cn/gmrb/html/2015 – 10/15/nw. D110000gmrb_20151015_3 – 14. htm。

郑瑞强、曹国庆：《基于大数据思维的精准扶贫机制研究》，《贵州社会科学》2015 年第 8 期。

陈麒任、谢镕键：《基于外部性理论的中廖村旅游扶贫研究》，《科技和产业》2020 年第 6 期。

高江涛、朱坤林：《乡村振兴战略背景下农村生态文明发展路径研究》，《农村经济与科技》2018 年第 15 期。

高吉喜、孙勤芳、朱琳：《实施乡村振兴战略推进农村生态文明建设》，《环境保护》2018 年第 7 期。

何调霞：《基于相关分析的无锡阳山乡村旅游发展研究》，《中国商论》2018 年第 36 期。

贾沁怡：《农村产业振兴与生态文明发展路径探索》，《甘肃理论学刊》2020 年第 1 期。

刘芬：《乡村振兴战略下乡村旅游发展思考：以重庆市永川区为例》，《劳动保障世界》2018 年第 14 期。

李岚：《乡村旅游与农村生态环境良性互动机制的构建》，《农业经济》2013 年第 4 期。

陶少华：《资本理论视阈下旅游扶贫类型学新探》，《云南民族大学学报》（哲学社会科学版）2020年第1期。

王庆生、张行发、郭静：《基于共生理论的乡村旅游精准扶贫模式和路径优化研究——以山东省沂南县竹泉村为例》，《地域研究与开发》2019年第3期。

王赞新：《乡村振兴第六期：抓住乡村振兴的着力点 提升农业农村发展质量》，《经济日报》2018年11月23日。

习近平：《决胜全面建成小康社会夺取新时代中国特色社会主义伟大胜利——在中国共产党第十九次全国代表大会上的报告》，《人民日报》2017年10月28日。

于帅：《乡村振兴战略视域下农村生态文明建设研究》，河北经贸大学硕士学位论文，2019。

于洋：《"美丽乡村"视角下的农村生态文明建设》，《农业经济》2015年第4期。

旬仔庆治：《社会主义生态文明观与"绿水青山就是金山银山"》，《学习论坛》2016年第5期。

翟丽丽：《利益相关者理论视角下重庆合川乡村旅游产业扶贫路径研究》，《营销界》2019年第33期。

朱立志：《农业发展与生态文明建设》，《中国科学院院刊》2013年第2期。

朱玉利：《农村生态文明建设的问题与路径思考》，《合肥师范学院学报》2016年第1期。

周志光：《黎平："双创十有"推进党建扶贫示范村创建》，《当代贵州》2017年第Z2期。

姚进忠、周昌英：《黎平县：党建引领　推进搬迁群众就业》，《当代贵州》2020年第13期。

杨珍：《感悟与诠释：黎平农商行在真学真干中践行"两学一做"》，《纳税》2017年第15期。

孟娜、张艳荣：《从"资源诅咒"视角探究河北省威县产业扶贫路径》，《资源与产业》2020年第3期。

李明远、仇国明、赵海涛、刘萌萌：《威县"三化"同步助力产业扶贫》，《河北农业》2019 年第 8 期。

魏加威、王建忠：《资产收益精准扶贫模式的路径探索——基于河北省威县的实践》，《中国农业会计》2019 年第 7 期。

李娟、马长海：《乡村旅游扶贫研究——以河北省涞水县为例》，《环渤海经济瞭望》2014 年第 2 期。

孙万挺、葛文光、韩庆伟：《精准扶贫政策下涞水县南峪村乡村民宿旅游 SWOT 分析》，《农村经济与科技》2018 年第 9 期。

王伟、宋春花：《运河生态文化发展下的美丽乡村建设——以德州地区为例》，《农村经济与科技》2020 年第 4 期。

李海频：《乡村振兴战略背景下德州市乡村文化建设问题及对策研究》，《农村经济与科技》2019 年第 18 期。

霍少萌、于寅生、张昊：《德州市体育文化现状及发展对策研究》，《西部皮革》2017 年第 24 期。

张红勋、孙万挺：《易县“十二项”扶贫攻坚模式成效分析》，《合作经济与科技》2019 年第 1 期。

邹明珠、易丹妮、刘玉娟：《易县的美丽乡村建设之路》，《现代企业文化（上旬）》2017 年第 Z1 期。

韩俊：《以习近平总书记“三农”思想为根本遵循实施好乡村振兴战略》，《管理世界》2018 年第 8 期。

张琦：《创新绿色减贫 探索致富新路径》，《人民论坛》2018 年第 6 期。

豆书龙、叶敬忠：《乡村振兴与脱贫攻坚的有机衔接及其机制构建》，《改革》2019 年第 1 期。

冯丹萌：《国际视角下脱贫攻坚与乡村振兴相融合的探索》，《当代经济管理》2019 年第 9 期。

李晓霞：《解决“三农”问题的重要途径——小城建设》，武汉科技大学硕士学位论文，2010。

韩长赋：《实现中国梦基础在“三农”》，《农村工作通讯》2013 年第 18 期。

段清斌、孙杰、杨林：《息县新时期“三农”工作的主要做法与成效》，《河南农业》2020 年第 16 期。

吉飞跃：《新时代“三农”工作队伍培育研究》，福建农林大学硕士学位论文，2019。

《勠力同心　奋力拼搏 不断开创“三农”工作新局面》，《西藏日报(汉)》2017年1月19日，第1版。

潘盛洲：《新时期做好“三农”工作的重要遵循》，《人民日报》2015年11月6日，第7版。

耿建扩：《河北文化扶贫：扶出群众脱贫精气神》，《光明日报》2018年11月22日，第1版。

《推进乡村振兴深化农村改革 要处理好五大关系》，https：//www.sohu.com/a/290388179_99916798。

陈嘉敏：《五位一体看乡村振兴策略推进“三农”工作落地》，《农村经济与科技》2020年第11期。

图书在版编目（CIP）数据

精准脱贫：乡村发展与乡村振兴：基于河北省的案例研究／段洪波著. -- 北京：社会科学文献出版社，2022.12

ISBN 978-7-5201-9813-4

Ⅰ.①精… Ⅱ.①段… Ⅲ.①扶贫-案例-河北 Ⅳ.①F127.22

中国版本图书馆 CIP 数据核字（2022）第 035309 号

精准脱贫·乡村发展与乡村振兴
——基于河北省的案例研究

著　　者／段洪波

出 版 人／王利民
组稿编辑／任文武
责任编辑／丁　凡
责任印制／王京美

出　　版／社会科学文献出版社·城市和绿色发展分社（010）59367143
　　　　　地址：北京市北三环中路甲 29 号院华龙大厦　邮编：100029
　　　　　网址：www.ssap.com.cn
发　　行／社会科学文献出版社（010）59367028
印　　装／三河市尚艺印装有限公司

规　　格／开 本：787mm × 1092mm　1/16
　　　　　印 张：20.25　字 数：316 千字
版　　次／2022 年 12 月第 1 版　2022 年 12 月第 1 次印刷
书　　号／ISBN 978-7-5201-9813-4
定　　价／88.00 元

读者服务电话：4008918866